# 上海媒体融合全记录

（2015）上卷

**主　编** 朱咏雷 姜迅
**副主编** 赵彦龙 苏蓉娟 杨 俊 董 强

上海市互联网信息办公室
中共上海市委宣传部新媒体阅评督查组　编

上海三联书店

搜索程序和文件

目 录

搜索程序和文件

目 录

上海报业集团

# 上海报业集团

## 深度融合　向新型主流媒体整体转型

上海报业集团成立以来，始终将传统主流媒体的整体转型、融合发展放在媒体发展的中心位置。2015年，集团在转型发展方面成效显著。主要体现为：解放日报、文汇报、新民晚报三大报不断加快和深化融合发展、整体转型步伐；上海观察、澎湃、界面三大新媒体，已成为国内同类新媒体中的"现象级"项目；集团还酝酿打造了一批全新的新媒体项目。

## 一、三大报以全媒体采编平台为引领，加快传统媒体整体转型步伐

解放日报深化推进融合进程，更好地履行党报的使命和职责。一是新媒体加大原创，提升质量。解放网推行频道承包制，鼓励采编人员发布原创稿件。2015年，网站日均PV144万，日均UV140万，在上海相同属性的报纸网站中名列前茅。上海观察进一步聚焦上海，做深做透本地新闻，作为报社报网融合的重要平台，加大报纸优质稿件的转载力度，扩大解放日报优质内容的传播力。二是报社推进建设全媒体采编平台，已成为解放日报采编唯一平台。2015年，平台加入了手机移动端发稿、签稿、浏览版样等功能，大大提高了传统媒体采编向新媒体转型的速度。三是报社主动布局内部组织架构和体制机制改革。报社建立起新媒体薪酬激励机制，增强采编部门向新媒体转型的动力。2015年底，解放日报社开始酝酿深度融合、整体转型方案。

文汇报积极推进传统媒体和新媒体融合发展，提升主流媒体在互联网阵地的影响力。一是新媒体基础平台建成，启动"融合报道"试点。文汇网、微信、微博、客户端等建成，报社政经中心与新媒体中心启动"融合报道"试点。新闻第一时间在网站、微信上以文字、图片、H5等发布，然后在报纸上重点报道，呈现

多样。二是不少新媒体文化项目立项，内容丰富。"文汇笔会"、"文汇教育"、"文汇名家书房"、"文学报"等微信，内容更专业，特色更鲜明，吸引大量网络用户。三是探索先进 AR 技术，专注特色项目。文汇报 AR（增强现实技术）项目上线，通过客户端扫描报纸版面上的图片即可获取视频等延伸阅读，体验更丰富。报社新媒体中心积极发展微视频、微电影，所承办"大学生微电影大赛"转型升级为"首届中国大学生网络文化节"。2015 年底，"文汇"APP 项目积极筹备，将充分发挥文汇报"全国性人文大报"优势，打造全新的高品质人文阅读平台。

新民晚报积极布局媒体深度融合，整体转型，打造互联网时代第二次"飞入寻常百姓家"的全新新媒体。一是不断优化新民网、新民晚报客户端。新民网直接访问量上升至 9100 万左右，新民网手机端流量在网站整体流量中占比达 60%。新民晚报官微粉丝突破 10 万，"侬好上海"微信公号粉丝超 25 万。二是建设全媒体采编平台建设。年轻记者编辑主动转换角色，打造首批全媒体记者编辑，实行大频道制，采编部门直接负责移动客户端频道运作。三是新媒体产品屡获奖项。新民网在中央网信办评选的"地方省级网站综合传播力"排行榜上，排名全国第六。2015 年末，新民晚报客户端开始谋划从单一新闻客户端发展成为提供新闻资讯、社区服务等一体的客户端"邻声"。

## 二、三大现象级新媒体项目稳步发展

2015 年，由集团全力打造的"澎湃新闻"、"界面"、"上海观察"三大新媒体产品开始由"现象级"向"平台级"迈进。

"澎湃新闻"已成为全国领先的主流互联网媒体，其移动用户数超过 3000 万。

中央网信办发布的 2015 年"中国新闻网站传播力排行榜"中，澎湃新闻进入全国 10 强，在全国性的"两微"传播力榜单中，澎湃新闻位列第三；在"地方省级网站'两微'传播力 7 月榜"中，澎湃新闻在两微传播力和微信传播力两个榜单中，都位列榜首。

目前，澎湃新闻和人民日报客户端、新华网、央广网、中新网、中青网等一批央媒网站，被中央网信办列入宣传党和政府重大新闻的舆论引导阵营，承担来自中央网信办直接指定的舆论宣传任务。

"界面"上线一年来，努力在新闻业务上塑造自身的品牌特色。界面共设有 15 个频道，每日原创报道 300 篇左右，正在成为中国有影响的财经媒体之一。初步统计，阅读数过百万的报道逐月递增，影响力提升迅速。

界面已于 7 月完成 A 轮融资，投后估值达 9 亿元，报业集团的投资溢价达到 8.5 倍。

界面旗下摩尔金融作为一个金融资讯服务平台，提供动态市场消息、上市公司报道和投资分析等，目前已有近 700 名撰稿人，日均文章发布量超 130 篇，日订单量最高突破 6000 单。目前，其分拆独立、A 轮融资工作正在全力准备当中。

"上海观察"经过近两年运营，装机量已接近 100 万，付费用户稳定在 25 万左右。2015 年，上海观察开发全新的苹果系统 3.0 版本和安卓系统 5.0 版本顺利上线。一方面，通过技术升级，对产品的设计进行大幅度的优化，全面提升用户体验；另一方面，新版"上海观察"对收费阅读的规则进行了重大改进，从原先单纯的阅读收费转变为阅读收费与增值服务收费并重，在盈利模式上进一步做出积极探索，从运营情况来看，已经初具成效。

## 三、系列报刊不断加快迈向新媒体、加强传播力建设的步伐

上海日报大力开发 Ideal 客户端，为长江三角洲一带外籍人士丰富阅读选择。报社连续两年联手上海外语频道（ICS）创新外宣报道，举办最美外籍人士评选；2015 年与东方网合作举办

"创新与发展：跨国企业在上海"案例评选。报社还与美国洛杉矶时报、印尼国际日报进行专版合作，通过这些主流渠道，讲好中国故事，发出上海声音。

新闻报社实施"1+1+N"融合发展战略，通过核心内容、平台开放、数字基础发掘新闻晨报的价值。"1"指报纸，"1"指周到App，"N""两微"指新媒体及垂直文化产业矩阵，构建全媒体覆盖、多平台共振、多元化发展的新闻晨报"互联网＋文化"传媒集群，从而带动产业整体升级，打造融合产业链，构建传播生态圈。

新闻报社筹划打造"周到上海"App，聚焦生活服务，通过大量的体验式报道，为用户提供人文、休闲娱乐、吃喝玩乐、教育升学等大量与市民生活密切相关的生活服务资讯。同时，以用户为中心，运用LBS地理定位技术，运营兴趣社区，打造海派时尚生活方式，成为上海市民魔都生活第一选择，构建本地最完整的热点信息服务平台，并以服务构建用户平台。通过PGC和UGC结合，抢占本地"热点＋服务＋兴趣社群"的新媒体入口。

上海法治报紧密依托市政法委开展各项法治宣传，多方合作建设微信公号等新媒体法宣平台。

申江服务导报打出新媒体自媒体牌，开出"申活馆"、"镜子与窗"等一系列微信矩阵。

I时代报面向本地轨道圈、本地青年人群，开发微博微信等新媒体。

上海学生英文报打造网站、微信，促进学生英语学习交流。

新闻记者发力微信等新媒体平台，专注打造新闻学术核心期刊权威。

2015年，解放日报、文汇报、新民晚报等主要媒体在全国两会、纪念抗战胜利70周年、科技创新等重大报道中积极运用纸媒、新媒，双平台发力，放大影响力。解放日报为纪念抗战胜利70周年，精心打造"血色记忆——上海抗战地图"视觉作品，引来数十万阅读量。文汇报微电影制作日臻精美，《我等你》《蚂蚁雄兵》获得市委宣传部等主办的"2015行进上海、精彩故事"微电影大赛铜奖和优秀影片奖。报社还与人民网、上海教育电视台等一起联合推出"我的中国梦·最美中国"全国大学生摄影及微电影创作大赛。新民晚报报网互动推出导盲犬系列报道，由新民网、新民晚报官微率先以视频、图片、文字的方式发布，报纸在版面上进行法理分析等，多方互动后在网络上掀起讨论热潮。东方早报/澎湃新闻在两会期间的原创报道《习近平与上海》被中央媒体转载；H5产品《习近平的上海印迹》获中央网信办颁发的全国两会好新闻创新奖；关于十八届五中全会的《全会四论》被中央网信办要求全网转发。新闻报社旗下的新闻晨报推出"反抛客行动"公益新闻宣传，在报纸、网络上齐发力，"反抛客"视频网上点击量累积 80 多万。上海日报推出全新新媒体产品"SherLock 锁定上海"，将上海及中国的新面貌推给海外用户，利用生动的图片和有趣的互动体验讲好中国故事，传播正面国际形象。此外，新闻晨报官微、侬好上海、文汇教育、报刊文摘等一系列微信号传播力增强，达到数十万级粉丝数。

随着移动社交平台的繁荣，集团各类微博、微信蓬勃发展，一定程度上激发了员工开发新媒体、运用新技术的激情。5月，集团研究制定并推出了"新媒体创新创业扶持计划"，提供总额1000 万元扶持资金，配合相对应的人事制度和激励制度。扶持计划向集团全体员工开放，挖掘集团内部有活力、有想法的新媒体创新创业项目和团队，从政策、资源、制度、资金等方面给予扶持。6月，集团最终收到申报项目 54 个，其中 10 个优秀项目进入最后一轮评选，部分项目进入辅导期。

11 月初，经过集团党委会审议，首个由集团提供资金扶持的创业项目业诞生。集团决定对上海晨昕文化传媒有限公司进行增资，该公司为药企、健康行业、保险业、金融业等相关行业提供互联网健康教育和传播服务。该项目探索了员工持股的新模式，为集团员工创业开创良好先例。

# 第一章

## ≫ 解放日报社

截至2015年底，解放日报社新媒体矩阵包括——

官方网站：解放网

新闻APP客户端：上海观察

官方微博：解放日报

官方微信公众号：解放日报

另有9个部门（单位）开办了16个微信公众号和1个微博账号

## 概　况

2015年，解放日报媒体融合进程深化推进。

4月份开始，解放网稳步推行频道"承包制"，鼓励采编人员发布原创稿件。解放日报全媒体采编平台进一步从技术上完善优化，下半年正式推出移动采编系统，大大提升了采编效率。

上海观察进一步提升内容质量、扩大自采稿件、加强管理运营，提升用户体验。

对于一些重大新闻，如全国两会、抗战胜利70周年、第二届全球互联网大会，以及突发事件，如东方之星客轮翻沉事件等，解放日报尝试以全媒体方式进行报道：

新闻第一时间在上海观察、解放网等新媒体平台设置专题，同步进行深入即时的报道，同时见诸版面，初显多渠道传播效应。

比如，全国两会期间，上海观察在兼顾重要新闻动态的前提下，着力在人物访谈、两会观察上下功夫，做出了一批高质量的人物专访。解放网坚持报网融合，发布融合稿件数十篇，开设"图解两会"栏目，摘录了《9张图读懂政府工作报告》等16张两会图解，为网友梳理解读两会话题。同时，解放网还推出两会热点话题网上调查，吸引了许多网友参与。

2015年，上海观察进一步聚焦上海，做深做透本地新闻，主动设置议题，传递正能量，陆续开设了"上官学习"等栏目，及时回应目标读者的诉求，尝试H5等多种传播手段，大力推进时政类报道新模式的探索，创新领导报道表达方式，加强时政报道有效性。作为解放日报报网融合的重要平台，上海观察加大了解放日报优质稿件的转载力度，进一步扩大了解放日报优质内容的传播力。

上海观察加大运营推广力度，先后与今日头条、"阿基米德"APP、蜻蜓FM和喜马拉雅FM开展合作，并在后三个平台开设了"上海观察"频道和社区，精选内容，录制音频节目，与网友互动，扩大了上海观察内容的覆盖面和影响力。

2015年，解放日报社下属各部门（单位）开设的微信公众号继续平稳运行，伴公汀、自贸直通车、朝花时文、微观上海、报刊文摘等微信公众号，定位清晰，内容扎实，粉丝数量稳步上升。其中，报刊文摘微信公众号凭借超过6222万的总阅读数以及近12万的总点赞数等指标，位列上海新媒体排行榜时事类榜单前三名。

解放日报不仅积极探索媒体融合道路，更主动布局内部组织架构和体制机制改革。

年初，解放日报数字媒体中心与上海观察合并，成立了解放日报新媒体中心。10月，新媒体中心基本完成技术团队搭建，拥有了自己的技术力量。新的技术团队主要负责上海观察三期技术框架选型，完成上海观察三期的所有设计、开发及测试上线工作，保证整体设计满足运营需求等。

为适应媒体融合发展需要，提升采访部门向全媒体平台发稿的意识和主动性，促进报社全体人员从传统采编向全媒体采编的观念转变，解放日报社修订了原有的稿酬考核办法，制定了《新媒体平台稿酬考核办法》，进一步鼓励采编人员向新媒体平台发布原创首发稿件。

截至 2015 年底，新媒体平台考核新政总体效果明显，发稿量和浏览量均得到提升，记者编辑网络发稿积极性大大提高。

2015 年 10 月，上海市委主要领导提出，解放日报作为市委机关报要先行一步，加快推进深度融合、整体转型，力争实现传统媒体"脱胎换骨"、新媒体"腾飞发展"，更好地履行党报的使命和职责。按照这一要求，在上海市委宣传部、市网信办以及上海报业集团的领导和支持下，当年年底，解放日报社开始酝酿融合转型方案。

2015 年 12 月 17 日，报社在莘庄解放日报大厦召开搬迁前最后一次员工大会，提出"新空间，新出发"口号。12 月 18 日，解放日报社从莘庄都市路 4855 号整体搬迁至延安中路 816 号，同时开启了报社深度融合、整体转型的大幕。

# 一、网站

**名称** 解放网

**域名（链接）** www.jfdaily.com

**创建日期** 1998 年 7 月 28 日

**公司（单位）性质** 国有事业单位

**法人代表** 陈颂清

**资质** 2014 年 3 月获国家一类新闻资质网站，2015 年 3 月加入中国互联网违法信息举报热线联合会。

**团队架构** 解放网编辑共 11 人，其中 7 人兼职解放日报官方微博、7 人兼职解放日报官方微信。

性别：男 2 人 女 9 人

年龄：30 岁以下 3 人 31-40 岁 8 人

学历：硕士研究生 4 人 大学本科 7 人

职称：初级 6 人 中级 5 人

岗位：内容 8 人 技术 1 人 渠道 1 人 管理 1 人

**内容定位** 以上海政经、民生新闻为重点，同时关注国内、国际、文娱、体育等各领域新闻。

**内容板块** 新闻栏目、专题、投票、专栏、评论、视频、即时播报、电子报等。

**传播力** 日均浏览量 150 万左右

# 二、移动客户端

**名称**　上海观察

**创建日期**　2014 年 1 月 1 日正式运行

**平台**　iOS，Android，web

**版本**　Ver3.3

**内容**　以上海政经的深度分析、专栏文章为主，专注于上海城市发展的重要事件及前沿问题，提供背景、事实、观点、分析，对一些热点公众话题提供上海视角的观察分析，贡献上海智慧。

**功能**　转发、评论、收藏、点赞、分享等。

**下载量**　截至 2015 年底，收费用户 25 万，下载用户数近 70 万。

**推广营销**　随报刊征订发行

**技术升级**

1. 史上最大力度改版，3.0 全新上线。

2. 整体 UI 全面提升，视野更全面，视觉更清爽。

3. 个人主页全面改版，增加各种互动功能，可以上传自己喜欢的头像。

4. 后台的上观编辑团队头像出现在每一篇他们编辑的文章之后。

5. 每篇文章后，编辑会为您推荐可能感兴趣的其他文章。

6. "集市"功能隆重上线！通过点赞，评论，登录，转发等行为，可以获取"贝壳"。"贝壳"可以在"集市"里兑换各种高大上定制礼品，参加各种内部高端讲座和论坛，以及各种线下活动，融入上海观察高端读者圈。

# 三、微博

## 1. 解放日报（新浪微博）——隶属解放日报

**版本** 6.10.1

**创建日期** 2012 年 11 月

**定位** 了解上海经济社会发展状况的第一选择，重点报道上海经济社会发展的状况。

**粉丝量，转发量 + 跟帖量** 截至 2015 年底，粉丝量 143.6 万，转发量 12.81 万，跟帖量 13.6 万。

## 2．报刊文摘（新浪微博）——隶属报刊文摘

**版本** 6.10.1

**创建日期** 2012 年 10 月 24 日

**定位** 扩大报纸影响力，为读者服务。

**粉丝量、转发量 + 跟帖量** 截至 2015 年底，粉丝量 2.66 万，转发量 300，跟帖量 400。

# 四、微信公众号

## 1. 解放日报（主媒体公众号：jiefangdaily）

**创建日期** 2013 年 2 月

**定位** 关注时政，解读热点，以上海政经、民生新闻为重点。

**订阅数** 3.16 万（截至 2015 年底）

## 2. 伴公汀（党政部公众号：jiefangshizheng）

**创建日期** 2014 年 2 月 24 日

**定位** 伴读公事、伴公行事。伴公汀是一个时政记者部落。解放日报党政部拥有一批熟识的官员、基层公务员及专家朋友，从时事政情、政策发布，到公务员关心的话题和兴趣爱好等，都属"汀汀君"关注范围。

**特色** 作为沪上时政类新媒体代表之一，伴公汀探索改变党报时政报道固有模式和常规套路；以新媒体思维和语言，更好地展现上海市委、市政府重点工作，提升党报传播力、影响力和引导力；创新内容和表达，更好地满足目标受众了解时政信息的需求。2015 年，伴公汀获评上海报业集团优秀创新案例。

**订阅数** 5.2 万 +（截至 2015 年底）

2015年02月26日

【汀关注】邹碧华：司法改革的"行船者"

【汀关注】法律人的"八件事" 邹碧华谈人生谈法治谈

【汀视线】妻子唐海琳：我们的30年

## 3. 自贸直通车（经济部公众号：FTZexpress）

**创建日期** 2014 年 1 月 13 日

**定位** 瞄准上海自贸区这一国家战略，为关心自贸区的企业和个人提供了权威资讯平台和免费问答平台。紧跟自贸区当天第一手资讯，每日更新，既关注上海自贸区的制度改革进程，自贸区各领域新闻，又分析自贸区制度创新带来的新机遇和新变化，企业在自贸区的创新案例，并开设自贸 365 问、自贸商学院等子栏目。

**订阅数** 2.9 万（截至 2015 年底）

## 4. 微观上海（新媒体中心公众号：winshanghai）

**创建日期** 2013 年 5 月

**定位** 精选沪上强势媒体海派人文资讯，聚焦上海吃喝玩乐时尚地标，为申城白领服务。

**订阅数** 4.97 万（截至 2015 年底）

2015年12月09日

又要说再见！2015年上海人最深刻的记忆！

关特！黄浦江上通宵轮渡真的没有啦｜上海人的轮渡情

藏在外滩1至33号里的那些顶级餐厅，我们都给你扒出

## 5. 群众路线学习库（新媒体中心公众号：qzlxjf）

**创建日期** 2013 年 7 月

**定位** 汇总有关党的群众路线教育实践活动的讲话文件、思想理论、优秀案例、心得体会等各项学习资料，为用户的学习工作提供最专业的参考。

**订阅数** 1.21 万（截至 2015 年底）

## 6. 市民体育动动强（科教体育部公众号：smtyddq）

**创建日期**　2014 年 5 月 9 日

**定位**　上海市民体育大联赛官方微信号，发布大联赛信息，提供全民健身指导、上海群体活动信息，介绍运动人物。

**订阅数**　1.6 万（截至 2015 年底）

## 7. 家长圈（科教体育部公众号：jiefangjiaoyu）

**创建日期** 2014 年 9 月 19 日

**定位** 关注教育政策、招生考试、家庭教育、亲子问题等，及时提供权威资讯和专业解读。

**订阅数** 0.3 万（截至 2015 年底）

## 8. 朝花时文（文艺部公众号：zhaohuashiwen）

**创建日期**　2014 年 3 月 1 日

**定位**　文学（文艺）公众号，是老牌副刊"朝花"的翻版，也发布独家微信专稿。

**特色**　精选上海老牌文艺副刊"朝花"的美文、随笔、杂文、评论、报告文学，同时约请名家新人为微信公号写作专稿，内容贴近时代和读者兴趣，有思想有观点，原创稿件占比已超过三分之二。目标群体是手机上的文学爱好者。

**订阅数**　4 万（截至 2015 年底）

## 9. 解放周末（专刊部公众号：jiefangzhoumo）

**创建日期**　2013 年 9 月 6 日

**定位**　解放周末，思想悦读。努力慢下来，去探寻那些深刻的思想、动人的故事、厚朴的情怀。

**特色**　解放周末具有鲜明的立场、观点和时代特征，以润物细无声的传播方式，更容易为广大读者所接受。其推送的专访、演讲、随笔以及文学评论等，涉及文学、教育、医疗、科技等领域，对读者的思想观念、精神境界、认知水平等方面有不同程度的影响和渗透。

**订阅数**　2.1 万（截至 2015 年底）

## 10. 哎哟不怕（专刊部公众号：aiyobupa）

**创建日期** 2014 年 4 月 10 日

**定位** 提供与肿瘤、健康相关的权威资讯和服务。

**特色** 哎哟不怕,谐音"癌友不怕"。微信公众号依托解放日报媒体品牌,联手上海癌症康复俱乐部,密切联系上海各大医院,向广大癌症患者传播癌症、健康方面的资讯,以及组织"微门诊"、"哎哟不怕"系列公益讲座等活动,向广大市民宣传防癌抗癌的科学知识。

**订阅数** 1.7 万（截至 2015 年底）

## 11. 解放书单（专刊部公众号：jiefangshudan）

**创建日期** 2014 年 7 月 25 日

2015 年度暂停维护

## 12. 华东局（国内机动部公众号：huadongjujiefang）

**创建日期** 2014 年 8 月 12 日

**定位** 立足上海，关注长三角新闻和政经分析。

**订阅数** 0.3 万（截至 2015 年底）

## 13. 醒醒（国内机动部公众号：xingxingjiefang）

**创建日期**  2014 年 2 月 25 日

**定位**  基于原创，力求现场，成为严肃规范，有公信力和影响力的新闻账号。

**订阅数**  0.13 万（截至 2015 年底）

2015年11月18日00:34

**【我在巴黎醒来】暴恐第二天，我走进一家书店，书店是城市的眼睛**

巴黎发生了微妙的变化。人人嘴上不讲，但心里都明白。爆炸后的第二天，凤凰书店橱窗里的灯亮着。这里距离巴塔克兰剧院1.7公里。凤凰书店在这条大街上已经矗立了50年。菲利普·梅耶不想让它在这样的时刻闭眼……

阅读原文 >

2015年11月14日20:09

**【巴黎街头直击】查理周刊那次也是这条街**

近年来多起惨案让不少法国人心中埋下恐惧的种子。在地

## 14. 上海观察（上海观察公众号：shobserver）

**创建日期** 2013 年 12 月 10 日

**定位** 解放日报出品，高端资讯品牌。

**订阅数** 7.35 万（截至 2015 年底）

2015年12月26日

【头条】上海近期区县委办主官调整，你看出门道了吗？

【风云】老炮儿，到底是什么意思

【风云】复旦教授李良荣：不要藐视传统媒体

## 15. 报刊文摘（报刊文摘公众号：baokanwenzhai）

**创建日期**　2013 年 3 月

**定位**　从权威纸媒起航，开辟全新互动空间。在资讯泛滥时代，精选美文精品，给力身心健康。

**订阅数**　36.97 万（截至 2015 年底）

## 16. 士读（报刊文摘公众号：shi_read）

**创建日期** 2014 年 2 月

**定位** 打捞尘封历史，解读中国现实，分享真知灼见，用思想开阔眼界。

**订阅数** 2.67 万（截至 2015 年底）

更新于 2015年09月01日

赵修义：为什么要花大力气研究劳动观念问题？| 警世

士读微信号：shi_read 凝聚独立思考的力量

## 17. 报刊文摘会员号（报刊文摘公众号：mybkwz）

**创建日期** 2014 年 10 月

**定位** 付费手机电子报

**订阅数** 1.13 万（截至 2015 年底）

更新于 2015年10月15日

**拿什么送给你，我的父母**

报刊文摘优惠订购大礼包：给亲人一年150期问候。

## 18. 上海支部生活鲜知先觉（支部生活公众号：shzbsh）

**创建日期** 2014 年 2 月 12 日

**定位** 以"凝聚关键力量"为己任，解读时政要闻，每周一、三、五下午推送一期。主要内容包括时政要闻解读、党建探索观察、主流舆论观点速递、党务知识解疑等。

**订阅数** 0.43 万（截至 2015 年底）

## 伴公汀：重点工作、领导活动的延伸报道 ▶▶ 案例

新媒体平台这个载体与受众的互动性强，也有很大的探索空间。如何更好地呈现上海市委、市政府重点工作，伴公汀结合受众特点，运用互联网思维做了有益的探索和尝试。

2015年，上海市委的一号课题是"加快建设具有全球影响力的科技创新中心"。3月26日，市委书记韩正在静安区调研，走进上海创客中心，与年轻的创新创业者们交流。新闻通稿中有这样一个细节：最近火遍朋友圈的足记创业团队也扎根在创客中心。年轻的创始人杨柳向韩正发出邀请，"我能先跟您合个影吗？"韩正笑着答应了。足记的小伙伴迅速用手机拍好合影，杨柳立即用软件把照片制作成"大片"模式，并配上字幕：我有一个梦想。这张照片成了"网红"照片，迅速传遍朋友圈。

年轻创客和市委书记的良好互动，在伴公汀这样的新媒体平台上，是否能烹饪出味道不一样的"佳肴"？伴公汀的目标受众是沪上公职人员、基层党员干部以及关心时政的群体，推送的内容包括时事政情、政策发布及公务人员关心的各种话题等。这一天，年轻创客杨柳成了大家非常感兴趣的话题人物。除了新闻通稿，伴公汀做了一个关于探秘足记创始人的延伸稿件。稿件内容着眼于一些大家比较关注的问题，如足记究竟做了什么，为何会爆红网络，年轻创客们背后有什么惊人能量等。这天的伴公汀，打破了以往对领导活动只用通稿的"旧例"，增加了延伸阅读《足记创始人杨柳：爆火背后团队的惊人7天》，推送的标题《朋

友圈爆火的足记是谁做的？韩书记也去看了！（附足记创始人专访）》也更适合网络传播。

事实证明，这样的探索颇受欢迎。在伴公汀推送后，这篇报道的点击量破万，当天在微信朋友圈"刷了屏"。

时政报道给人的印象是严谨，久而久之形成了一些报道的常规套路，在内容和表达方式上都以传统方式示人。可是在新媒体平台上，这样的话语系统还能吸引人吗？是否存在改善的空间？对上海市委、市政府重点工作的报道，伴公汀尝试创新表达方式，提升报道的传播力、吸引力和影响力。

2015年5月，根据中央和市委部署，上海处级以上领导干部"三严三实"专题教育启动。这样的报道在报纸上按惯例呈现，工作性较强。但是在新媒体上，话语系统完全改变了。

在"三严三实"专题教育中，党委（党组）书记带头讲党课是其中的一项重头工作。伴公汀就此专门梳理了一篇《市领导上"三严三实"党课：去了哪？讲了啥？（附韩书记党课图解、听课笔记）》，听课人员都有哪些人、韩书记讲了啥，都以条条框框的形式展开，清晰简洁，一目了然。"听课笔记"一栏中摘抄了韩书记的一些讲话，"做人要实，就是做老实人、说老实话、干老实事"，"一个地区、一个部门、一个单位，领导班子特别是一把手自己本身老实、正派、坦荡，就会带动大家用老实人、学老实人、争做老实人，形成尊敬老实人、用老实人的氛围，不让老实人吃亏。"这篇文章最后同样附加了延伸阅读《一张图看懂韩正上党课》，以图文形式将党课要点拎出，图文并茂，重点突出，大家乐于接受，既体现了学习效果，也取得了较好的传播效果。

　　这两篇伴公汀案例用事实证明，新媒体时代，时政工作报道大有可

为。经过话语系统和表达方式的转换与创新，可增强传播力和影响力。

## 伴公汀：邹碧华系列报道  案例

关于邹碧华的系列报道，解放日报不仅在报纸上高规格、大篇幅刊登，更利用伴公汀微信公众号等新媒体平台拓宽传播渠道，多篇文章在微信上广为转发，展现出强大的影响力。这组报道被上海市委宣传部评为典型报道二等奖。

2014年12月10日，上海市高级人民法院副院长邹碧华工作途中身体突感不适，送医后不治身亡。这位47岁的上海法院司法改革"操盘手"猝然长逝，令人扼腕。

第一轮邹碧华宣传活动以上海高院牵头组织，解放日报以显著位置、大篇幅进行了报道。第二轮宣传活动的规格更高，习近平总书记称赞邹碧华为"燃灯者"，各媒体都派出精兵强将，加强策划，争取在这场战役中占得上风。

解放日报党政部记者连续作战，参加了三四天集体采访，收集相关材料几十万字，还有数百G的视频资料。如何从海量的信息中提炼真金，创作出精品，需要集体智慧的碰撞。经过部门领导、同事的讨论，系列报道的主线逐渐明晰，以司法改革行船者、优秀的法律工作者、家人眼中的邹碧华为一组报道的三个部分。报道形式则强调两翼齐飞，报纸和伴公汀等新媒体平台同步刊发重头报道，并根据新媒体传播特点量身定制相关内容。

经过艰苦的采写、补充采访，数易其稿，一组系列报道出炉，在报纸和"伴公汀"上同时呈现。这组报道是：《邹碧华：司法改革的"行船者"》、《邹碧华：人的一生要有一个坚守的价值》、《离世那一刻，邹碧华的眼泪为何而流》。

与此同时，如何在新媒体上展现邹碧华的形象，也是一个新的课题。在数十个采访对象的回忆介绍中，邹碧华的遗孀唐海琳的讲述最令人动容。她讲到和邹碧华相识相知 30 年中诸多家庭生活细节，在场多位记者忍不住落泪。

《妻子唐海琳：我们的 30 年》一文，从唐海琳的视角去写邹碧华，从相识、相恋、结婚生子，到生活中的相互提醒、扶持，无不透露出这位优秀法官是一位好丈夫、好儿子、好父亲。他不止是"高大上"，更是有血有肉的真汉子，文中多幅邹碧华的生活照片，也是亮点。

关于邹碧华的报道，是媒体融合加强典型报道的一次生动实践。这组报道在伴公汀上的阅读量、传播率较为可观，在当时粉丝数量尚不多的情况下，多篇阅读量超过 4000，好评不少。

## 朝花时文：聚焦文化热点，提前策划，报网联动

**案例**

　　2015 年 3 月至 11 月，朝花时文公众号对焦非物质文化遗产的民间传承，以连续约稿的方式，展开了"最后的手艺人"特写系列的新媒体首发，先后有民间竹编、钟表匠、家俱制作师、剃头匠的非虚构特写配合精美图片，平均阅读量稳定，也引来读者热评。此外，摸准公众号刊发时效性更强的特点，全年卡准名人去世和纪念日节点，先于纸媒约稿和刊发了《悼草婴·如草之清，如婴之纯》、《离世十年，巴金身影依然清晰》、《报业大王史量才的报缘与情缘》、《韬奋的婚事、家事和国事》等具有史实性、纪念性和时效性的文章，赢得了读者的称赞。巴金去世十年的纪念特稿同步刊发于解放日报朝花后，获得了 2015 年度上海新闻奖（副刊）二等奖。

　　同时，关注文化界热点，朝花时文主动展开独家约稿，针对马云拍卖油画创出天价的非常"拍卖"，刊发《不可笑的马云》一文，进行理性审视；针对李云迪韩国演出"断片"，独家组稿六六文章《你只是明星》获得高点击量。该文的纸媒版获得了 2015 年度上海新闻奖（副刊）一等奖。

## 哎哟不怕：抗癌心视野报道    案例

　　2015 年 12 月"世界志愿者日"期间，解放日报旗下微信公众号哎哟不怕与上海肿瘤医院共同举办了"与癌相伴——抗癌心视野"科普活动。本次活动不仅在哎哟不怕微信公众号上进行传播，还在解放日报上进行了大篇幅报道。多篇报道联动，通俗易懂，既传播了科普知识，又具有人文情怀；既有医学眼光，又兼具心理学分析。报道形式上的突破与创新，使本文产生了较强的社会影响力。

　　作为解放日报旗下的微信公众号，哎哟不怕是上海唯一一家由权威媒体主办、专注肿瘤科普报道的新媒体。上线一年多来，影响力已辐射全国，并多次与上海各大三甲医院联合举办科普活动。

## 全媒体产品"上海抗战地图"     案例

2015年是纪念中国人民抗日战争暨世界反法西斯战争胜利70周年，举国庆祝这场伟大的胜利。如何创新报道手段，发挥自身平台优势，用可视化、场景化的元素报道好这一重大报道，对党报新媒体中心来说，是一个重要课题。

作为解放日报新媒体中心和SMG上海音像资料馆合作推出的全媒体产品系列，"上海抗战地图"专题历经2个多月精心打磨在解放网推出，轻点鼠标就可以重回那个战火纷飞的年代，重温那些惊心动魄、可歌可泣的抗战故事。

制作团队用中国人李庆成创作、寰澄出版社1946年出版的《最新上海地图》这张老上海地图为原型，进行临摹，再单独绘制抗战地标添加到相应的位置上。手绘这些地标时，在保持地图整体风格的同时，参考了大量老照片和文史资料，对地形和细节一再调整，力求准确呈现出当时地标的模样。

八年抗战期间，上海许许多多老建筑和地标，或与屈辱的历史有关，或发生过可歌可泣的故事，或闪耀着红色星火。最终在手绘地图历史顾问、上海师范大学教授苏智良的指导下，选定了35个比较有代表性的地标，生动呈现上海抗战全景，让网友身临其境，起到很好的传播效果。

上海抗战地图这款全媒体产品有手绘版、影像版、H5三个版本。手绘地图版刊于8月13日出版的解放日报，影像版在解放网（www.jfdaily.com）和上海抗战影像地图（www.sava.sh.cn/map）同步推出。

两小时内，澎湃新闻、东方网等相继发布，SMG 和 CCTV 来到现场采访，当晚 SMG 新闻频道制作播出，微信 H5 等更是在朋友圈热传，新闻晨报、i 时代报等也在当日集中报道。

## 报刊文摘：报微融合获双赢  案例

　　报刊文摘微信号运营到 2015 年底，已经赢得了 36 万多粉丝的关注和厚爱。士读微信号和报刊文摘会员号粉丝数也迅速增长。在微信号上，粉丝不仅可以阅读微信推送的精彩文章，还可试读电子报、订阅电子报，进而吸引其成为《报刊文摘》纸媒的订户。通过点评赠书活动和读者进行互动，增加用户对报刊文摘微信的忠诚度。同时，在微信号上开通一键订报功能，方便粉丝订报。粉丝还可以通过微信直接订购报刊文摘美文精选和健康养生书籍，报微融合双赢。

## ▍解放日报社新媒体获奖情况

2015 年 6 月，解放网被评为"2015 创新融合示范新闻网站"

2015 年 11 月，解放网被评为"中国最具影响力传媒网站"

2015 年 12 月，解放网被评为"上海市第四届安全网站"

2015 年 3 月，《上海观察》被评为"中国最具融合创新新锐传媒"

2015 年 6 月，《上海观察》被评为"2015 创新融合示范新闻 APP"

2015 年 3 月，微信公众号"哎哟不怕"获上海市委宣传部颁发的"上海市群众喜爱的培育和践行社会主义核心价值观项目"称号

2015 年 11 月，网络专题"20 年，寻觅高原岁月那些人和事——纪念上海援藏工作 20 周年"专题网页，获第 24 届上海新闻奖一等奖

## 解放日报社新媒体主要数据一览表

网站：解放网

| | 页面点击量（PV） | 单独访客数（UV） | 独立访问量（IP） | 网粘度 | 备注 |
|---|---|---|---|---|---|
| 2015 年度总量 | 17500 万 | 16800 万 | 1680 万 | 一般 | |
| 2015 年度月最高 | 2400 万 | 2280 万 | 228 万 | 一般 | |
| 2015 年度日最高 | 144 万 | 140 万 | 144 万 | 良好 | |
| 单篇最高（篇目，日期） | | | | | |

数据来源：CNZZ

| 移动客户端 | 总下载量 | 总发帖数 | 原创帖文总数 | 评论、跟帖总数 | 总点赞数 | 总转发、分享数 | 单篇最高阅读数（篇目，日期） | 单篇最高跟帖数（篇目，日期） | 单篇最高点赞数（篇目，日期） | 单篇最高转发、分享数（篇目，日期） | 备注 |
|---|---|---|---|---|---|---|---|---|---|---|---|
| 上海观察 | 70 万 | 5000 | | 1.24 万 | 3.41 万 | 无法获取 | 73.16 万（外媒：这个男人会是普京接班人吗，2015-11-10） | 100（松江政务新媒体，你了解多少 2015-5-18） | | 无法获取 | |

数据来源：自有后台

| 微信公众号 | 总阅读数 | 原创帖文总数 | 头条总阅读数 | 总篇数 | 总点赞数 | 总分享数 | 单篇最高阅读数（篇目，日期） | 单篇最高点赞数（篇目，日期） | 单篇最高转发、分享数（篇目，日期） | 备注 |
|---|---|---|---|---|---|---|---|---|---|---|
| 上海观察 | 62 万 + | 1500 | 39 万 | 1600 | 1 万 | 33.76 万 | 20 万 +（哇！原来曹可凡此家族史如此不凡，2015-3-4） | 800（画都捐给国家、老酒一天不能断！这个上海老头太可爱了，2015-11-9） | 1.76 万（哇！原来曹可凡此家族史如此不凡，2015-3-4） | |

| 微信公众号 | 总阅读数 | 原创帖文总数 | 头条总阅读数 | 总篇数 | 总点赞数 | 总分享数 | 单篇最高阅读数（篇目，日期） | 单篇最高点赞数（篇目，日期） | 单篇最高转发、分享数（篇目，日期） | 备注 |
|---|---|---|---|---|---|---|---|---|---|---|
| 解放日报 | 303万 | 1000 | 90万+ | 1000 | 1.2万 | 15万 | 10万（开业两月"治癌利器"质子重离子医院已有13例患者出院，2015-7-17） | 300（开业两月"治癌利器"质子重离子医院已有13例患者出院，2015-7-17） | 3万（开业两月"治癌利器"质子重离子医院已有13例患者出院，2015-7-17） | |
| 微观上海 | 526万+ | 100 | 365万+ | 800 | 1万 | 7.56万 | 28万（明天起，五类人可直接落户上海，你符合么？2015-10-31） | | | |
| 自贸直通车 | 100万 | 500 | 80万 | 700 | 1万 | 69万 | 2.5万（国企改革22号文来了，国企首次分为两大类，2015-9-4） | 200（国企改革22号文来了，国企首次分为两大类，2015-9-4） | 2600（国企改革22号文来了，国企首次分为两大类，2015-9-4） | |
| 家长圈 | 12.69万 | 300 | 9.45万 | 300 | 1800 | 9200 | 6600（上海市实验学校东校：99%的家长满意度从何而来，2015-12-15） | 100（凑钱给教室买空气净化器？先别忙，政府买单！2015-12-25） | 500（上海市实验学校东校：99%的家长满意度从何而来，2015-12-15） | |
| 朝花时文 | 436万 | 800 | 75万 | 1100 | 1.32万 | 30万 | 27.89万（怒的背后，2015-6-26） | 700（怒的背后，2015-6-26） | 600（怒的背后，2015-6-26） | |
| 哎哟不怕 | 213万 | 300 | 72万 | 900 | 3万 | 35万 | 3.61万（"关爱乳腺癌公益大使"郎永淳：病再急心不能乱，2015-10-25） | 1万（"关爱乳腺癌公益大使"郎永淳：病再急心不能乱，2015-10-25） | 5500（"关爱乳腺癌公益大使"郎永淳：病再急心不能乱，2015-10-25） | |

| 微信公众号 | 总阅读数 | 原创帖文总数 | 头条总阅读数 | 总篇数 | 总点赞数 | 总分享数 | 单篇最高阅读数（篇目，日期） | 单篇最高点赞数（篇目，日期） | 单篇最高转发、分享数（篇目，日期） | 备注 |
|---|---|---|---|---|---|---|---|---|---|---|
| 解放周末 | 54.6万 | 400 | 35.1万 | 400 | 3800 | 3.5万 | 19.62万（送别汪国真：谢谢你带给这个世界美好和感动，2015-4-26） | 1100（在《平凡的世界》中，读懂什么，2015-3-5） | 5000（送别汪国真：谢谢你带给这个世界美好和感动，2015-4-26） | |
| 华乐局 | 7.23万 | 200 | 6.54万 | 200 | 500 | 4500 | 1.73万（穿越了！习大大十年前在乌镇，顶着酷暑戴草帽视察的照片！2015-12-15） | 200（父亲吴仁宝走后两年，"小吴书记"首次讲述述你不知道的"新华西村"，2015-6-28） | 200（穿越了！习大大十年前在乌镇，顶着酷暑戴草帽视察的照片！2015-12-15） | |
| 市民体育动动强 | 23.9万 | 500 | 9.94万 | 700 | 4400 | 2.8万 | 4900（上马：跟着上海公安跑出PB，2015-12-10） | （上马：跟着上海公安跑出PB，2015-12-10） | 2900（上马：跟着上海公安跑出PB，2015-12-10） | |
| 醒醒 | 4000 | 10 | 10 | 10 | 30 | 300 | 1100（[我在巴黎醒来]暴恐第二天，我走进一家书店，书店是城市的眼睛，2015-11-18） | 20（[我在巴黎醒来]暴恐第二天，我走进一家书店，书店是城市的眼睛，2015-11-18） | 40（[我在巴黎醒来]暴恐第二天，我走进一家书店，书店是城市的眼睛，2015-11-18） | |
| 报刊文摘 | 6222万 | | 1095万+ | 1800 | 12万 | 527万+ | 46万+（我差点死在了北京机场，2015-11-23） | | 2万+（我差点死在了北京机场，2015-11-23） | |
| 上海支部生活知鲜知先觉 | 25.53万 | 200 | 8.21万 | 600 | 1200 | 1.24万 | 1500（区域化党建迈向下一程，2015-11-27） | 200（徐汇情怀：满意在民心，2015-11-04） | 400（特大城市治理——上海落实"一号课题"进行时，2015-03-20） | |

| 微信公众号 | 总阅读数 | 原创帖文总数 | 头条总阅读数 | 总篇数 | 总点赞数 | 总分享数 | 单篇最高阅读数（篇目，日期） | 单篇最高点赞数（篇目，日期） | 单篇最高转发、分享数（篇目，日期） | 备注 |
|---|---|---|---|---|---|---|---|---|---|---|
| 数据来源 | | | | | | | 自有后台 | | | |

| 微博名称（属性：官微/部门/个人；平台：新浪/腾讯） | 总发帖数 | 原创帖文总数 | 总跟帖、评论数 | 总点赞数 | 总转发、分享数 | 总被提及/被@数 | 总粉丝数 | 单篇最高跟帖、评论数（篇目，日期） | 单篇最高点赞数、分享数（篇目，日期） | 单篇最高转发、分享数（篇目，日期） | 备注 |
|---|---|---|---|---|---|---|---|---|---|---|---|
| 解放日报（官微/新浪） | 5500 | 5500 | 6.57万 | 7.12万 | 4.93万 | 5.62万 | 143.6万 | | | | |
| 上海观察（官微/新浪） | 5500 | 5500 | 1.64万 | 1.93万 | 2.02万 | 2.31万 | 7000 | | | | |
| 报刊文摘（官微/新浪） | 21万 | 100 | 400 | 300 | 300 | 300 | 2.66万 | 2（儿子不孝，老人带21万现金火化，2015-10-8） | 20（专家预测，石墨烯将取代硅，2015-11-14） | 2（时间的工匠，2015-9-26） | |
| 数据来源 | | | | | | | | 微博后台 | | | |

# 第二章

## ≫ 文汇报社

截至 2015 年底，文汇报社已形成包括文汇网、文汇报微博和微信公众号、客户端，以及微电影、微视频、新媒体活动等诸多产品的新媒体矩阵，具体包括——

官方网站：文汇网

新闻 APP 客户端：文汇报（iPad 版、iPhone 版、Android 版）

活动 APP 客户端：百日千里

官方微博：文汇报

另有包括官方微信公众号"文汇报"在内的 18 个各类微信公众号

## 概　况

2013 年 5 月，文汇报头版推出以二维码为导入口的微视频平台，拉开了融合传播平台的建设，不断加快向新媒体的转型发展。截至 2015 年底，文汇报在传统媒体和新媒体融合发展上，取得了阶段性成果，各新媒体平台初具规模，进一步提升了主流媒体在互联网生态圈的影响力。

### 一、基础平台建设

文汇网、微信、微博、客户端等"四件套"基础引擎建设全面推进，与报纸形成内容互通、形式互动、优势互补，拓展了文汇的用户群，形成了传统纸媒向新媒体转型发展的基础平台。

### 1. 文汇网

2015 年度，文汇网不断增强网站影响力。

采编团队坚持"内外兼修"的原则。对内，团队不断完善工作机制，鼓励原创、鼓励整合、鼓励与报社其他采编部门联动进行"融合发稿"，并与部门技术团队一道，根据受众阅读习惯，推出网站手机版。对外，团队与百度上海频道、一点资讯、今日头条等新闻资讯类 APP，以资源互换的方式开展战略合作，利用他们的优势渠道，对网站优质内容进行引流。

2015 年，网站累计开出专题 64 个，包括"九三大阅兵"、"习马会"等重大题材，及时报道了"东方之星沉船"、"巴黎恐怖袭击"等突发事件 50 余则，推出与政经中心合作的"融合报道"近 520 篇。网站点击量稳步走高，日均点击量达 5 万，同比增长超过 100%。

作为 2015 年新推出的一个新媒体项目，"文汇读书"项目上线后，新媒体中心帮助"文汇读书"迈出了第一步。"文汇名家书房"是"文汇读书"的特色原创栏目，宗旨是留下一份份文化名家的视频和图文资料，时间越久将越显其价值。项目团队与部门摄影团队合作，半年内共推出了 6 期，得到了较好的社会评价。其中江晓原等人的采访，在微信等平台上的转发量超过了 1 万。项目中的"文汇倾听"栏目，将文汇报副刊"笔会"精品文章制成音频产品在网上传播，目前做了 18 辑。在事先几乎没有宣传的情况下，音频受到网友热捧，各平台累计收听量突破 1.4 万次。

### 2. 微信

文汇报系微信矩阵经过一年盘整，仍有 21 个活跃账号稳步发展，包括文汇报官方微信号、"汇生活"系列微信号、文汇报采编部门的微信号，以及《新读写》、文学报等微信号，在社交媒体平台上黏住了大量用户，延伸了文汇特色。

截至 2015 年底，文汇报系微信群粉丝总量约 50 万。其中，文汇报官方微信用户数增长到 6 万，每日推送 4-8 篇图文，文章传播峰值即最高阅读量超过 70 万，日均阅读量 2 万，打开率约 20%。文汇报官方微信 2015 年初开始探索 H5 页面制作，一年来，完成外滩踩踏事件祈愿、上海"两会"、"十三五"规划、国防教育日、为好法官点赞等一系列 H5 页面，探索更生动的创新表达方式。

### 3. 微博

文汇报微博作为报社与读者、用户交流的重要平台，及时发布新闻，正确引导舆论。同时发起了一系列与粉丝的互动活动，赠送文艺演出门票等文化福利。截至 2015 年底，文汇报微博粉丝约为 117 万，增长约 10 万，订阅数从 50 万增长到 110 万，日发帖量约 15 条，最高转发超过 2 万次。

在重大新闻发生时，如"9·3 大阅兵"、"习马会"、全国"两会"等，文汇报微博第一时间不间断直播。同时，与采编部门加强了合作，在突发事件报道中，微博编辑与前方记者紧密配合，第一时间发布最新进展。

### 4. 客户端

2015 年，文汇报客户端包括苹果端和安卓端两大平台，以文汇报电子版为主。同时，将"增强现实（AR）技术"嵌入新一代客户端，读者通过客户端扫描版面上刊登的图片或图示，可与文汇报纸媒进行三维立体的全方位互动。

2015 年底，文汇新媒体中心开始筹备建设文汇 APP 项目，充分发挥文汇报作为"全国性人文大报"在文化、教育、科技、副刊等领域的优势，依托 15 个驻外记者站的资源，围绕人文社科内容，提供最新资讯和深度解读，讲述人间冷暖真情故事，打造全新的高品质人文阅读平台。

## 二、特色项目情况

微视频、微电影，是文汇新媒体的重要特色。

2014 年 6 月 30 日，文汇报"基于增强现实技术的新型报刊制作系统及应用示范"项目由上海市科委立项，建设周期 3 年。该项目利用增强现实（AR）技术，以促进媒体环境下发展利用 AR 技术和云计算等技术，形成可视化立体化报刊的出版平台。

（详细内容请见案例《AR 技术：多媒体内容延展报纸传播信息量》）

# 一、网站

**名 称** 文汇网

**域名（链接）** www.whb.cn

**创建日期** 2010 年 8 月 8 日

**公司（单位）性质** 国有事业单位

**法人代表** 黄强

**资 质** 国家三类新闻信息服务网站

**团队架构**

性别：男 9 人 女 9 人

年龄：30 以下 10 人 30—40 岁 6 人 40 岁以上 2 人

学历：硕士研究生 5 人 本科 13 人

职称：初级 11 人 中级 5 人 副高级 2 人

岗位：采编 13 人 技术 2 人 运营 3 人

**内容定位**　以"汇思想、汇生活"为着力点，依托纸媒优质新闻资源，汇聚观点、看点、焦点，凸显人文特色；在"笔会"等精品内容基础上，开发汇吃、汇玩、汇演、汇财、汇拍等垂直栏目，同时打通微博、微信、APP 等多个平台。

**内容板块**　汇思想、汇生活、汇视听等。

**传播力**　1311 万浏览量

**技术升级**　系统软件：革新系统采用的云技术，所有访问进入，先统一指向域名服务器，再由 apache 连接池统一分配进行调整，手机访问指向手机虚拟主机，PC 访问指向 PC 虚拟主机；统一的资源池调用，所有服务器使用图片均从虚拟资料池里获取。硬件革新：物理服务器、交换机、防火墙、存储器共同组成了虚拟云平台。比以往单台服务器大大提高了系统的安全性和稳定性。每台物理主机故障损坏所涵盖的虚拟主机将自动切换到另外的物理主机上，保证系统稳定。由主防火墙和三层交换机组成的前端检测能最大保护系统安全防护外来攻击。

# 二、移动客户端

**名称** 文汇报

**创建日期** 2014 年 7 月推出 2.0 版

**平台** iPad 版、iPhone 版、Android 版

**版本** 5.5

**内容** 每日报纸电子报

**功能** 高清版、极速版、AR 扫描。

**下载量** 8 万（2.0 版）

**技术支持** 上海极标信息技术有限公司

**技术升级** 整合高清/极速双版本，并加入 AR 增强现实功能，滚动大图可直链网站网页。

# 三、微博

**名称** 文汇报（新浪微博）

**创建日期** 2012 年 11 月

**定位** 聚贤汇智，慧及天下。用全新的语言，送递新闻资讯，还有编辑部的

观点和关怀。

**粉丝量，转发量＋跟帖量** 截至 2015 年底，粉丝 117 万，年转发 4 万＋，年跟帖 12 万。

# 四、微信公众号

## 1. 文汇报（文汇报主媒体公众号：wenhuidaily）

**创建日期** 2014 年 4 月

**定位** 综合类新闻内容

**特色** 读文汇知，每天提供新鲜、实用、有趣的新闻与文化内容。

**订阅数** 6 万（截至 2015 年底）

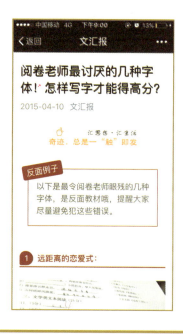

## 2. 文汇笔会（ibihui）

**创建日期** 2013 年 7 月

**定位** 依托文汇笔会副刊，推送大家名家及学者的散文随笔。发现新人，补充文坛新鲜血液。

**特色** 以静水流深的文字长河，为读者维系与一代代文章大家的关系。

**订阅数** 44002（截至 2015 年底）

杨绛先生在看李昕送去的样书。
本微信多图除图说明外均由李昕提供。

## 3. 文汇教育（wenhuieducation）

**创建日期** 2014 年 2 月

**定位** 教育大家、专家发表专业意见的首选平台，做全国教育专业周刊的领航者。

**特色** 着重传递全球先进教育理念、教育发展趋势，主要发布专家观点、教育信息、政策解读，以及对教育改革的深度调查和家庭教育指导等内容，目标群体为教育界人士、大学生，以及所有学段的家长。

**订阅数** 69000（截至 2015 年底）

## 4. 汇吃（ihuichi）

**创建日期** 2013 年 1 月

**定位** 分享品尝美食的门道、最 IN 的咨询；汇聚美食故事、饮食文化，还原最真实的记忆和味道。

**订阅数** 22106（截至 2015 年底）

## 5. 汇玩（yiqihuiwan）

**创建日期**　2014年1月

**定位**　旅行攻略与资讯分享

**特色**　提供最in"游玩"资讯，推荐最好玩的地方，与用户分享"游玩"体验。

**订阅数**　3840（截至2015年底）

## 6. 汇演（huiyan_sh）

**创建日期** 2014 年 1 月

**定位** 文化、艺术、演出资讯。

**特色** 借你一双洞察文艺的慧眼，提供新鲜有用的文化、艺术、演出资讯。

**订阅数** 13496（截至 2015 年底）

## 7. 文汇读书周报（ihuipai）

**创建日期**　2014 年 12 月

**定位**　面向文汇读书周报读者及其他爱书人，推介好书新书，使更多人爱上读书，助爱书人觅到好书。

**特色**　承继文汇传统，秉持读书品质。中国第一家由媒体创办的读书类专业报纸的公众号。

**订阅数**　12161（截至 2015 年底）

## 8. 汇车（whbche）

**创建日期** 2014 年 5 月

**定位** 汇生活，汇思想。以车会友，谈人生，谈理想，快乐就好。

**特色** 资深行业记者，面向行业精英，撰写深度分析文章。

**订阅数** 1044（截至 2015 年底）

## 9. 文汇学人（wenhui_xr）

**创建日期** 2014 年 3 月

**定位** 学术类、社科类公号，介于专业学术期刊和一般大众媒体之间，既严肃、学术，又好玩、有趣，追求知识性和可读性的结合，推送内容以文史哲和社会科学领域中各个学科优秀学者的佳作为主。

**特色** 内容原创为主，主要分为约稿和记者报道两部分。约稿方面，汇集了北京、上海以及全国其他地区各高校和研究机构的一流人文社科类作者。报道方面，基本上每期保证有一个学术专题的深度报道。

**订阅数** 24504（截至 2015 年底）

## 10. 文汇百家（wenhuiwenyi）

**创建日期**　2014 年 11 月

**定位**　作为上海新闻"名专栏"——文汇报"文艺百家"的新媒体平台，文汇百家是一个主打文艺评论的微信公号，主要面向热爱文艺的中高端读者。

**特色**　针对热门图书、影视剧、文化现象，提供专业的评论和及时的信息，重点推介但不局限于文汇报"文艺百家"栏目的优质评论文章。以鲜明的观点、前瞻的视野吸引固定的忠实粉丝。在有思想、内涵、深度、锐度的同时，结合新媒体的表现方式和语汇，做到有趣味、有滋味。

**订阅数**　1277（截至 2015 年底）

## 11. 文汇艺文（wenhuiyiwen）

**创建日期** 2014 年 8 月

**定位** 文化艺术领域的文汇报新闻报道

**特色** 汇集文化资讯、专业评论、名家名作。

**订阅数** 433（截至 2015 年底）

# 12. 文汇讲堂（wenhuijiangtang）

**创建日期**　2013 年 6 月

**定位**　大型公益学术讲座平台，在建设讲座品牌的同时，成为报道沪上精品讲座的平台。

**特色**　主要内容为文汇讲堂嘉宾观点、各类优质讲座报道、讲堂报名信息、讲堂现场互动、讲堂专访、名家声音等。关注焦点热点、传播人文思想，增加与听众的互动交流。

**订阅数**　7208（截至 2015 年底）

## 13. 文汇小记者（iwhxjz）

**创建日期**　2014 年 4 月

**定位**　文汇新媒体学生记者团官方账号

**特色**　记者团在上海的 15 所中小学设立了学生记者站，开展一系列新闻发布、新闻学习和新闻实践活动。

**订阅数**　859（截至 2015 年底）

## 14. 上海跑步者（shanghairunner）

**创建日期** 2013 年 7 月

**定位** 上海国际马拉松赛合作社交媒体

**特色** 植根于上海本土的垂直类微信公众号，是上海国际马拉松赛合作社交媒体。内容重点涵盖上海、国内甚至全球路跑、越野、铁人三项赛事的报名、赛况等资讯，与体育相关的励志故事、人物特写，饮食营养、健身方法等科普信息。曾多次举办线上有奖问答、线下跑步训练营、体科所专家坐镇的专业体质测试等互动活动，在全国跑圈享有一定口碑。

**订阅数** 5 万（截至 2015 年底）

## 15. 文汇汇帮忙（whbhbm）

**创建日期** 2014 年 5 月

**定位** 以文汇报政经报道中心为主体搭建的公益项目平台，引入商业领域的众筹理念，提出了"众筹公益"的项目设计，将公益项目拆分成一个个环节，招募志愿者前来认领，共同闭环，实现公益项目。所有内容以原创为主。融合传统媒体和新媒体各项优势，在文汇报上开辟汇帮忙专栏，利用汇帮忙微信公众号的点对点传播性扩大影响力和凝聚用户，开展线下活动。

**特色** 一是"零经费投入"，借助文汇报主流媒体的社会影响力，为有价值的公益团体实现公益活动的信用背书和资源聚合；二是利用互联网和众筹模式，替代原有的固定时间、固定目标的传统公益志愿活动方式，利用更多有效志愿服务时间，让志愿精神迅速传播，弘扬正能量；三是"接地气"，依托区县和街镇资源，将公益服务活动进一步落地到社区和基层，成为广泛参与和实质有效的公益服务和运作平台。

**订阅数** 54438（截至 2015 年底）

## 16. 国际范（wenhuiguoji）

**创建日期** 2014 年 3 月

**定位** 国际新闻

**特色** 提供专业的世界热点新闻解析、地球村生活百态。

**订阅数** 840（截至 2015 年底）

## 17. 汇行者（whhuixingzhe）

**创建日期**　2014 年 2 月

**定位**　以文汇报"天下"和"近距离"版面为依托的特稿平台

**特色**　报道辽阔大国的小事，解读历史进程的细节。

**订阅数**　600（截至 2015 年底）

## 18. 走走写写（wenhuiguonei）

**创建日期** 2014 年 4 月

**定位** 国内新闻

**特色** 没有华丽辞藻，力求发出真实的声音。

**订阅数** 123（截至 2015 年底）

## 政经中心与新媒体中心"融合报道"  案例

2015年3月27日，文汇报社政经中心与新媒体中心启动了"融合报道"试点，双方尝试在坚持"三审制"等现有监管体系不动摇的前提下，探索基于新媒体平台、更具时效性与传播效力的新闻发布方式。

据统计，截至2015年底，通过新媒体中心的各网络平台发布融合报道约400条（含AR报道），覆盖网站、微博、微信等多个网络平台。两个部门的采编人员，无论那个年龄段，几乎全部参与试点，取得了良好的效果。

对新媒体中心而言，由于丰富了呈现方式、增加了原创稿源、提高了部分突发事件报道的时效性，再加上网站手机版上线、与多个新闻APP签署合作协议等因素，上半年中心整体业务水平有所提高，网站PV量月均增长达9%，日均PV突破5万次，比2014年底翻一番有余。

经过合作，政经中心采编人员的新媒体意识有了明显提高，不管选题还是写法都更加符合互联网传播规律；同时，新媒体中心工作人员主动对接、主动策划、主动服务的工作积极性则明显有所增强。

从时间上看，以4月中旬的"上海高峰出租车上路"为标志性节点，此前融合报道的主要运转模式是"政经中心供稿—新媒体中心发布"；此后，以部分突发新闻、民生新闻为契机，以AR融合报道为重点突破口，两个部门间出现了越来越多的联合策划、联合采访、立体发布的新闻报道，约占选题总量的15%。

通过不定期举办业务探讨、交流学习，建立健全联络员制度，彼此旁听选题会等举措，两个部门之间进一步加强共同策划、加强联合采编、加强重点组织，"融合报道"中全媒体报道的选题比例不断提高，并整理出一套可复制、可推广的"融合报道"详细方案。

## AR 技术：多媒体内容延展报纸传播信息量  案 例

2014 年 6 月 30 日，文汇报"基于增强现实技术的新型报刊制作系统及应用示范"项目由上海市科委立项，建设周期 3 年。该项目利用增强现实（Augmented Reality，简称 AR）技术，以促进媒体环境下的发展利用增强现实技术和云计算等技术形成可视化立体化报刊的出版平台。

在经过一系列的筹备期后，2015 年 8 月，文汇报 AR 项目正式上线。文汇报客户端最新本嵌入了 AR 增强现实技术，通过客户端扫描报纸版面上的图片即可获取视频等延伸阅读，给用户更多体验选择。该技术主要通过图形及文字识别，来建立跨媒介通道，通过多媒体内容增强报纸阅读效果、延展报纸传播信息量。文汇报成为第一家运用 AR 技术的全国综合性日报。

2015 年 8 月 4 日，文汇报头版头条刊登"走进上海实验室"系列报道第一篇《钢铁实验室怎么跑出了"概念车"》，通过文汇报客户端的 AR 功能，扫一扫报纸上的图片和栏目标签，就能看到更多无法在报纸上呈现的内容，体现了媒体融合的阶段性成果。之后又刊发了《"刷脸"算什么，现在流行"刷静脉"》、《让不同机器"说"同一种语言》、《为"中国芯"备下一座"试水池"》等多篇融合报道。在报道过程中，报纸采编与新媒体平台高度融合，在纸媒基础上，通过 AR 技术、H5 页面、微信微博、网站等多种渠道，运用文字、图片、视频等进行全媒体报道。刊发的 60 余篇报道，累计获得超过 15 余万次的点击。

AR 技术的引入，是文汇报进一步构建新媒体环境下的工作机制、对传统采编流程进行再造的新机遇。除了为报纸读者提供更丰富的阅读体验之外，也为报刊杂志的新媒体化提供案例和经验，尤其是在交互式体验、新型广告、全媒体架构等方面，将形成新的模式，不仅推动报纸的转型升级，创造更佳的用户体验，也能进一步提升影响力和传播力。

## 文汇报社新媒体获奖情况

2015年7月至2016年1月，在由市委宣传部、市文明办、市网信办等单位联合主办的"行进上海·精彩故事"微电影大赛中，文汇报社新媒体中心获优秀组织奖，出品的3部微电影作品获奖。

2015年11月，APP《"民星"微电影浓缩城市正能量》，获第二十四届上海新闻奖（网络新媒体新闻）一等奖。

2016年1月，文汇报官方微信公众号，被"微信公开课"评为2015年度"微信年度优秀媒体公众号"。

## 文汇报社新媒体主要数据一览表

网站：文汇网

| | 页面点击量（PV） | 单独访客数（UV） | 独立访问量（IP） | 网粘度 | 备注 |
|---|---|---|---|---|---|
| 2015年度总量 | 1311.3万 | 166.35万 | 166.35万 | | |
| 2015年度月最高 | 206.95万 | 26.53万 | 26.53万 | | 12月 |
| 2015年度日最高 | 14.57万 | 2.8万 | 2.8万 | | 12月14日 |
| 单篇最高（篇目，日期）（上海11个区县领导大调整，2015-7-17） | 11.97万 | 4.89万 | 4.89万 | | |
| 数据来源 | 自研 | | | | |

| 微信公众号 | 总阅读数 | 原创帖文总数 | 头条总阅读数 | 总篇数 | 总点赞数 | 总分享数 | 单篇最高阅读数（篇目，日期） | 单篇最高点赞数（篇目，日期） | 单篇最高转发、分享数（篇目，日期） | 备注 |
|---|---|---|---|---|---|---|---|---|---|---|
| 文汇汇帮忙 | 120万 | 140 | 98万 | 300 | 1.47万 | 5.6万 | 1.5万（汇公益2015-7-9） | 124（汇公益2015-7-9） | 2300（汇公益2015-7-9） | |
| 汇车 | 6.4万 | 50 | 5万 | 108 | 620 | 7200 | 2800（沪牌只要4.4万元，5000张"妖牌"顺利洗白，2015-11-16） | 37（沪牌只要4.4万元，5000张"妖牌"顺利洗白，2015-11-16） | 158（沪牌只要4.4万元，5000张"妖牌"顺利洗白，2015-11-16） | |
| 文汇教育 | 2034万 | 500 | 1200万 | 1095 | 8.3万 | 136.6万 | 1664231（现在的学校教育，是在逼着其中一个家长辞职回家！2015-4-1） | 10324（现在的学校教育，是在逼着其中一个家长辞职回家！2015-4-1） | 26493（至亲之情不应该是看着彼此渐行渐远的背影，2015-10-15） | |

| 微信公众号 | 总阅读数 | 原创帖文总数 | 头条总阅读数 | 总篇数 | 总点赞数 | 总分享数 | 单篇最高阅读数（篇目，日期） | 单篇最高点赞数（篇目，日期） | 单篇最高转发、分享数（篇目，日期） | 备注 |
|---|---|---|---|---|---|---|---|---|---|---|
| 汇演 | 108万 | 120 | 82万 | 160 | 6000 | 15万 | 103089（陈奕迅用了10分钟，华语金曲走过30年，2015-7-6） | 290（小燕先生99岁生快！中国夜莺，其音清扬，其音婉转，2015-8-28） | 7875（小燕先生99岁生快！中国夜莺，其音清扬，其音婉转，2015-8-28） | |
| 文汇艺文 | 9.9万 | 520 | 8.万 | 520 | 4900 | 7700 | 3810（王安忆谈新作《匿名》：我慢热，请耐心点，2015-12-15） | 65（王安忆谈新作《匿名》：我慢热，请耐心点，2015-12-15） | 261（王安忆谈新作《匿名》：我慢热，请耐心点，2015-12-15） | |
| 百家 | 13.5万 | 216 | 5.2万 | 251 | 747 | 9883 | 11709（毛尖：不用广电总局发声，《武媚娘传奇》也会被观众"关掉"，2015-1-15） | 56（今天，为什么还要阅读张承志，2015-12-8） | 630（毛尖：不用广电总局发声，《武媚娘传奇》也会被观众"关掉"，2015-1-15） | |
| 走走写写 | 766 | 11 | 632 | 11 | 13 | 82 | 153（胜利日点兵：波澜壮阔阅众志成城，2015-9-2） | 2（中国建成首座50亿方页岩气田，2015-12-30） | 19（胜利日点兵：波澜壮阔阅众志成城，2015-9-2） | |
| 汇行者 | 12.2万 | 96 | 4.8万 | 96 | 960 | 1920 | 2283（单霁翔：故宫"看门人"，2015-1-25） | 6（单霁翔：故宫"看门人"，2015-1-25） | 212（单霁翔：故宫"看门人"，2015-1-25） | |
| 文汇报 | 456万 | 300 | 220万 | 1665 | 4.2万 | 16.3万 | 743761（阅卷老师最讨厌的几种字体！怎样写字才能得高分？2015-4-10） | 8898（阅卷老师最讨厌的几种字体！怎样写字才能得高分？2015-4-10） | 2882（阅卷老师最讨厌的几种字体！怎样写字才能得高分？2015-4-10） | |

| 微信公众号 | 总阅读数 | 原创帖文总数 | 头条总阅读数 | 总篇数 | 总点赞数 | 总分享数 | 单篇最高阅读数（篇目，日期） | 单篇最高点赞数（篇目，日期） | 单篇最高转发、分享数（篇目，日期） | 备注 |
|---|---|---|---|---|---|---|---|---|---|---|
| 汇吃 | 35.3万 | 137 | 19.3万 | 192 | 876 | 1.9万 | 9813（《何以笙箫默》里那些不能将就的餐厅，2015-1-16） | 112（咖啡馆＋理发店，这个概念正流行，2015-7-6） | 932（魔都最销魂的10碗饭，2015-1-18） | |
| 汇玩 | 18万 | 79 | 16万 | 112 | 400 | 5903 | 50016（夸顶之下，2014中国呼吸环境最优城市Top10，你家上榜了吗？2015-3-1） | 49（夸顶之下，2014中国呼吸环境最优城市Top10，你家上榜了吗？2015-3-1） | 1942（夸顶之下，2014中国呼吸环境最优城市Top10，你家上榜了吗？2015-3-1） | |
| 文汇小记者 | 9909 | 30 | 9000 | 89 | 121 | 3100 | 356（第二届文汇中小学生新媒体大赛特等奖获奖名单，2015-2-25） | 6（第二届文汇中小学生新媒体大赛特等奖获奖名单，2015-2-25） | 16（第二届文汇中小学生新媒体大赛特等奖获奖名单，2015-2-25） | |
| 文汇学人 | 108.7万 | 117 | 43.2万 | 353 | 3177 | 7461 | 25774（高校就是高校，不要把高校建成智库，2015-11-6） | 84（高校就是高校，不要把高校建成智库，2015-11-6） | **2489**（高校就是高校，不要把高校建成智库，2015-11-6） | |
| 国际范 | 6万 | 400 | 5万 | 400 | 100 | 12万 | 1494（李光耀：我们一无所有，除了我们自己，2015-3-19） | 30（一个巴黎人的来信/黑夜过去，我们继续演奏音乐，2015-11-15） | 121（丁纯：瑞士央行上演"金融珍珠港"为哪般，2015-1-17） | |
| 文汇笔会 | 180万 | 720 | 120万 | 750 | 1.1万 | 6.2万 | 79118（奚美娟《周小燕先生99岁了》，2015-4-16） | 684（奚美娟《周小燕先生99岁了》，2015-4-16） | 3671（奚美娟《周小燕先生99岁了》，2015-4-16） | |

| 微信公众号 | 总阅读数 | 原创帖文总数 | 头条总阅读数 | 总篇数 | 总点赞数 | 总分享数 | 单篇最高阅读数（篇目，日期） | 单篇最高点赞数（篇目，日期） | 单篇最高转发、分享数（篇目，日期） | 备注 |
|---|---|---|---|---|---|---|---|---|---|---|
| 上海跑步者 | 310万 | 341 | 285.5万 | 357 | 2.8万 | 20.6万 | 69771（肾功能只剩20%的他，昨夜离世界冠军只差0.06秒，2015-8-29） | 352（肾功能只剩20%的他，昨夜离世界冠军只差0.06秒，2015-8-29） | 3192（肾功能只剩20%的他，昨夜离世界冠军只差0.06秒，2015-8-29） | |
| 文汇讲堂 | 16.4万 | 95 | 13.2万 | 338 | 2080 | 1.3万 | 13731（讲堂专访｜乔良：俄土之争走向 欧美价值同盟破裂 各国重新选队，2015-11-27） | 64（讲堂专访｜乔良：俄土之争走向 欧美价值同盟破裂 各国重新选队，2015-11-27） | 1283（讲堂专访｜乔良：俄土之争走向 欧美价值同盟破裂 各国重新选队，2015-11-27） | |
| 读书周报 | 29.9万 | 510 | 27.9万 | 420 | 2808 | 2.1万 | 8326（请李锐吃饭，2015-1-2） | 146（77级78级大学生的异同，2015-4-2） | 549（请李锐吃饭，2015-1-2） | |

| 微博名称（属性：官微/部门/个人；平台：新浪/腾讯） | 总发帖数 | 原创帖文总数 | 总跟帖、评论数 | 总点赞数 | 总转发、分享数 | 总被提及/被@数 | 总粉丝数 | 单篇最高跟帖、评论数（篇目，日期） | 单篇最高转发、分享数（篇目，日期） | 单篇最高点赞数（篇目，日期） | 备注 |
|---|---|---|---|---|---|---|---|---|---|---|---|
| 文汇报（新浪微博） | 5475 | 830 | 18万 | 52万 | 23万 | 80万 | 117万 | 1022（今日的外滩正严悲切，2015-1-1） | 6766（今日的外滩正严悲切，2015-1-1） | 3015（持续关注上海外滩踩踏事件 愿平安，2015-1-1） | |

新浪微博

数据来源

# 第三章

## ≫ 新民晚报社

2015年，新民晚报媒体融合整体稳步推进，加强报纸端和新媒体端的协同配合、融会贯通。产品由网站群：新民网、大购网、侬好学堂网；社交媒体账号群：微博@新民晚报新民网、14个微信号（不含东方体育日报）、新民晚报APP（新民邻声）构成一个有机系统。

## 概 况

2015年，新民晚报媒体融合整体稳步推进，在手机客户端方面取得重点突破。

2015年3月，经过升级改造的新民晚报手机客户端正式上线，原新民网Android客户端、新民网iOS客户端整合进新客户端，新民网HD客户端停止运营。新客户端覆盖iOS和Android系统，集纳了新民晚报自主研发的轻应用集群，广泛应用H5新移动技术。新版客户端内设"头条"、"突发"、"投诉"、"民生"、"侬好上海"、"夜光杯"等频道，广受用户欢迎。其中，"突发"频道成为各家门户网站和主要新闻客户端重点稿源抓取目标，一有本地突发报道发布，立即被腾讯新闻、东方网、今日头条、一点资讯、天天快报等推送、转发。客户端同时融入了数字报纸，手机看晚报，随时随地更方便，好文还能一键分享到多个移动平台。其他还有诸如图集、投票等用户喜闻乐见或能够充分互动的栏目。上线以来至年底，新版手机客户端已拥有 35 万次下载量。

客户端具体承载了报社整体转型的任务。2015 年底，试行部门承包制的文娱、环球等频道先后上线，由相关内容采编部门直接负责频道运作，确保频道内容鲜活、权威，成为报社整体转型、媒体融合的试点。在新民网整体流量中，到 2015 年底已有超过 60% 来自移动端，这一趋势还在上升中。客户端上线后对新民网的影响力传播力提升明显。

手机客户端涉及开机页广告和各频道内嵌入式广告、线上推介与线下活动结合的营销活动等商业模式的顺利推进。2015 年，新民传媒公司与宝山工业园区达成战略合作协议，量身定制新媒体投放计划，如长期的新民网首页顶通、APP 开机页形象展示等。

2015 年新民晚报官方微信的粉丝数突破了 10 万，有 14 篇微信的图文阅读数突破 10 万 +，"茆盛泉执法牺牲"、"崇明杀婴事件追踪"、"电梯伤人事件追踪"、"台风灿鸿登录上海 16 小时播不停"、"成长的烦恼"、"空中列车"、"产妇捂月子"等微信报道都可圈可点。策划的导盲犬系列报道，通过对盲人无法与导盲犬同坐火车的采访，引出系列相关报道，最终铁路总公司在媒体的报道呼吁下，取消了相关"禁止"规定。"跨国抓铺电信诈骗犯"的视频直播报道，包括视频直播、现场图文直播、微博滚动直播、微信推送、APP 专题等，形式多样，大大提升了纸媒与新媒品牌融合的影响力。

根据新民晚报社媒体融合的总体部署和安排，2015 年末，客户端即开始谋划从单一的新闻客户端向为用户提供新闻、资讯、服务三位一体的客户端"邻声"

的升级工作。

2015 年，新民晚报新媒体继续探索渠道建设。通过与 UC、猎豹等渠道进行内容与流量的互换合作，更多地展示纸媒与新媒体的报道内容，增强新民品牌影响力。

2015 年期间，新民体育微博、新民晚报社会新闻微博停止运营，微信公众号冬姐指南"惠"游天下由于业务调整不进行统计，微信公众号新尚停止更新。

# 一、网站

## 1. 新民网

**域名（链接）** www.xinmin.cn

**创建日期** 2006 年 9 月 9 日

**公司（单位）性质** 国有事业单位

**法人代表** 陈启伟

**资质** 新闻信息服务一类资质，增值电信业务经营许可，互联网新闻信息服务许可，信息网络传播视听节目许可，广电节目制作经营许可。

**团队架构**

⑴新民晚报社全媒体采编中心新媒体编辑部共 40 人

性别：男 17 人 女 23 人

年龄：30 岁及以下 18 人 31-40 岁 19 人 41-50 岁 3 人

学历：硕士研究生 7 人 大学 33 人

专业：新闻语言类 26 人 IT 技术类 3 人 艺术设计类 4 人 其他专业 7 人

岗位：新闻采编 28 人  视频编辑 5 人  美术编辑 3 人  编务监控 4 人

（说明：采编人员共同运营网站、微博、微信、APP 客户端）

(2)新民晚报社全媒体采编中心技术组共 11 人

性别：男 8 人  女 3 人

年龄：30 岁及以下 3 人  31-40 岁 8 人

学历：硕士研究生 1 人  大学 10 人

专业：IT 技术类 7 人  艺术设计类 2 人  其他专业 2 人

岗位：产品开发 7 人  运维支持 2 人  视觉设计 2 人

**内容定位**  上海本地新闻资讯、文化生活维权服务的综合平台，数字"航空母舰"。

**内容板块**  新闻栏目、专题、投票、专栏、评论、视频、数字报纸、资讯栏目等。

**传播力**  日均浏览量 110 万左右

**经营情况**  2015 年营收 2162 万元（含报社财政补贴）

## 2. 新民大购

**域名（链接）** www.xinmindagou.com

**创建日期** 2014 年 8 月

**定位** 作为新民晚报旗下唯一电子购物平台，秉承新民晚报 85 年"飞入寻常百姓家"的办报宗旨，以全新的 B2C 网络营销模式，致力为消费者提供高品质、实惠、便捷的生活产品。

# 二、移动客户端

### 1. 新民晚报

**创建日期** 2009 年 10 月

**平台** iOS，Android

**版本** 2.0

**内容** 整合数字报纸和新民网客户端，新民晚报数字报纸 iPad 呈现。

**功能** 新闻阅读

**下载量** 截至 2015 年底，Android 版本 35 万，iOS 版本 12 万。

### 2. 新民网 Android 客户端

已停止更新，2015 年由新民晚报客户端代替。

### 3. 新民网 iOS 客户端

已停止更新，2015 年由新民晚报客户端代替。

### 4. 新民网 HD 客户端

已停止更新

## 三、微博

### 1. 新民晚报新民网（新民晚报官方微博）

**创建日期** 2010年5月4日

**定位** 新民晚报官方微博，关注民生、本地服务类信息，国际国内重大突发。

**粉丝量，转发量** 截至2015年底，粉丝量2526631；2015年全年转发量732840。

## 2. 新民美国（隶属新民晚报美国记者站）

**创建日期**　2013 年 12 月 20 日

**定位**　向国内和美国华人读者传播第一手的美国资讯，扩大新民晚报在美影响力。

**粉丝量，转发量 + 跟帖量**　截至 2015 年底，粉丝量 73200，其中，海外用户占到 39.2%；已发布博文 735 篇，点击量超 800 万次，平均单条阅读量超过 1.2 万次。

### 3. 新民周刊（隶属新民周刊）

**创建日期**  2010 年 5 月 31 日

**定位**  关注新闻热点，分享经验心得，增加读者的黏性。

**粉丝量**  截至 2015 年底，2500 万 +。

## 4. 东方体育日报（东方体育日报官方微博）

**创建日期**　2009 年 10 月 20 日

**定位**　面对关注体育的所有人群

**粉丝量**　截至 2015 年底，90000。

## 5. 新民体育

隶属新民晚报体育部，已停止更新。

## 6. 新民晚报社会新闻

已停止更新

# 四、微信公众号

## 1. 新民晚报（公众号：xmwb1929，隶属新民晚报全媒体中心新媒体编辑部）

**创建日期** 2014 年 4 月

**定位** 有益、有趣、有用，立足本地，放眼全球。

**订阅数** 111040（截至 2015 年底）

**技术升级、进步概况** 从图文为主，逐步引入视频、游戏等，技术手段逐步升级，朝着满足受众需求的方向不断努力。

## 2. 新民周刊（公众号：xinminzhoukan，隶属新民周刊）

**创建日期**　2012 年 7 月

**定位**　关注社会热点，把握时尚脉搏，引领生活方式。作为周刊杂志之外的补充，致力于在原有读者的基础上，吸引更多的年轻读者。

**订阅数**　68445（截至 2015 年底）

**经营情况**　全年广告营业额将近 10 万

**案例**

著名连环画画家贺友直老先生去世，当天就在微信公众号发了悼念稿件《贺友直：真实、真切、真情》，详细述说了作者与老人的交往以及他的精神面貌，并配发以前杂志刊发的贺友直夫妇的爱情故事。因为时效强且独家，阅读量高，转发多，社会影响也很大。一周后《新民周刊》杂志出刊，重发了悼念文章，对贺老的艺术进行了高度评价，并且在文后配发了适合杂志的图片版，更好地展示了贺老的精彩作品。这是一次杂志和微信报道结合的成功尝试。

## 3. 侬好上海（公众号：helloshanghai2013，隶属新民晚报全媒体中心项目组）

**创建日期** 2013 年 6 月

**定位** 分享上海本地生活资讯、吃喝玩乐、传播经典海派文化，组织上海同城活动。

**特色** 用轻松诙谐的语言风格，讲述上海这座城市的日新月异。同时打造各类海派文化活动，增强粉丝黏度。

**订阅数** 248608（截至 2015 年底）

## 4. 上海花城（公众号：shflowercity，隶属新民晚报经济部）

**创建日期**  2013 年 11 月 1 日

**定位**  服务于新民晚报四季花展品牌宣传。提供最新鲜的花展资讯，最专业的园艺知识，最好看的花卉美图，打造上海花城新形象。

**订阅数**  37121（截至 2015 年底）

## 5. 街谈巷议（公众号：xinminwangshi，原新民网事）

**创建日期**　2014 年 3 月 20 日

**定位**　以视频报道为主。通过视频街访，聚焦热点话题、议题，倾听市民的意见建议，两微一端和网页报纸联动，突出报网融合，体现新民晚报的民生性和贴近性。

**订阅数**　16168（截至 2015 年底）

## 6. 新民演艺（公众号：xinminyanyi，隶属新民晚报文化部）

**创建日期** 2013 年 10 月

**定位** 提供最新最快的演艺资讯，为用户甄选最有质量值得一看的演出、展览、电影，并进行解读。定期提供门票、演出衍生产品抽奖。

**订阅数** 7125（截至 2015 年底）

## 7. 新民法谭（公众号：xmft2013，隶属新民晚报政法部）

**创建日期** 2013 年 4 月

**定位** 新民晚报法治宣传和法律服务公众平台，面向用户开展依法治国和普法宣传，为用户提供快速、权威、精准的法治服务和法律咨询。

**特色** 由新民晚报政法部创办，经过与新民晚报母报的跨媒体互动以及多渠道、多平台拓展，在法宣类微信公众号中具有较高的品质和粉丝黏度。

**订阅数** 10377（截至 2015 年底）

## 8. 新民体育（公众号：xinminsport，隶属新民晚报体育部）

**创建日期**　2013 年 7 月

**定位**　解读体坛热点，组织线下活动，关注体育圈内大小事为重点。

**订阅数**　8984（截至 2015 年底）

## 9. 新民好吃（公众号：xinmin food，隶属新民晚报群工部）

**创建日期** 2013 年 12 月 27 日

**定位** 顶级大厨倾力加盟，舌尖上海尽在掌握。总厨领你吃、教你烧。

**订阅数** 21428（截至 2015 年底）

## 10. 新民印象（公众号：xinmin yinxiang，隶属新民晚报摄影部）

**创建日期** 2014 年 3 月

**定位** 新民晚报摄影部与粉丝的互动天地，让摄影走进生活、关注民生。

**订阅数** 5247（截至 2015 年底）

印象旅途｜魅力宏村夜

印象旅途｜走进绿色，相约坝上

印象旅途｜冬日娄塘古镇

新民摄友｜光影中国·虹桥天地

新民摄友｜徐家汇藏书楼掠影

## 11. 新民科学咖啡馆（公众号：xmscicafe，隶属新民晚报科教卫工作室）

**创建日期** 2014年3月

**定位** 是新民晚报社与上海市科协联合主办的公益科普项目，打造新鲜、有趣的科技资讯台。

**订阅数** 2699（截至2015年底）

## 12. 新民金融城（公众号：xmjinrongcheng，隶属新民晚报经济部）

**创建日期** 2013 年 7 月

**定位** 新民晚报主办，上海市金融服务办公室支持，陆家嘴金融城管委会合作的金融城周刊互动平台。

**订阅数** 8100（截至 2015 年底）

## 13. 新民眼（公众号：xinminjd，隶属新民晚报焦点部，原新民锦读）

**创建日期** 2014 年 3 月 1 日

**定位** 以时事热点、新闻述评为主的阅读产品。

**特色** 内容包括今日焦点、独家述评、声音八方等栏目，90% 以上为原创稿件，提升主流媒体在新媒体领域的话语权和引导力。

**订阅数** 3100（截至 2015 年底）

## 14. 新民健康（公众号：xinmin health，隶属新民晚报新民传媒金融健康工作室）

**创建日期**　2014 年 3 月

**定位**　智慧医疗时代下，搜集各类最新医疗资讯，呈现大批知名医学专家专访，为老百姓看病难、看病贵、日常养生提供帮助。

**订阅数**　3813（截至 2015 年底）

## 15. 东方体育日报（公众号：dfsports）

**创建日期**　2012 年 9 月

**定位**　面对关注体育的所有人群

**特色**　最新鲜最有趣最好玩的体育新闻

**订阅数**　13 万（截至 2015 年底）

## 16. 冬姐指南"惠"游天下（公众号：dongjiezn，隶属新民晚报副刊部）

业务调整

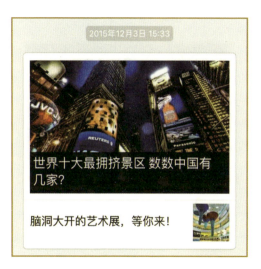

## 17. 新尚（公众号：xinmin fashion，隶属新民晚报副刊部）

停止更新

## 茆盛泉执法牺牲——运用微信"预览转发"模式报道  案例

2015 年 3 月 11 日傍晚，闵行区交警茆盛泉执法时牺牲。事发后，新媒体编辑部在网页、微博、微信、APP 等多个端口及时推送事件详情，采取"预览转发"的方式，在短时间内达到逾 10 万阅读量，进入当天全国性新媒体排行榜阅读量前十名。

微信"预览转发"是一次新媒体创新。新媒体编辑部在事发当晚约 21 时 10 分得到有关信息，记者经过采访核实确认后，报道很快发上报纸 APP 客户端。此时微信公众号已经用掉当天的推送额度。新媒体部当机立断，抓住微信阅读的黄金期，决定采用朋友圈传播的"笨"办法。为迅速有效传播这条"预览转发"微信，报社同仁一起转动手指，向最大范围扩散。之后，"预览转发"的优势慢慢体现，即从内容到标题都可以修改。新媒体部记者在前方不断发回更新报道，这条"新民晚报官方微信号外"不断刷新，"病毒式"传播，并在次日一早开始发酵。早上 9 时不到，该微信阅读数就超过 10 万，发出的 24 小时内，总阅读量超过 30 万，当天粉丝净增长数为平时 6 倍。12 日傍晚，新媒体部还将"预览转发"这种创新方式通过"新媒体排行榜"官方微信介绍出去，进一步提升了在行业的影响力。

在新民网及新民晚报 APP 端，这条图文新闻达到近万页面浏览数。央视、新浪、腾讯、网易、凤凰等诸多主流网站报道此事件时，均第一时间转载使用了新民网的信源。

## 做快做活"电梯伤人"系列报道  案例

2015年7月底至8月初，湖北荆州、浙江杭州、上海等地连发电梯伤人事故。晚报新媒体部持续跟踪报道这一热点系列事件，行动迅速，引领话题，社会反响热烈。

围绕热点新闻，做快，做活。7月29日，新民网记者根据条线新闻改编的微信《上海停运的90台"吞人"同品牌电梯都在哪？》一文，在新闻发布当天下午推出，早于同城其他媒体，阅读量直线飙升，短时间内突破10万人次；30日，杭州发生女子被电梯夹死事件，新媒体部第一时间通过官微推送《又是悲剧！今早杭州21岁华师大女生被电梯夹住不幸身亡》一文，累计阅读迅速突破30万人次。

8月2日，上海中山公园龙之梦发生电梯夹人事件。当天上午，新媒体部记者发现线索后立即前往龙之梦调查采访，在商家不配合的情况下，第一时间发回图文报道，并供报纸头版使用。新媒体部集合采编力量，对该事件做全方位报道，在新媒体各端口第一时间推送。官方微信《电梯又出事！上海中山公园龙之梦一男子被夹截肢》一文，首次在发送50分钟内便达到了10万+的阅读量，增粉2000余人。新民晚报新民网微博第一时间推送，头条新闻、央视新闻、人民日报等微博大V纷纷转载。稿件也被人民网、新华网、新浪新闻、网易新闻、搜狐新闻等230余家中央及主要商业门户网站转载。

## "电信诈骗案"的全媒体融合直播报道  案例

2015年11月10日,上海警方押解47名电信犯罪嫌疑人回国。报社时政中心和新媒体部精心策划、紧密联动,对"电信诈骗"进行了一次全方位、全媒体的报道。这次报道,包括现场视频直播、现场图文直播、微博滚动直播、微信推送、APP专题,形式多样,报纸以两个半版强势推出,发挥了报网融合1+1>2的报道效果。

以图文直播、视频直播为切入口,生动呈现第一现场新闻。11月10日7时,新媒体前方报道组和后方编辑组全部进入"直播"模式。图文滚动的直播页面,以丰富鲜活的图文,报道上海警方跨国打击电信诈骗的战果。四个小时图文直播,共推送现场图片近40张,以及大量现场消息。视频方面,新媒体推出《揭秘电信诈骗团伙海外生存记录》和《防电信诈骗三宝:戒贪、多问、勤看报》,前者揭示电信诈骗的"生产流程",后者提醒市民如何防范,可看性强,实用性强。同时新媒体还对当天警方新闻发布会进行现场直播,第一时间展现上海警方此次亮剑印尼的成果。截至当天15时,共有2万多人次登录新民网收看相关内容,传播效果显著。

当天,除了PC端头条呈现,移动端更是报道呈现的另一个重要平台,当天共集中推出6条相关新闻,并以专题化方式在客户端集中呈现,增强报道效果。报纸官方微博以"沪打击跨境电信诈骗"为话题,当天共滚动推送14条消息,至15时累计阅读量为32.2万。

## "侬好上海"积极推进转型升级  案例

随着微信公众号的爆炸式增长，如何在这一片红海中找准自己的位置，成为微信里的"大微"，2015年侬好上海积极推进转型升级。

内容上，用"两条腿走路"，既做贴近上海老百姓生活的新闻报道，也深入挖掘海派文化及上海方言这座丰富的宝藏，多条原创微信达到了百万级的传播效果，阅读数屡创新高，几乎每周都有10万+微信产生。其中，《麻将汤圆惊现上海滩！老板，给我来碗清一色！》一文阅读量超过150万。另外，《上海自然博物馆新馆即将开放！内部照流出！相当震撼！》、《一张典型的上海人年夜饭菜单！里面大有学问！》等文也被大量转发朋友圈，成为2015年度爆款微信图文。

侬好上海积极从线上走入线下，2015年全新设计了"沪语大世界"活动模式，并把它搬进了上海多个社区。与社区居民一起度过中国传统佳节，不少大人都会带着孩子一起来玩小辰光的弄堂游戏，在游戏中感受上海传统文化。此外，侬好上海聘请了专业老师，小朋友还能在沪语学堂里学到正宗的上海话。

2015年，侬好上海成为上海市民文化节中华语言文字大赛独家合作微信，开设网络赛区，精心设计了100道好玩有趣的考题，吸引了全市3万多市民通过侬好上海微信公众号报名参赛。结合移动端答题，线下笔试＋面试，侬好上海选拔出了最优秀的10名选手，平均年龄仅25岁，是大赛中最年轻的参赛队伍。最终有8人成功入围中华语言文字高手百强，提升了侬好上海在全市文化赛事中的影响力。

　　侬好上海从微信公众号出发，进而向多平台多终端进行发力，开设QQ公众号，并在新民晚报邻声APP、今日头条上开设频道、插页或账号，多端分发优质原创内容。特别值得一提的是，原创的萌小侬上海话动态表情包登陆QQ表情平台，不到两个月就获得了216万下载量，成为现象级热点。

　　在实践过程中，侬好上海坚持新闻与文化相融合，在移动互联网时代以群众喜闻乐见，生动活泼的方式弘扬海派文化，也以浓郁的上海特色在本地众多新媒体内容产品中脱颖而出。

## 新民晚报社新媒体获奖情况

2015 年 12 月，新民网获得上海市第四届安全网站评选中获"3A 网站"称号

2015 年 11 月，《2015 年，上海有这么多好事要发生》，获第二十四届上海新闻奖（新媒体作品）二等奖

2015 年 11 月，《豪小编吐槽：那些神一样的足球解说员！》，获第二十四届上海新闻奖（网络新闻专题）三等奖

2015 年 12 月，微电影《爱的心曲》，获"行进上海·精彩故事"微电影大赛优秀影片奖

2015 年 12 月，《重污染天环保局张"特别闲"代表"看不懂"》，获第 25 届上海人大新闻二等奖

2015 年 12 月，《一幅油画一生情结 复旦新闻 77 级校友与"教授们"》，获 2015 年度"上海教育新闻奖"评选 新闻报道类三等奖

2015 年 12 月，《医护"菜鸟"体验当病人："医生态度好病人不任性"》，获 2015 年度上海医药卫生优秀新闻作品奖三等奖

"侬好上海"获评上海报业改革创新最佳案例（新媒体类）

# 新民晚报社新媒体主要数据一览表

网站：新民网

| | 页面点击量（PV） | 单独访客数（UV） | 独立访问量（IP） | 网粘度 | 备注 |
|---|---|---|---|---|---|
| 2015 年度总量 | 39362 万 | 26651 万 | 12478 万 | 一般 | |
| 2015 年度月最高 | 3382 万 | 2286 万 | 1293 万 | 一般 | |
| 2015 年度日最高 | 360 万 | 220 万 | 110 万 | 良好 | |
| 单篇最高（篇目，日期） | | | | | |
| 数据来源 | 百度 | | | | |

| 移动客户端（安卓版） | 总下载量 | 总发帖数 | 原创帖文总数 | 评论、跟帖总数 | 总点赞数 | 总转发、分享数 | 单篇最高阅读数（篇目，日期） | 单篇最高评论、跟帖数（篇目，日期） | 单篇最高点赞数（篇目，日期） | 单篇最高转发、分享数（篇目，日期） | 备注 |
|---|---|---|---|---|---|---|---|---|---|---|---|
| 新民晚报 | 35 万 | 无此功能 | 1.4 万 | 未统计 | 无此功能 | 799 万 | | | | | |
| 数据来源 | talkingdata、极光推送 | | | | | | | | | | |

| 移动客户端（iOS 版） | 总下载量 | 总发帖数 | 原创帖文总数 | 评论、跟帖总数 | 总点赞数 | 总转发、分享数 | 单篇最高阅读数（篇目，日期） | 单篇最高评论、跟帖数（篇目，日期） | 单篇最高点赞数（篇目，日期） | 单篇最高转发、分享数（篇目，日期） | 备注 |
|---|---|---|---|---|---|---|---|---|---|---|---|
| 新民晚报 | 12 万 | 无此功能 | 1.4 万 | 未统计 | 无此功能 | 483.3 万 | | | | | |
| 数据来源 | talkingdata、极光推送 | | | | | | | | | | |

| 微信公众号 | 总阅读数 | 原创帖文总数 | 头条总阅读数 | 总篇数 | 总点赞数 | 总分享数 | 单篇最高阅读数（篇目，日期） | 单篇最高点赞数（篇目，日期） | 单篇最高转发、分享数（篇目，日期） | 备注 |
|---|---|---|---|---|---|---|---|---|---|---|
| 新民晚报 | 1947.4万 | 960 | 1168.4万 | 1438 | 2.5万 | 152.2万 | 108.9万（虹桥机场？错，是虹桥水上乐园！2015-8-24） | 1896（《成长的烦恼》开播30周年，当年的小鲜肉"如今都变成什么样了？2015-9-28） | 1.26万（亮瞎眼！习大大在比尔盖茨家做客，会是一种怎样的体验？2015-9-22） | |
| 新民周刊 | 289.8万 | 840 | 168.8万 | 1722 | 20550 | 12.8万 | 15.7万（【今日重口】为何医院里外科医生的颜值高，2015-6-4） | 461（碰上一个处女座的画家，梵高已哭晕在厕所，2015-5-22） | 2043（【今日重口】为何医院里外科医生的颜值高，2015-6-4） | |
| 侬好上海 | 5052.5万 | 709 | 2994.1万 | 969 | 10.8万 | 548.13万 | 152万（麻将汤圆惊现上海滩！老板，给我来一碗清一色！2015-10-22） | 4628（美爆了！上海第一个对外开放的郊野公园！没有围墙！不需要门票！2015-10-26） | 17.8万（麻将汤圆惊现上海滩！老板，给我来一碗清一色！2015-10-22） | |
| 新民健康 | 39.1万 | 1104 | 11万 | 1104 | 2547 | 3.58万 | 8491（"胶"养的女人莫惧多事之秋，2015-11-5） | 255（"胶"养的女人莫惧多事之秋，2015-11-5） | 374（想长寿要做到三慢四快，2015-6-3） | |
| 新民好吃 | 30.9万 | 0 | 30.2万 | 244 | 1501 | 4.84万 | 10513（神一样的吃法搭配很好。但不得不承认！2015-9-7） | 38（神一样的吃法搭配很好。但不得不承认！2015-9-7） | 822（大厨不外传的22个做菜小诀窍，2015-9-29） | |

| 微信公众号 | 总阅读数 | 原创帖文总数 | 头条总阅读数 | 总篇数 | 总点赞数 | 总分享数 | 单篇最高阅读数（篇目，日期） | 单篇最高点赞数（篇目，日期） | 单篇最高转发、分享数（篇目，日期） | 备注 |
|---|---|---|---|---|---|---|---|---|---|---|
| 新民眼 | 43.7万 | 257 | 8.9万 | 128 | 951 | 2.41万 | 5.13万（陈毅广场，那些好人和坏人，2015-1-2） | 179（陈毅广场，那些好人和坏人，2015-1-2） | 1.33万（陈毅广场，那些好人和坏人，2015-1-2） | |
| 东方体育日报 | 80万 | 1095 | | 1095 | | | | | | |
| 数据来源 | | | | | 腾讯云分析 | | | | | |

| 微博名称（属性：官微/部门/个人；平台：新浪/腾讯） | 总发帖数 | 原创帖文总数 | 总跟帖、评论数 | 总点赞数 | 总分享数 | 总被提及/被@数 | 总粉丝数 | 单篇最高评论数（篇目、日期） | 单篇最高转发、分享数（篇目、日期） | 单篇最高点赞数（篇目、日期） | 备注 |
|---|---|---|---|---|---|---|---|---|---|---|---|
| 新民晚报新民网（官微/新浪） | 8184 | 4620 | 15.3万 | 7.63万 | 73.3万 | 13.6万 | 252.7万 | 2074（有种衣服叫不能扣扣子，2015-2-13） | 2714（有种衣服叫不能扣扣子，2015-2-13） | 3235（有种衣服叫不能扣扣子，2015-2-13） | |
| 新民美国（官微/新浪） | 210 | 210 | 1500 | 2200 | 2100 | 1200 | 7.32万 | 140（邓紫棋在洛首开唱，2015-11-8） | 346（邓紫棋在洛首开唱，2015-11-8） | 572（邓紫棋在洛首开唱，2015-11-8） | |

| 微博名称（属性官微/部门/个人；平台：新浪/腾讯） | 总发帖数 | 原创帖文总数 | 总跟帖、评论数 | 总点赞数 | 总分享数 | 总被提及/被@数 | 总粉丝数 | 单篇最高跟帖、评论数（篇目、日期） | 单篇最高转发、分享数（篇目、日期） | 单篇最高点赞数（篇目、日期） | 备注 |
|---|---|---|---|---|---|---|---|---|---|---|---|
| 新民周刊（官微/新浪） | 7512 | 428 | 19.3万 | 72.4万 | 42.7万 | | 2700万+ | 245（用国产手机就不能上飞机了？2015-10-27） | 1081（天冷了，要多煲些汤喝，2015-11-22） | 672（网友画出老婆从【怀孕-生产】的细节，2015-10-24） | |
| 东方体育日报（官微/新浪） | 1450 | 1020 | | | | | 9.05万 | | | | |
| 数据来源 | | | | | | 新浪公司微博后台 | | | | | |

# 第四章

## ≫ 上海日报社

　　截至 2015 年底，上海日报社已形成包括上海日报网、"爱的上海"生活服务资讯平台、微博、微信公众号等诸多产品的新媒体矩阵，具体包括——

官方网站：shanghaidaily.com、idealshanghai.com

新闻 APP 客户端：SHD News、SHD iPaper

官方微博：上海日报、iDEALShanghai

官方微信公众号：上海日报 SHDaily、iDEALShanghai

## 概 况

　　上海日报 2001 年建立网站，探索新媒体发展，至今已走过 17 年。初创时，上海日报网站只以提供数据下载和期刊查阅为主，如今已拥有新闻浏览、分享、每日新闻订阅，以及期刊查阅、个性化电子报订阅等多种功能。2015 年，网站日均访问者超过 10 万人，其中六成以上用户来自中国大陆以外，是上海重要的外宣新媒体平台。

　　上海日报在 iOS、Android 均拥有新闻 APP 客户端 SHD News，在 iPad 上拥有报刊杂志类 APP 应用 SHD iPaper。

上海日报的新媒体数据库同时向道琼斯、美国 Newsbank 数据库、慧科数据库等新闻数据库提供新闻数据，这些合作不仅增加了报社的收入来源，同时也提升了报纸在海外的曝光率，更好地传播了上海和中国发展的信息。

iDEALShanghai.com 既是居住在上海的海外人士掌握上海生活服务资讯的重要平台，也是拓展报社营销的渠道。截至 2015 年底，已汇集 7500 余户商家信息，以及上海主要演出展览资讯，同时为用户提供在线支付的电商服务。目前月均 PV 超 12 万，累计注册用户超过 2 万。

社交媒体是媒体融合的重要组成部分。截至 2015 年底，上海日报新浪微博粉丝数为 12 万。微信公众号上海日报 SHDaily 粉丝数达 4 万，比 2014 年增加了 150%。

2015 年，上海日报继续尝试在亚马逊 Kindle 平台推出电子书，使上海日报优质的内容有更长久的生命力。同时，开发新的产品及收费模式，拓宽平面媒体转型的渠道。2013 年上线的品牌专栏 BUZZWORD《热门中文词汇》，现已收集词汇超过 4000 条。

# 一、网站

## 1. 上海日报

**域名（链接）** www.shanghaidaily.com

**创建日期** 2011 年

**公司（单位）性质** 国有事业单位

**法人代表** 吴正

**资 质** 国家三类新闻资质网站

**团队架构**

性别：男 3 人　女 5 人

年龄：30 岁以下 2 人　31-40 岁 6 人

学历：硕士研究生 1 人　大学本科 7 人

职称：初级 7 人　中级 1 人

岗位：新闻采编 6 人　技术保障 2 人

**内容定位** 上海对外传播的英文门户新闻网站，及时、准确、有效地向海外传播上海的最新发展动态和国际城市形象。

**内容板块** 新闻栏目、专题、投票、高清相册、视频、PDF 订阅等。

**传播力** 日均浏览量 10 万左右

## 2."爱的上海"生活资讯服务平台

**域名（链接）** www.idealshanghai.com

**创建日期** 2012 年

**团队架构**

性别：男 5 人 女 3 人

年龄：30 岁以下 5 人 31-40 岁 3 人

学历：硕士研究生 4 人 大学本科 4 人

职称：初级 8 人

岗位：新闻采编 5 人 技术保障 3 人

**内容定位** 以生活在上海和周边地区的外籍人士为主要对象，旨在打造为这批目标人群提供全方位生活服务和娱乐信息的一站式数字平台。

**内容板块** 购物、餐饮、娱乐、演出资讯，电商平台。

**传播力** 日均浏览量 8 万左右

# 二、移动客户端

## 1. SHD News

**创建日期**　2013 年

**平台**　iPhone，Android

**版本**　Ver1.6

**内容**　上海对外传播的移动端英文新闻集合，及时、准确、有效地向海内外传播上海的最新发展动态和国际城市形象。

**功能**　分享、收藏等。

**下载量**　3 万（截至 2015 年底）

**技术支持**　亿狮摩、风线数码。

**推广营销**　报纸、网站、微信、微博推广。

## 2. SHD iPaper

**创建日期**　2013 年

**平台**　iPad

**版本**　Ver2.2

**内容**　报纸 PDF 浏览器

**功能**　分享、收藏等。

**下载量**　3508（截至 2015 年底）

**技术支持**　亿狮摩、风线数码。

**推广营销**　报纸、网站、微信、微博推广。

# 三、微博

## 1. 上海日报（新浪微博）

**创建日期** 2011 年

**定位** 双语新闻发布，及时、准确、有效地向海内外传播上海的最新发展动态和国际城市形象。

**粉丝量，转发量＋跟帖量** 截至 2015 年底，粉丝量 12 万，转发量 5487，跟帖量 632。

上海日报 V

2015-12-10 12:19 来自 微博 weibo.com

【涨姿势 | 据说这些美式英语可能让英国人摸不着头脑】世界各地有许多说英语的人，他们可能对一些奇奇怪怪的美式英语表达并不陌生，但还是有一些美国习语，你看再多好莱坞大片都无法领会。不信？瞅瞅下面这十道题，你能答对几个~

涨姿势 | 据说这些美式英语可能让英国人摸不...

涨姿势 | 据说这些美式英语可能让英国人摸不…

01A John Hancock refers to:John Hancock是什么意思？√A person's signature✗An elderly person✗A revolutionary

发布者：上海日报

## 2. iDEALShanghai（新浪微博）

**创建日期**　2012 年

**定位**　以生活在上海和周边地区的外籍人士为主要对象，全方位推送生活服务娱乐人文信息。

**粉丝量，转发量＋跟帖量**　截至 2015 年底，粉丝量 9410，转发量 100，跟帖量 22。

# 四、微信公众号

## 1. 上海日报 SHDaily

**创建日期** 2013 年

**定位** 精彩而有趣的双语资讯

**订阅数** 40156（截至 2015 年底）

2015年11月18日11:20

万万没想到，《牛津单词》今年的年度词汇竟然是……

It's Hangzhou! 习大大宣布：杭州明年举办G20峰会！

10句话，送给晚上睡不着的人

2015年11月17日10:43

我的亲人在巴黎恐怖袭击中丧生，我想要报仇，该怎么做？

## 2. IDEALShanghai

**创建日期** 2015 年 12 月 4 日

**定位** 为驻沪外籍人士提供生活服务类资讯

**粉丝数** 99（截至 2015 年底）

## 犹太人在上海系列报道 ▶▶ 案例

2015 年是纪念抗战胜利 70 周年。上海日报特别制作了《上海：三万犹太难民的"诺亚方舟"》专题页面，包含征集启事、图片展示、历史新闻阅览等元素。

通过征集启事，上海日报采访到了两位犹太难民当事人。6 位采编、技术人员合作，收集到两段采访录音共计 95 分钟，历史照片 37 张，相关稿件发布 2 篇。

上海日报根据采访内容，对专题页面进行二次加工。全面整合包含历史稿件在内的 12 篇犹太难民的人物报道，并嵌入以色列驻上海总领馆特地为感谢上海而制作的视频。专题展示效果在上海的犹太社区中取得了极佳的反响，上海犹太社区主席在阅读了《上海：三万犹太难民的"诺亚方舟"》专题后表示这些故事非常感人，还原了当年在沪犹太难民的生活状态。

作为上海的外宣媒体，上海日报本身就担负着做好本地报道、讲好上海故事的重任。《上海：三万犹太难民的"诺亚方舟"》专题以犹太难民故事为切入点，不但是上海日报纪念抗战胜利 70 周年报道重要的一部分，更是向世界介绍了上海这座东方的城市在当年这段特殊历史时期为反法西斯战争胜利所作出的贡献。

页面链接：http://coverage.shanghaidaily.com/shjews/

# 犹太人在上海系列报道  案例

页面截图：

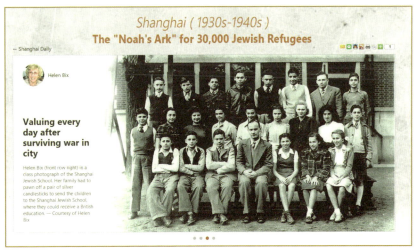

## 上海日报社新媒体获奖情况

2015 年 10 月，上海日报获上海市第十三届银鸽奖出版类一等奖

2015 年 10 月，上海日报微信公众号获上海市第十三届银鸽奖项目类三等奖

## 上海日报新媒体主要数据一览表

网站：上海日报网

| | 页面点击量（PV） | 单独访客数（UV） | 独立访问量（IP） | 网粘度 | 备注 |
|---|---|---|---|---|---|
| 2015 年度总量 | 3889 万 | 3645 万 | 768 万 | 良好 | |
| 2015 年度月最高 | 928 万 | 896 万 | 246 万 | 良好 | |
| 2015 年度日最高 | 35.6 万 | 34.4 万 | 14 万 | 良好 | |
| 单篇最高（篇目，日期）（Beijing police probe sex tape allegedly shot in Uniqlo fitting room 北京警方调查优衣库不雅视频事件，2015-7-15） | 4.27 万 | 3.87 万 | 4.12 万 | 良好 | |
| 数据来源 | | | GA（谷歌统计） | | |

| 移动客户端（安卓版） | 总下载量 | 总发帖数 | 原创帖文总数 | 评论、跟帖总数 | 总点赞数 | 总转发、分享数 | 单篇最高阅读数（篇目，日期） | 单篇最高评论、跟帖数（篇目，日期） | 单篇最高点赞数（篇目，日期） | 单篇最高转发、分享数（篇目，日期） | 备注 |
|---|---|---|---|---|---|---|---|---|---|---|---|
| SHD NEWS | 1.85 万 | 2.64 万 | 2.12 万 | | | 1.26 万 | 4.27 万（Beijing police probe sex tape allegedly shot in Uniqlo fitting room, 2015-7-15） | | | | |
| 数据来源 | Play store | 自有后台 | | | | jiathis | 自有后台 | | | | |

| 移动客户端（iOS版） | 总下载量 | 总发帖数 | 原创帖文总数 | 评论、跟帖总数 | 总点赞数 | 总转发、分享数 | 单篇最高阅读数（篇目，日期） | 单篇最高评论、跟帖数（篇目，日期） | 单篇最高点赞数（篇目，日期） | 单篇最高转发、分享数（篇目，日期） | 备注 |
|---|---|---|---|---|---|---|---|---|---|---|---|
| SHD NEWS | 4.2万 | 2.64万 | 2.12万 | | | 1.26万 | 4.27万（Beijing police probe sex tape allegedly shot in Uniqlo fitting room, 2015-7-15） | | | | |
| 数据来源 | Appstore | 自有后台 | 自有后台 | | | jiathis | 自有后台 | | | | |

| 微信公众号 | 总阅读数 | 原创帖文总数 | 头条总阅读数 | 总篇数 | 总点赞数 | 总分享数 | 单篇最高阅读数（篇目，日期） | 单篇最高评论、跟帖数（篇目，日期） | 单篇最高点赞数（篇目，日期） | 单篇最高转发、分享数（篇目，日期） | 备注 |
|---|---|---|---|---|---|---|---|---|---|---|---|
| 上海日报 SHDaily | 197.35万 | 700 | 160.21万 | 0.13万 | 1.21万 | 11.85万 | | | | | |
| 数据来源 | | | | | | | 微信后台 | | | | |

| 微博名称（属性：官微/部门/个人；平台：新浪/腾讯） | 总发帖数 | 原创帖文总数 | 总跟帖、评论数 | 总点赞数 | 总转发、分享数 | 总被提及/被@数 | 总粉丝数 | 单篇最高阅读数（篇目，日期） | 单篇最高跟帖、评论数（篇目，日期） | 单篇最高点赞数、分享数（篇目，日期） | 单篇最高转发、分享数（篇目，日期） | 单篇最高点赞数（篇目，日期） | 备注 |
|---|---|---|---|---|---|---|---|---|---|---|---|---|---|
| 上海日报（官微/新浪） | 1300 | 1100 | 400 | 2800 | 3000 | 1.47万 | 12万 | | | | | | |
| 数据来源 | | | | | | | 新浪微博 | | | | | | |

## 其他社交平台、账号运营情况

| Twitter | 总阅读数 | 原创帖文总数 | 头条总阅读数 | 总篇数 | 总点赞数 | 总分享数 | 单篇最高阅读数（篇目，日期） | 单篇最高点赞数（篇目，日期） | 单篇最高转发、分享数（篇目，日期） | 何时注册、开通 |
|---|---|---|---|---|---|---|---|---|---|---|
| Shanghai Daily | 374万 | 2100 | | 2100 | 7000 | 9000 | | | | 2012年 |
| 数据来源 | | | | Twitter | | | | | | |

| Face Book | 总阅读数 | 原创帖文总数 | 头条总阅读数 | 总篇数 | 总点赞数 | 总分享数 | 单篇最高阅读数（篇目，日期） | 单篇最高点赞数（篇目，日期） | 单篇最高转发、分享数（篇目，日期） | 何时注册、开通 |
|---|---|---|---|---|---|---|---|---|---|---|
| Shanghai Daily | 70万 | 400 | | 400 | 7800 | 1.01万 | 2205（Aerial video of Shanghai, 2015-5-5） | 103（Aerial video of Shanghai, 2015-5-5） | 62（Aerial video of Shanghai, 2015-5-5日） | 2012年 |
| 数据来源 | | | | Facebook | | | | | | |

# 第五章

## ≫ 新闻晨报

截至 2015 年底，新闻晨报的新媒体品种有网站、微博和微信公众号等，具体包括——

网站：新闻晨报官网

微博：新闻晨报

微信公众号：新闻晨报、上海升学、爱问倾诉、来晒、牛啊、上海社区发布、上海市民生活指南、我要投诉、新闻晨报体育、娱眼 View、晨最上海

## 概　况

2015 年，新闻晨报在新媒体融合发展的道路上行走更为积极主动，在继续开拓信源渠道及丰富表达表现形式上的基础上，对于晨报微信、微博、网站、视频矩阵所具备的优势资源进行了归类精心筛选，打通各平台内容，优选配置编辑力量集中进行云管端传输后精心编辑，并结合大数据分析进行有效调整，编辑效果结合科技手段及受众、传播心理学的应用，进行了前瞻性的有效探索及实践性操作。

从传统的纸质媒介到精彩的网络世界，近年来，新闻晨报在新媒体领域一直

小步快跑，稳居前沿。新闻晨报官方微博拥有粉丝数，在 2015 年达到 2592 万，在报纸微博影响力方面名列前茅，稳居上海首位；新闻晨报官方微信订阅用户顺利突破 50 万，全国综合性日报微信影响力，在上海地区稳居第一。

2015 年 3 月 23 日，新闻晨报网站正式上线，也拉开新闻晨报"融媒贯通"的媒体融合大幕。新闻晨报融媒体以风行沪上 15 年的新闻晨报领衔，结合了占据新媒体平台翘楚地位的新闻晨报微博以及新闻晨报微信，加上全新亮相的新闻晨报官方网站 www.shxwcb.com，通过全方位、多平台、无死角的"融媒贯通"模式，为读者提供全新的新闻阅读体验。

新闻晨报网版块布局、内容结构、版式视觉等方面作出一定的调整和优化，更突出海派新闻，更强调原创与深度报道，更擅于发出上海的声音，拉近与读者间的距离。

新闻晨报官方网站（www.shwxcb.com）全新改版亮相，成为晨报融媒体的新亮点。网站由以下几个板块构成："大事件"：热点新闻、重大政策、突发事件，一网打尽，深度剖析；"最上海"：本地突发、本帮渊源、魔都红人，在这里应有尽有；"有意思"：精彩文章、名家专栏、实用妙招，让您生活充满阳光；"视觉系"：新闻图片、现场视频，第一现场大开眼界；"福利社"：经典演出、实惠特卖、亲子互动，读者福利全都在这；"活动家"：跟着记者一起到达世界的神秘角落，提前等待精彩发生。晨最上海、上海升学、晨报体育、社区报、图闻馆等等也将在网站上一一展示，便于读者根据需求直达晨报旗下的各类新媒体产品。网站特别在技术上针对手机端进行了优化，让新闻能更好地展现在手机读者面前，为读者提供更好的服务。

2015 年，是新闻晨报视频快速发展的一年，特别是新闻晨报秒拍平台在基于以往趣味性的同时，配合直播的逐渐兴起，尝试丰富的呈现形式，并进行了内容拓展。2015年，晨报视频秒拍首先立足于新闻传播，尝试了视频实况即时推送，其中既包括震惊世界具有历史意义的大事件，也有不少趣味性的系列报道。2015年，晨报秒拍远程互动，全景呈现了"习马会"盛况，细节丰富，多条视频一经推送，15分钟内浏览量已达60万。巴黎恐怖袭击，晨报秒拍获取多角度独家现场视频，及时呈现，其中五条在一小时内浏览量快速突破200万，全天10小时内浏览量已达2000万；chinajoy现场实况互动，更是在一天内吸引了10000多粉丝观看。2015年末，晨报的秒拍粉丝数达到2607.73万，在全国媒体秒拍粉丝数量排名中位居前列，在平面媒体中一枝独秀。

新升级的新闻晨报融媒体将构架传统媒体与新媒体的共融平台，坚持在"新闻力量，优化生活"的定位基础上，不断提升报纸阅读的舒适度与思想性、不断增强移动端浏览的全面性与便捷度。

# 一、网站

**名称** 新闻晨报（官方网站）

**域名（链接）** www.shxwcb.com

**创建日期** 2014年10月开始筹备，于2015年3月正式上线。

**公司（单位）性质** 国有事业单位

**法人代表** 黄琼

**资质** 2014年3月获互联网新闻信息服务业务资质

**团队结构** 新闻晨报新媒体中心共有人员24人

性别：男13人 女11人

年龄：30 岁及以下 2 人　31-40 岁 15 人　41-50 岁 5 人　51 岁及以上 2 人

学历：硕士研究生 2 人　大学本科 22 人

职称：初级 4 人　中级 18 人　副高级 2 人

岗位：

新闻编辑 15 人，其中微博编辑 5 人（其中 3 人兼微信编辑）、微信编辑 5 人（其中 3 人兼微博编辑）、网站编辑 2 人、视频编辑 3 人（均兼微博微信编辑），其他微信公众号运作和托管微信微博号运作编辑 7 人。

技术支持（保障）1 人　运营推广 6 人　新闻监控 2 人

**网站定位**　新闻力量　优化生活

**内容板块**　有大事件（国内外以及本地重大事件）、最上海（上海本土资讯）、有意思（奇趣新闻）、视觉系（图片新闻）等频道。

**传播力**　日均 PV：10000

# 二、微博

**名称** 新闻晨报（新浪微博）——隶属新闻晨报

**版本** 5.1.3

**创建日期** 2009 年 11 月

**定位** 快速、新鲜、有趣、实用。

**粉丝量，转发量＋跟帖量** 截至 2015 年底，粉丝数 2520 万，转发量 5714075，跟帖量 2991021。

**技术特点** 2015 年较多使用秒拍短视频发布微博

**经营情况** 2015 年微博广告经营收入 300 万

# 三、微信公众号

## 1. 新闻晨报（新闻晨报主媒体公众号：shxwcb）

**创建日期**　2013 年 6 月

**定位**　零距离，晨报君就在你身边。每天三次新闻推送，时事热点资讯娱乐，一网打尽当日重要新闻。

**特色**　新闻晨报微信，每日三次推送，分别关注新闻、相关热点、娱乐信息。因其信息量大、能及时反映和追踪网络热点，新闻语言轻松活泼，受到网友欢迎。其粉丝规模在上海媒体中稳居第一，在"新榜"每周发布的上海微信号影响力排行榜中，新闻晨报官方微信号在时事类微信号榜单中一直排名第一。在新媒指数媒体排名中排名中，新闻晨报官方微信号经常位列全国前十。

**订阅数**　52 万（截至 2015 年底）

## 2. 上海升学（微信号：shanghaishengxue）

**创建日期**　2014 年 2 月正式运营

**定位**　新闻晨报教育官方微信

**特色**　"上海升学"为《新闻晨报》的教育公众微信平台。秉持"助学生轻松升学，给孩子美好未来"的理念，面向从学龄前到高中阶段的孩子，聚焦早教、择园、幼升小、小升初、中高考、留学等热点，为学生、家长和老师提供最及时、权威、贴心的服务。

**订阅数**　9 万 +（截至 2015 年底）

## 3. 爱问倾诉（新闻报社倾诉公众号：aiwenqs）

**创建日期**　2014 年 5 月 26 日

**定位**　情感故事，心理分析。

**特色**　解析情感，关注心理，彼此交流。

**订阅数**　2006（截至 2015 年底）

## 4. 来晒（新闻晨报新媒体中心公众号：godagoda520）

**创建日期**　2015 年 8 月

**定位**　婚恋交友类

**特色**　线下策划各种符合年轻人生活理念的婚恋交友活动，线上推出情感类话题，联结粉丝互动。

**订阅数**　1149（截至 2015 年底）

## 5. 牛啊（新闻晨报证券版公众号：niua88）

**创建日期**　2015 年 3 月 4 日

**定位**　泛财经理财类微信公众号

**特色**　原创股市解析和热点财经新闻整合，让你的资金曲线始终在牛市。

**订阅数**　11347（截至 2015 年底）

## 6. 上海社区发布（2015年9月前微信号名称叫"社区晨报"：sqcb0601）

**创建日期** 2014年6月

**定位** 服务社区

**特色** 《上海社区发布》是为配合《新闻晨报》及其社区平媒《社区晨报》的相关内容而推出的微信公众账号，每天发布1次，每次3条，其中原创内容1条。《上海社区发布》依托《新闻晨报》的品牌优势及主流媒体的公信度和影响力，占领上海社区文化阵地，为社区不同年龄和层次的居民提供经济、生活、教育、法律、政策解读等全方位服务信息以及社区人文历史、休闲娱乐等相关内容。同时借助互联网媒体的互动性优势，架设起社区居民与主流媒体之间的沟通渠道和桥梁。为完善社区治理结构、促进和谐社区建设，推动社会全面发展发挥积极作用。

**订阅数** 8000（截至2015年底）

## 7. 上海市民生活指南（新闻晨报周刊部公众号：SHerLife）

**创建日期** 2014 年 9 月 1 日

**定位** 上海本土市民文化深度报道

**特色** 魔都生活不易，交关奇人趣事。里弄新村，爷叔阿姨，菜场灶间，家长里短，浓油赤酱，西式糕点……此地样样都讲。满满正能量，一道来分享。

**订阅数** 10000（截至 2015 年底）

## 8．我要投诉（新闻晨报社会部公众号：woyaotousu123）

**创建日期** 2014 年 7 月 13 日

**定位** 本地维权类新闻互动平台

**特色** 上海本地最具公信力的投诉平台之一。为用户提供投诉咨询渠道，推送最新维权类新闻资讯，同时兼具了律师问答等信息服务。扎根上海本地，关注社会民生，为公共利益发声，为弱势群体维权。推送内容以原创新闻稿为主，为用户维权提供参考案例。用户可通过平台了解到问题发生后维权的正确方式、来自有关部门与企业的官方回应以及如何保护自身权益不被侵犯。同时，平台还会不定期推出讲述维权故事的"吐槽视频"，以图文、影像等多形式呈现内容。

**订阅数** 3571（截至 2015 年底）

## 9. 新闻晨报体育（新闻晨报体育事业部微信号：xwcbty）

**创建日期**　2013 年 2 月

**定位**　体育综合报道平台

**特色**　体育资讯，体育人物，体育评论。

**订阅数**　23000（截至 2015 年底）

## 10．娱眼View（新闻晨报文艺部公众号：chenbaowenyi）

**创建日期** 2014 年 7 月

**定位** 娱乐圈热门人物、事件、评论。

**特色** 除记者现场采访外，还邀请国内知名文艺评论家。

**订阅数** 4500（截至 2015 年底）

## 11. 晨最上海（ 新闻晨报新媒体中心公众号：chenzuiSH）

**创建日期**　2014 年 1 月 30 日

**定位**　上海本地休闲生活方式

**特色**　通过探路子、逛展览、审片子、找乐子、抢票子等特色栏目，推荐优质的文化活动和生活方式，丰富魔都人民的休闲生活。

**订阅数**　38311( 截至 2015 年底 )

"习马会" "巴黎恐怖袭击事件"
开创高度 "融媒贯通"  **案例**

2015 年 11 月 7 日，习近平与马英九以两岸领导人身份，在新加坡会面，开创了两岸关系史上新的一页。

相对以往时政报道，此次新闻晨报除派出前方记者外，更结合新媒体新闻产品形态多样的情况，提前预设并安排了 4 位新媒体后方编辑配合直播，配合前方记者发回的图片文字视频进行整合编辑，进行即时直播推送。

前方报道记者在到达新加坡前后，即发回前方动态，从 2015 年 11 月 6 日当日下午 4 时 40 分即开始在新闻晨报官方微博上即时播报。经统计，11 月 6 日当天，新闻晨报官方微博共发送前方动态 6 篇，阅读量近 240 万；11 月 7 日，新闻晨报官方微博进行了全天候直播，从早上 8 点到晚 10 点，26 条微博，数百张图片覆盖习马会方方面面每个细节，其中不乏精彩的独家信息，从中午开始，微博阅读量飙升，当日突破 1000 万阅读量。

在微博发送的同时的，后方编辑及时加工剪辑 3 条独家现场视频，并配微博推送上传相应秒拍等客户端，视频浏览快速攀登。

新闻晨报官方微信 2015 年 11 月 6 日至 11 月 7 日，头条或 2 条推送习马会专题文章 4 篇，直播贴总阅读量破 8 万。

在此基础上，加上网站客户端，其他新闻网站及客户端的转发，新闻晨报此次各类形态新媒体产品创造的阅读量总计突破 1500 万，创下了时政新闻阅读量新高。这一次，也为晨报新媒体转型及探索之路的开拓，找出了不少需要完善的地方。

2015 年 11 月 13 日，巴黎发生堪比"911"的系列恐怖袭击，数百人伤亡。面对这一事件具有的特殊性复杂性，新闻晨报新媒体中心克服时差带来的信息滞后的困扰，对相关消息及时滚动播发，新闻早档微信头条一经推出，就取得了 10 万 + 阅读量。

新闻晨报官方微博则在早上进入了不间断直播的状况，最快频次仅 3 分钟间隔，值班编辑不但要整合处理现场的最新消息，编辑现场视频并播发，还要参考外媒滚动播发的报道，同时兼顾监控及细节核实，并接受记者本地来稿进行整合。截至 2015 年 11 月 16 日凌晨，微博总阅读量已达 2148 万，其中当日阅读量已累计 1500 万。

值得一提的是，当日播发的四段相关视频（由 6 段视频整合编辑）阅读量也不俗，秒拍平台上，当日点击量最高的一条警察巡逻的视频，10 小时突破 750 万。经过统计，这些视频的阅读量在新浪秒拍阅读量总计为 1340.9 万。而美拍平台也迎来新高，总阅读量达 238 万。

## 短视频迅速发展 秒拍粉丝破 2000 万  案例

新闻晨报秒拍目前日均投放 5 条以上短视频内容产品，以生活使用及趣味视频作为主导，同时也着重新闻原创产品投放，内容涉及时政、社会、文娱、体育等，日均浏览量在 500 万左右。

在秒拍、美拍、微视三大视频平台中，晨报新媒体中心视频组五位编辑 365 天不间断选取趣味互动性强的视频，并积极拓展选择渠道，注重传播规律同时，严格对所筛选内容进行精编，一年来收获每月几乎都会有千万级浏览量的精彩视频内容呈现。同时，编辑们并未放弃新闻类的视频，特别选取社会热点性强的新闻视频及访谈视频，予以重点推送发布，引发读者强烈共鸣。

对于栏目性自制重点内容，譬如《瞎讲有啥讲头》，从街头访问到拍摄，新闻晨报视频制作组精心选取话题，并对社会热点进行剖析，以幽默风趣的手法演绎，收到良好的互动效果。此后在第二季的拍摄中，还有观众积极介入提供选题，并参与拍摄。另外，《瞎讲有啥讲头》开设了首次招商会进行推广，吸引了蚂蚁金服等广告商进行公益宣传片的拍摄合作。

晨报新媒体中心依托新浪网及微博的整体数据情况和各平台及终端用户结构特点，细分人群形态和产品矩阵、全网联动下的数据表现，针对性重点推送，一年来，《瞎讲有啥讲头》栏目知名度大幅度提升。

## 新闻晨报新媒体获奖情况

2016 年 1 月，新闻晨报官微获 2015 微信年度优秀媒体公众号

2016 年 1 月，新闻晨报官微获 2015 年度十佳内容类大众媒体微信号称号

2015 年 11 月，《（微博）上海一男子地铁拒安检　扬言炸火车站被拘》，获第二十四届上海新闻奖（网络新媒体新闻）三等奖。

## 新闻晨报新媒体主要数据一览表

网站：新闻晨报网

| | 页面点击量（PV） | 单独访客数（UV） | 独立访问量（IP） | 网粘度 | 备注 |
|---|---|---|---|---|---|
| 2015年度总量 | 841.8万 | 305万 | 90.8万 | | |
| 2015年度月最高 | 172.3万 | 83.2万 | 61.46万 | | |
| 2015年度日最高 | 13.3万 | 9万 | 7.78万 | | |
| 单篇最高（篇目，日期）（围观｜上海一对夫妻不工作孩子不交际、全年只花2万元，2015-3-25） | 10.3万 | 7.09万 | 6.78万 | | |
| 数据来源 | cnzz | | | | |

新浪微博

| 微博名称（属性：官微/部门/个人；平台：新浪/腾讯） | 总发帖数 | 原创帖文总数 | 总跟帖、评论数 | 总点赞数 | 总转发、分享数 | 总被提及/被@数 | 总粉丝数 | 单篇最高跟帖、评论数（篇目，日期） | 单篇最高转发、分享数（篇目，日期） | 单篇最高点赞数（篇目，日期） | 备注 |
|---|---|---|---|---|---|---|---|---|---|---|---|
| 新闻晨报（官微/新浪） | 1.4万 | 1.4万 | 299万 | 887万 | 571万 | 321万 | 2520万 | 3.8万（上海一对夫妻不工作孩子不交际、全年只花2万元，2015-3-25） | 1.6万（上海一对夫妻不工作孩子不交际、全年只花2万元，2015-3-25） | 1.4万（英语老师美哭了同学们都忍不住炫耀，2016-10-29） | |
| 数据来源 | 新浪微博 | | | | | | | | | | |

| 微信公众号 | 总阅读数 | 原创帖文总数 | 头条总阅读数 | 总篇数 | 总点赞数 | 总分享数 | 单篇最高阅读数（篇目，日期） | 单篇最高点赞数（篇目，日期） | 单篇最高转发、分享数（篇目，日期） | 备注 |
|---|---|---|---|---|---|---|---|---|---|---|
| 新闻晨报 | 17147万 | 0.44万 | 6810万 | 1092万 | 42万 | 644万 | 78万（【提醒】女孩不小心碰了这种草，双手溃烂险些失明，更严重的会失明，2015-7-14） | 0.2万（【提醒】女孩不小心碰了这种草，双手溃烂险些失明，更严重的会失明，2015-7-14） | 11.5万（【提醒】女孩不小心碰了这种草，双手溃烂险些失明，更严重的会失明，2015-7-14） | |
| 上海升学 | 800万+ | 400 | 500万+ | 1600万 | 1.5万+ | 70万+ | 8.4万（【幼升小】全市公办小学本周六日报名具体细节全知道，2015-5-20） | 300（学霸撮合\|同济一附中：每个人心中都有一颗"学霸种子"2015-12-22） | 0.3万（【幼升小】全市公办小学本周六日报名具体细节全知道，2015-5-20） | |
| 爱问倾诉 | 8万 | 200 | | 268万 | 1000 | 400 | 3149（以精神分析的方式解读"灰姑娘"：婚后，灰姑娘会幸福吗？2015-3-18） | 17万（以精神分析的方式解读"灰姑娘"：婚后，灰姑娘会幸福吗？2015-3-18） | 15万（以精神分析的方式解读"灰姑娘"：婚后，灰姑娘会幸福吗？2015-3-18） | |
| 米晒 | 6万 | 126 | 5万 | 126万 | 400 | 6000 | 13259（春风10里，不如睡你，2016-10-30） | 21（春风10里，不如睡你，2016-10-30） | 21（春风10里，不如睡你，2016-10-30） | |
| 牛啊 | 55万 | 0 | 40万 | 726万 | 300 | 5000 | 5000（异动股关注\|上周关注股3只涨停！2015-3-30） | 47（异动股关注\|上周关注股3只涨停！2015-3-30） | 100（大盘\|人气已散，多头头离场创业板率先进入熊市 2015-6-27） | |
| 上海社区发布 | 100万 | 365万 | 70万 | 1095万 | | 20万 | | | | |

| 微信公众号 | 总阅读数 | 原创帖文总数 | 头条总阅读数 | 总篇数 | 总点赞数 | 总分享数 | 单篇最高阅读数（篇目，日期） | 单篇最高点赞数（篇目，日期） | 单篇最高转发、分享数（篇目，日期） | 备注 |
|---|---|---|---|---|---|---|---|---|---|---|
| 上海市民生活指南 | 48万 | 53万 | 39万 | 60万 | 2300 | 5.7万 | 5.2万（巴鲁，如果你平地只知道害怕｜迷失上海，2015-8-22） | 154（巨富长老房群像，2015-3-29） | 3742（巴鲁，如果不回来，不要傻乎乎地只知道害怕｜迷失上海，2015-8-22） | |
| 我要投诉 | 30.1万 | 136万 | 21.5万 | 136万 | 1100 | 4000 | 14万（沾上链家就是噩梦的开始，2015-11-23） | 473（沾上链家就是噩梦的开始，2015-11-23） | 9454（沾上链家就是噩梦的开始，2015-11-23） | |
| 新闻晨报体育 | 242万 | 32万 | 182万 | 1000 | 21万 | 11万 | 4.5万（刘翔宣布离婚，葛天抽泣回应为何选择今日宣布，难道还有其他隐情？2016-6-26） | 65（阿迪达斯徐汇滨江将为跑友提供众多免费服务阿迪达斯徐汇滨江将为跑友提供众多免费服务runbase基地落户runbase基地落户阿迪达斯徐汇滨江将为跑友提供众多免费服务，2015-4-27） | 1487（阿迪达斯基地落户徐汇滨江将为跑友提供众多免费服务阿迪达斯徐汇滨江将为跑友提供众多免费服务runbase基地runbase基地落户阿迪达斯徐汇滨江将为跑友提供众多免费服务，2015-4-27） | |
| 娱眼 | 10万 | 200 | | | 2000 | 2000 | 1.6万（专访｜王健：让天才冒出来，"虎妈"绝对是需要的，2015-5-22） | 84（专访｜王健：让天才冒出来，"虎妈"绝对是需要的，2015-5-22） | 50（音乐响起，杨乐成了圈粉最快的男人，2015-12-24） | |

| 微信公众号 | 总阅读数 | 原创帖文总数 | 头条总阅读数 | 总篇数 | 总点赞数 | 总分享数 | 单篇最高阅读数（篇目，日期） | 单篇最高点赞数（篇目，日期） | 单篇最高转发、分享数（篇目，日期） | 备注 |
|---|---|---|---|---|---|---|---|---|---|---|
| 晨最上海 | 327万 | 200 | 200 | 287万 | 1万 | 34万 | 77万<br>（新鲜｜上海的民宿居然那么嗲！看得都想离家出走了！2015-6-9） | 1300<br>（新鲜｜上海的民宿居然那么嗲！看得都想离家出走了！2015-6-9） | 4.2万<br>（新鲜｜上海的民宿居然那么嗲！看得都想离家出走了！2015-06-9） | |
| 数据来源 | 微信后台 | 人工统计 | 人工统计 | 人工统计 | 人工统计 | 微信后台 | | | | |

# 第六章 » 东方早报、澎湃新闻

作为上海报业集团重大新媒体项目，澎湃新闻于 2014 年 7 月上线。2015 年，澎湃新闻融合壮大，发展成为中国互联网最大的原创新闻内容提供商之一，成为全国领先的新媒体品牌，成为传统媒体向新媒体转型的一个标杆。

## 概　况

澎湃新闻的发展得到了上海市委、市委宣传部的极大支持。市委宣传部、上海报业集团在新媒体的战略定位、宣传导向、资金、制度构架、内容建设等多方面给予具体支持和指导。

成为全国领先的主流互联网媒体，初具用户规模。截至 2015 年底，澎湃新闻每日发稿量约为 180 篇，原创比例达到 70% 左右。澎湃新闻移动用户数达到 3000 万，主要集中于一、二线城市，其中北京用户最多，广东次之，北京、广东和上海用户占 40% 以上，境外用户占 4%。在新闻客户端中，澎湃新闻与腾讯、网易、今日头条等商业网站客户端一起，位列第一阵营。在中央网信办主管的《网络传播》杂志发布的"中国新闻网站传播力7月总榜"中，澎湃新闻位列全国第十；在"地方省级网站传播力7月榜"中，澎湃新闻位列第二；在全国性的"两微"传播力7月总榜中，澎湃新闻位列第三，而在"地方省级网站'两微'传播力7月榜"中，澎湃新闻都位列榜首。

完成了传统媒体采编团队完整建制地向新媒体转型的探索，并已形成了相对成熟、常态化的运作模式。东方早报培养了一大批具有丰富新闻操作经验的采编人员，成为了"澎湃新闻"重要的团队中坚。澎湃新闻延续传统报业的公信力优势和新闻追求，坚持"新闻立网"，继续鼓励原创新闻、独家新闻，坚持底线管理和三审制标准，既突破传统媒体内容表达的某些僵化老套，又坚持把网络新闻的可信度和严肃性提高到与传统媒体相当的水准。

在网络新闻方面的议题设置能力逐步增强，打通不同舆论场，快速在互联网上形成影响力。澎湃新闻和人民日报客户端、新华网、央广网、中新网、中青网等一批央媒网站，被中央网信办列入了宣传党和政府重大新闻的舆论引导阵营，新闻议题经常形成舆论热点。2015年3月澎湃新闻第一次参加全国两会报道，重磅推出三篇原创报道《人民代表习近平》、《习近平与上海：一个关于"点题"和"答题"的八年故事》以及《李克强的改革"快进键"》，其中《人民代表习近平》被人民日报官方微信在头条位置原文转载。3月19日，澎湃新闻《习近平的上海印迹》报道获得中央网信办颁发的全国两会好新闻创新奖。

充分运用新媒体平台、新媒体技术，积极进行创新表达方式上的探索。在重大宣传题材报道中，澎湃新闻推出了适合移动互联网阅读的新媒体形式，例如图文直播、数据图表、H5产品、360度全景图、视频产品等，广受网民喜欢。澎湃新闻在习近平对美国进行国事访问、中美战略与经济对话、博鳌亚洲论坛等重大外交活动中，与外交部密切合作，先后联合推出6组10个新媒体产品，获得众多好评。围绕上海工作重点，展示上海成就方面，如上海科技创新中心建设报道，澎湃新闻充分利用互联网大容量特性，并结合专业性周刊《上海经济评论》，前后推出20余万字，注重理论联系实践，注重全球经验与上海建设结合，具有前瞻性，引起广泛的舆论关注，为上海科创中心建设营造足舆论声势。

进行了一系列技术上的创新。2015年4月澎湃新闻团队在3.0新版本推进方面，推出了澎湃新闻iPad版本，5月澎湃新闻发布了新版电脑网页版和手机网页版，整体采用了更为年轻、时尚化的设计风格。

5月底，澎湃新闻在原有新闻"问答"与"新闻跟踪"功能的基础上，新增了专业问答社区"问吧"，各界名人达人可以在线回答网友问题。作为澎湃迈向互动社区的最新一步，"问吧"的活力和黏性正在逐步展现，已成为澎湃的品牌栏目之一。

2015年，澎湃新闻还开始尝试原创视频报道与视频直播，如系列纪录短片《少年湃》、围绕纪念抗战胜利70周年大阅兵活动等重大事件开展的视频直播，为后续视频频道的开发奠定了基础。

# 一、网站

## 1. 东方早报网

**域名（链接）** www.dfdaily.com

**创建日期** 2007年12月25日

**公司（单位）性质** 国有企业

**法人代表**　胡劲军

**团队结构**

东方早报网编辑一共 10 人，其中东方早报微博 2 人、东方早报微信 4 人。

性别：男 2 人　女 8 人

年龄：29 岁及以下 5 人　30-39 岁 3 人　40-49 岁 2 人

学历：本科 6 人　大专及大专以下 4 人

职称：初级 7 人　中级 1 人

岗位：内容 10 人

**网站定位**　东方早报数字版

**内容板块**　要闻、大都会、国际、中国等 19 个栏目。

## 2. 澎湃新闻网

**域名（链接）** www.thepaper.cn

**创建日期** 2014 年 7 月 22 日

**公司（单位）性质** 国有企业

**法人代表** 王伟

**资质** 国家一类新闻资质网站、广播电视节目制作经营许可、计算机软件著作及登记

**团队结构**

澎湃新闻网共 428 人

性别：男 216 人 女 212 人

年龄：29 岁及以下 194 人 30 - 39 岁 189 人 40 - 49 岁 42 人

50 岁及以上 3 人

学历：硕士 84 人 本科 256 人 大专及大专以下 88 人

职称：初级 60 人 中级 76 人 高级 6 人

岗位：内容 278 人 技术 15 人 渠道 2 人 经营 97 人 管理 36 人

**网站定位**

专注时政与思想，在内容上坚持高质量的原创新闻，风格严肃，秉承海派务实的精神，关注背景与深度。

**内容板块** 设有时事、财经、思想、生活、问吧五大新闻频道，下辖 55 个栏目。

**传播力** 中央网信办主管的《网络传播》杂志发布的 2015 年"中国新闻网站传播力总榜"中，澎湃新闻位列全国前十。

**技术特点** 技术支持：上海网达信息技术有限公司。澎湃新闻全面覆盖移动客户端、WAP 移动网页版、以及 iOS 和 Android 客户端、社交公众号，打破原

有移动互联网新闻传播格局，实现全渠道覆盖。

**经营情况**　澎湃新闻网广告投放增长趋势明显，全年完成经营收入 6500 万元左右。

# 二、移动客户端

**名称**　澎湃新闻

**创建日期**　2014 年 7 月 22 日正式运行

**平台**　iOS，Android，WAP

**版本**　3.2.8

**内容**　坚持原创新闻和冷静的思想分析，努力探索一条传统媒体和新媒体在内容、渠道、平台、经营、管理等方面的深度融合一体化发展的道路。

作为第一个由传统媒体向新媒体全面转型的移动互联网产品，澎湃新闻创造了互联网产品的一个新门类——原创新闻客户端。

**下载量** 3000 万（截至 2015 年底）

**经营情况** 同澎湃新闻网一体化运作

## 三、微博

### 1. 澎湃新闻 （新浪微博）

**版本** 5.1.3

**创建日期** 2014 年 7 月 22 日

**定位** 专注时政与思想的媒体开放平台

**粉丝量、转发量＋跟帖量** 截至 2015 年底，粉丝量 1469052，转发量

1867340，跟帖量 1457810。

## 2. 东方早报 （新浪微博）

**版本** 5.1.3

**创建日期** 2010 年 2 月 24 日

**定位** 立足上海、面向长三角的综合性政经大报。

**粉丝量，转发量＋跟帖量** 截至 2015 年底，粉丝量 3979282，转发量 527036，跟帖量 519756。

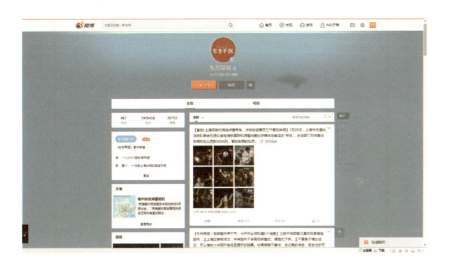

# 四、微信公众号

## 1. 澎湃新闻（澎湃新闻官方微信：thepapernews）

**创建日期** 2014 年 7 月

**定位** 专注时政与思想的媒体开放平台

**关注数** 665001（截至 2015 年底）

## 2. 东方早报（东方早报官方微信：dongfangdaily）

**创建日期** 2012 年

**定位** 立足上海、面向长三角的综合性政经大报。

**关注数** 43703（截至 2015 年底）

## 3. 一号专案（公众号：yihao zhuanan）

**创建日期** 2014 年 5 月

**功能介绍** 重案报道、司改见闻。

**用户数** 7.9 万（截至 2015 年底）

## 4. 饭局阅读（公众号：fanju yuedu）

**创建日期**　2013 年 11 月

**功能介绍**　专业独到的政治解读，口口相传的新闻故事。

**用户数**　10 万（截至 2015 年底）

## 5. 中国政库（公众号：zhongguozhengku）

**创建日期** 2014 年 3 月

**功能介绍** 专业独到的政治解读，口口相传的新闻故事。

**用户数** 8.1 万（截至 2015 年底）

## 6. 自贸区邮报（公众号：ftzpost）

**创建日期** 2013 年 11 月

**功能介绍** 作为一个信息集合终端，自贸区邮报融合智库、金融、中介服务业态，为中国自由贸易区以及关注自贸区的企业和个人服务。

**用户数** 11 万（截至 2015 年底）

## 7. 上海书评（公众号：shanghaishuping）

**创建日期** 2013 年 10 月

**功能介绍** 《东方早报》周日副刊《上海书评》，全球百位华文写作名家撰稿。

**用户数** 9 万（截至 2015 年底）

## 8. 有戏（公众号：wenyi pinglun）

**创建日期**　2013 年 12 月

**功能介绍**　介绍好演出、好影视剧，陪读者过一种文艺的生活。

**用户数**　4 万（截至 2015 年底）

## 9. 私家奔跑（公众号：sijiabenpao）

**创建日期** 2012 年 12 月 9 日

**功能介绍** 这是一个专门面向时下中国快速兴起的跑步和健身人群而打造的产品。

**用户数** 10 万（截至 2015 年底）

## 10. 富贵门（公众号：fuguigate）

创建日期　2014 年 4 月 1 日

功能介绍　专注于观察中国富庶之地——江浙地区的政商生态，挖掘和提供有看头、有噱头的政商情报与资讯。

用户数　2 万（截至 2015 年底）

## 抗战胜利 70 周年纪念活动系列报道 ▶▶ 案例

围绕抗日战争暨世界反法西斯战争胜利 70 周年，澎湃新闻提前做了大量的策划，并建立了抗战胜利专题，以文字报道、H5 产品、360 度全景照片、视频直播等多种媒体手段，让抗战纪念报道更生动，更直观，更具感染力。从 2015 年 4 月至 9 月间，共计推出报道约 500 篇，超百万字。

9 月 3 日，纪念抗战胜利 70 周年大阅兵活动在北京天安门广场举行。从 8 月 31 日至 9 月 5 日，共强势推出报道 240 余篇，约 38 万字，涵盖了多种报道形式。

澎湃新闻派记者前往抗战四大战场，采访亲历抗战的老兵，9 月 2 日起，刊发 2 万字独家策划报道"寻访无名烈士墓"；在 9 月 3 日推出视频报道《四万万个记忆》，聆听亲历者的讲述；在阅兵兵器解读的交互视频《互动视频｜我为国防点赞》中，读者可以观看视频，并在手机端进行互动；《虚拟演播厅｜扬基为你解读阅兵装备》中，首次利用虚拟视频技术，由记者担任主持人；H5 产品《国之利器》则为读者解读多种阅兵装备秘密；"阅兵旁观者"系列报道，深度剖析了二战胜利和中国抗战纪念活动背后隐藏的中国发展与世界和平的深层次问题。除此之外，还做了展现抗战老兵领取勋章的 H5 产品报道《感谢你勇敢地救下这个民族》，以及大型图集《"飞虎队"队员眼中的彩色中国：战火纷飞下的淳朴美好》等。

9 月 3 日前后，启动 48 小时的直播大阅兵报道，以 5.2 万字不间断的报道全程展现大阅兵盛况。阅兵式当天,邀请中国人民解放军军事科学院研究员姜春良少将,进行抗战阅兵式的文图直播解读,对本次阅兵的重要意义作了深刻解读。

博士返乡笔记系列报道  **案例**

　　春节是最重要的传统节日之一，澎湃新闻运用新媒体思维，探索新的报道方式，刊发的系列报道不但引发了各界读者热议，还形成了全国舆论热点。

　　从 2 月 17 日起到 2 月 26 日 10 天时间里，澎湃新闻通过微信公众号推送了四篇以博士生回乡为主题的文章。2 月 17 日（腊月二十九）推送的《春节回家到底看什么？一位博士生的返乡笔记》，在公众号上拿下 10 万＋的阅读数，并引发了全社会的大讨论。此后，又推送了《又一篇博士生返乡笔记：从一而终的稳定生活更可怕》、《一位从农村走出的博士后：请不要叫我们"凤凰男"》、《博士别走，家乡还需要你呢》。

　　博士生返乡笔记用亲身经历介绍了中国乡村的变迁，博士生、返乡、笔记、情怯、回家，这些关键词打动了读者，赞同者有之，批评者有之。"澎湃研究所"栏目从 2 月 26 日起同步推送博士返乡笔记，"澎湃研究所"、"思想市场"、"舆论场"等多个栏目对此共同跟进，通过刊发读者来稿、作者投书等多种形式，展开了一场与"乡愁"有关的全民大讨论。《市政厅｜来自辽东的返乡随感：我为什么不怀念故乡》、《市政厅｜女博士也有话要说：如果真爱家乡，知识不会无力》等一系列后续报道，牢牢抓住和春节紧密相连的家（乡）这个主题，反映了城市化在推动中国社会经济发展的同时，给人们生活方式带来变化的同时，给以家庭为核心的中国传统带来的强大冲击。

　　《人民日报》、《中国青年》和不少地方媒体都参与了澎湃新闻发起的"乡愁"讨论，澎湃新闻也对此进行了追踪和转载，如《央媒调研回应"博士返乡笔记"：规划没了着落，村民被逼上楼》、《中青报再谈"博士返乡笔记"：对"人情冷淡"不必过于悲观》等，报道让人们对中国乡村建设、城乡统筹发展、如何面对传统等重大问题，再次重新审视。

网站、App、微信、微博与报纸等新老传播渠道的融合推进，给这组春节系列报道带来了意想不到的影响力，也给了公众重新审视中国变革和传统的好机会。

## 上海科技创新中心系列报道  案例

2015 年 5 月 25 日，中共上海市委全会审议通过科技创新中心建设意见，标志着上海科技创新中心建设进入了关键阶段。澎湃新闻利用新媒体大体量的优势，持续数月，连续刊发了大量的报道。

前期历时 9 个月，邀请中外科学家、企业家、研发人员、投资人士、历史学家、经济学家、政府官员访谈，讨论上海如何向具有全球影响力的科技创新中心进军，并刊发特别报告《未来共识：中外科创工作者的上海思考》。同时连发三篇社论《自由的工场》、《创新的竞赛》、《宽容的力量》。5 月 25 日、26 日、27 日，市委全会召开后，澎湃新闻再次刊发社论《思想解放就好办》、《企业家需要安全感》、《创业不等于创新》，通过系列评论，为上海科创中心建设分析、造势，出谋划策。

5 月 25 日市委全会审议通过科创中心建设意见的当天，东方早报和澎湃新闻同步刊发上海财经大学经济史学科教授杜恂诚文章《上海与企业家精神》，探寻企业家与企业家精神的上海渊源，探寻上海的精神所在，未来所在。

5 月 22 日至 27 日，澎湃新闻推出系列报道《创业者喜欢上海的理由》。14 年前，一首广告歌《喜欢上海的理由》因其所承载的私人情感与城市记忆，引发了很多"新老上海人"的共鸣。澎湃新闻以这首老歌为源头，再次向所有读者、网友征集全新版本的"喜欢上海的理由"，为建设科创中心预热。5 月 25 日，澎湃新闻又紧跟时事，推出了《创业者喜欢上海的理由》，将之前的征集活动，自然过渡到上海的创业环境，通过鲜活的 30 多位在上海的创业者，来讲述他们喜欢上海的理由。5 月 27 日，澎湃新闻迅即推出《喜欢上海的理由从此又多了 22 条》，一方面将 5 月 26 日晚市委全会公布的"科创 22 条"，通过创业者的个性化解读，阐述成新的喜欢上海的理由，另一方面也在此前征集的内容里，精心挑选出了 100 条，一起向公众公布，再次成为读者和网友关注、议论、转发的焦点。

## 澎湃新闻获奖情况

2015 年 9 月 16 日，在中央网信办组织的抗战胜利 70 周年报道评选中，澎湃新闻获得先进集体荣誉

2015 年 12 月 17 日，澎湃新闻与外交部合作系列新闻项目获上海市第十三届银鸽奖特等奖

2015 年 3 月 19 日，澎湃新闻《习近平的上海印迹》报道获中央网信办颁布的全国两会好新闻奖创新奖

2015 年 11 月，澎湃新闻《全会四论：澎湃新闻十八届五中全会系列报道》获得了由上海市委宣传部组织开展的上海市理论媒体优秀成果奖评选活动二等奖

2015 年度上海新闻奖：

《韩正答上海观察等新媒体网友"创新之问"》获新闻报道类特别奖

《讷河监狱在押犯手机诈骗调查》获连续报道类二等奖

《时隔 14 年再谈"喜欢上海的理由"》获系列报道类二等奖

《一路向北——15 天 4000 公里，澎湃新闻全程记录欧洲难民逃亡路》获深度报道类三等奖、摄影类三等奖

《留守儿童画像：孤独的、叛逆的，但也是缺爱》获漫画类三等奖

## 东方早报、澎湃新闻新媒体主要数据一览表

网站：澎湃新闻网

| | 页面点击量（PV） | 单独访客数（UV） | 独立访问量（IP） | 网粘度 | 备注 |
|---|---|---|---|---|---|
| 2015年度总量 | 197963万 | 32461万 | 27726万 | | |
| 2015年度月最高 | 26368万 | 4373万 | 3814万 | | |
| 2015年度日最高 | 1555万 | 268万 | 225万 | | |
| 单篇最高（篇目，日期）（少林寺称方丈释永信已回寺，住处小院守卫森严闭门不出，2015-10-3） | 609万 | | | | |
| 数据来源 | 百度 | | | | |

移动客户端（安卓版）

| | 总下载量 | 总发帖数 | 原创帖文总数 | 评论、跟帖总数 | 总点赞数 | 总转发、分享数 | 单篇最高阅读数（篇目，日期） | 单篇最高评论、跟帖数（篇目，日期） | 单篇最高点赞数（篇目，日期） | 单篇最高转发、分享数（篇目，日期） | 备注 |
|---|---|---|---|---|---|---|---|---|---|---|---|
| 澎湃新闻 | 1146.52万 | 5.37万 | | 986236万/篇 | | | 608.75万（少林寺称方丈释永信已回寺，住处小院守卫森严闭门不出，2015-10-3） | 8006（黑龙江"狱中骗色"犯王东：三进省的85后，狱警帮其编短信，2015-1-22） | 2.04万【社论】告别李光耀，2015-3-23） | | |
| 数据来源 | 友盟 | | | | | | | | | | |

| 移动客户端（iOS版） | 总下载量 | 总发帖数 | 原创帖文总数 | 评论、跟帖总数 | 总点赞数 | 总转发、分享数 | 单篇最高阅读数（篇目，日期） | 单篇最高跟帖数（篇目，日期） | 单篇最高点赞数（篇目，日期） | 单篇最高转发、分享数（篇目，日期） | 备注 |
|---|---|---|---|---|---|---|---|---|---|---|---|
| 澎湃新闻 | 1796.06万 | 5.37万 | | 986236万/篇 | | | 608.75万（少林寺称方丈释永信已回寺，住处小院门守卫森严外人不出，2015-10-3） | 8006（黑龙江"狱中骗色"犯王东：三进宫的85后，狱警帮其编短信，2015-1-22） | 2.04万【社论】告别李光耀，2015-3-23） | | |

数据来源：友盟

| 微博名称（属性：官微/部门/个人；平台：新浪/腾讯） | 总发帖数 | 原创帖文总数 | 总跟帖、评论数 | 总点赞数 | 总转发、分享数 | 总被提及数/被@数 | 总粉丝数 | 单篇最高跟帖、评论数（篇目，日期） | 单篇最高转发、分享数（篇目，日期） | 单篇最高点赞数（篇目，日期） | 备注 |
|---|---|---|---|---|---|---|---|---|---|---|---|
| 澎湃新闻（官微/新浪） | 7192 | 7192 | 145.78万 | 96.94万 | 186.73万 | 188.52万 | 90.25万 | 1.17万（哈尔滨市领导疑穿万元貂绒服指挥火灾引质疑，2015-1-6） | 2.33万（女老师在交警队被打，交警队称监控坏了，2015-1-19） | 1.03万（蒙冤者杨明20年以自杀拒减刑，"就像埋了还没有死"，2015-8-12） | |

数据来源：新浪

| 微信公众号 | 总阅读数 | 原创帖文总数数 | 头条总阅读数 | 总篇数 | 总点赞数数 | 总分享数 | 单篇最高阅读数（篇目，日期） | 单篇最高点赞数（篇目，日期） | 单篇最高转发、分享数（篇目，日期） | 备注 |
|---|---|---|---|---|---|---|---|---|---|---|
| 澎湃新闻 | 8005.52万 | 2417 | 3555.25万 | 2417 | 28.54万 | 166.37万 | 31.55万（李克强总理答记者问完全版，2015-3-15） | 5280（感谢你无数次游过那么悲伤的水域，2015-6-5） | 1.17万（"全面二孩"来了，中国每年会新增多少孩子？2015-10-29） | |
| 东方早报 | 351.9万 | 1440 | 95.61万 | 1487 | 1.64万 | 20.34万 | 4.36万（《平凡的世界》开播：繁华的世界，不忘初心，2015-2-26） | 202（《平凡的世界》开播：繁华的世界，不忘初心，2015-2-26） | 1757（《平凡的世界》开播：繁华的世界，不忘初心，2015-2-26） | |

# 第七章 »界面

2015 年是界面成立之后的第一个完整年度，也是界面完成跨越式发展的一年。员工人数从 2014 年底的 197 人扩张到 2015 年底的 338 人，日均刊发稿件从 80 篇上升到 300 篇，APP 下载量突破 1000 万。除了界面新闻品牌之外，还独立孵化摩尔金融、尤物、前辈等业务，在各垂直业务上又具备网站、新闻客户端、微信、微博等矩阵产品线，具体包括——

官方网站：界面

子网站：摩尔金融、尤物

移动客户端（APP）：界面

官方微博：界面、摩尔金融、界面之选、NoonStory

官方微信公众号：界面、摩尔金融、歪楼、正午故事、最天下、界面之选、尤物、地产一条、界面联盟 JMedia、工业能源圈、乙未光画志、有座儿

## 概 况

2015 年 8 月，界面完成 A 轮融资，投后估值 9 亿人民币，在不到一年的时间内估值增长接近 9 倍，体现了界面在市场获得的认可。融资成功，也为界面进一

步快速发展奠定了基础。

在界面新闻业务层面，除了围绕财经、商业为核心展开工作外，布局进一步有所扩张，频道数量上升到 24 个。正午等独立品牌影响力进一步扩大，同时开始布局多媒体报道形式。根据艾媒等第三方机构数据，界面在最受中国白领阶层喜爱的新闻客户端排名中位列第二。

根据第三方统计，有超过 3000 家网站曾转发界面新闻，在今日头条、一点资讯等聚合类平台上，界面的原创内容影响力和传播力位居前列。2015 年，界面在天津港爆炸等重点新闻事件上发挥了权威媒体以及新媒体快、准、灵活多样的优势，一周内通过超过 100 篇不同角度的密集报道，获得总计 1000 余万次的专题点击量，通过微博阅读更高达 2200 万次，获得转发 5 万余次，评论 2 万余次。

不仅仅停留在一个新闻网站，不断创新尝试、孵化符合战略方向的新业务是界面成立之初制定的方针。2015 年，摩尔金融业务获得快速发展，撰稿人数量从200 人增长到 2000 人，交易额突破 2000 万元，最高单月 68 个撰稿人收入过万，成为金融付费资讯模式的开拓者，平台积累起 10 万付费阅读用户。

尤物在 2015 年 10 月完成转型改版，以创建中国最大原创设计师平台为目标，旨在为城市中产阶层生活消费升级提供精准、便捷的服务。截至年底，已有超过100 位原创设计师、集成店、手做人入驻尤物，交易额逐月翻番。

界面与今日头条、一点资讯、UC 浏览器等渠道进行合作，为界面大量导流。同时通过优化素材、研究算法等方式，不断获得苹果及其他应用商店的推荐，并成功在锤子手机上进行预装，以增加界面的下载量。11 月，界面第一次发布品牌广告。

界面营销本年度局面良好，与 100 家以上大公司达成广告及市场合作，完成营收 4500 万元，其中广告营收为 2500 万，信息服务 2000 万。

网站及客户端数据一览：

● 网站日均 UV200 万，日均 PV1000 万。

● 平均阅读时长 20 分 42 秒，平均阅读页数 14.3 页，跳出率 21%。

● 客户端 1000 万下载量，400 万注册用户。

● JMedia 自媒体联盟微信公众号达 2000 个，辐射 2 亿人群。

# 一、网站

**名称** 界面

**域名（链接）** www.jiemian.com

**创建日期** 2014 年 9 月 22 日

**公司（单位）性质** 国有控股

**法人代表** 高韵斐

**团队架构** 界面团队共 338 人

性别：男 155 人 女 183 人

年龄：30 岁以下 217 人 30 岁以上 121 人

学历：硕士研究生 99 人 大学本科 239 人

**网站定位** 界面由上海报业集团联手 11 家互联网、金融、传媒资本推出，是高素质人群聚集的新闻及商业社交平台。界面以新闻为核心，布局 26 个内容频道，提供全品类精品新闻资讯，打造中国中产阶层第一新闻平台。

**内容板块** 设有：天下、中国、歪楼、时尚、JMedia、视频节目等 30 个频道，另有：摩尔金融、尤物、前辈等独立业务。

**传播力**　日均 UV200 万、PV1000 万。

## 二、移动客户端

**名称**　界面

**创建日期**　2014 年 9 月

**平台**　iOS，Android

**版本**　3.1.0

**内容**　中国高素质人群聚集的新闻及商业社交客户端，500 位 CEO 推荐的原创精品新闻App。

**功能** 转发、评论、收藏、点赞、分享、关注、订阅、离线阅读、搜索、购买支付等。

**下载量** 截至 2015 年底 2000 万

纽约的两个时装周将要合并为一个了

# 三、微博

## 1. 界面（新浪微博）

**创建日期** 2014 年 10 月

**版本**　6.12.3

**定位**　界面主品牌账号，发布原创新闻资讯，承担界面全品牌的内容和品牌传播。

**粉丝量**　截至 2015 年底，粉丝量 530 万。年转发量 42.9 万，年评论量 28.9 万。

## 2. 摩尔金融（新浪微博）

**创建日期**　2014 年 10 月

**版本**　6.12.3

**定位**　界面旗下互联网金融资讯服务平台，承担摩尔金融内容传播。

**粉丝量**　截至 2015 年底，粉丝量 5.8 万。年转发量 11 万，年评论量 6 万。

## 3. 界面之选（新浪微博）

**创建日期**　2015 年 2 月

**定位**　界面旗下原创设计师购物平台，主要发布时尚资讯和商品信息。

**粉丝量**　截至 2015 年底，粉丝量 345。年转发量 2600，年评论量 800。

## 4. NoonStory（新浪微博）

**创建日期**　2015 年 4 月

**版本**　6.12.3

**定位**　界面旗下非虚构写作平台正午官方微博，承担正午内容和品牌传播。

**粉丝量**　截至 2015 年底，粉丝量 16 万。年转发量 25 万，年评论量 17 万。

# 四、微信公众号

## 1. 界面（wowjiemian）

**创建日期** 2014 年 10 月

**定位** 界面微信主账号，立足界面主站，涵盖界面全品牌的内容输出和品牌传播。

**特色** 界面主品牌新闻发布

**订阅数** 24.2 万（截至 2015 年底）

## 2. 摩尔金融（moerjinrong）

**创建日期**　2014 年 12 月

**定位**　投资理财资讯

**特色**　界面旗下投资理财资讯平台摩尔金融精选文章发布

**订阅数**　8 万（截至 2015 年底）

## 3. 歪楼（esay1414）

**创建日期** 2015 年 8 月

**定位** 界面歪楼频道微信账号，旨在分享全球领域好玩、有趣的资讯、信息。

**特色** 界面歪楼栏目文章发布

**订阅数** 12.3 万（截至 2015 年底）

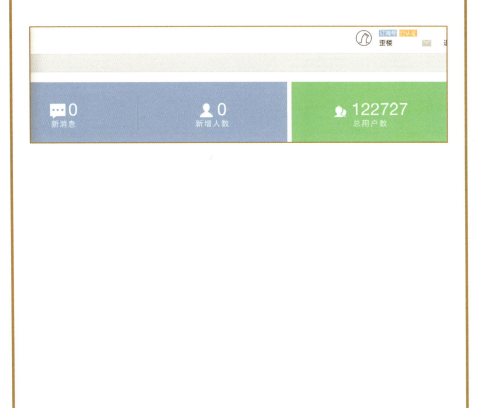

## 4. 正午故事（noon-story）

**创建日期**　2015 年 3 月

**定位**　界面正午频道微信账号，非虚构写作品牌。

**特色**　正午故事非虚构写作特稿发布

**订阅数**　15.6 万（截至 2015 年底）

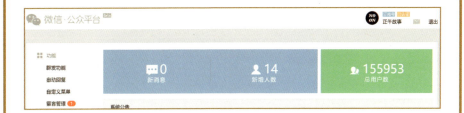

## 5. 最天下（theveryworld）

**创建日期**　2015 年 5 月

**定位**　国际新闻

**特色**　界面天下频道新闻发布

**粉丝数**　1.8 万（截至 2015 年底）

## 6. 界面之选（allformen）

**创建日期** 2015 年 4 月

**定位** 界面独立业务"尤物"的微信公号，原创设计师商品购物平台。

**特色** 发布时尚资讯和最新商品介绍信息。

**粉丝数** 1.2 万（截至 2015 年底）

## 7. 尤物

**创建日期** 2015 年 4 月

**定位** 原创设计师商品购物平台

**特色** 发布时尚资讯和最新商品介绍信息

**订阅数** 1.2 万（截至 2015 年底）

## 8. 地产一条（paidichan）

**创建日期** 2015 年 5 月

**定位** 地产行业资讯

**特色** 界面地产栏目精品文章发布

**订阅数** 4.6 万（截至 2015 年底）

## 9. 界面联盟JMedia（Jmedia2015）

**创建日期** 2014 年 11 月

**定位** 综合资讯和自媒体行业资讯

**特色** 界面联盟自媒体成员精选文章发布

**订阅数** 2600（截至 2015 年底）

## 10. 工业能源圈

**创建日期**　2015 年 8 月

**定位**　工业能源新闻

**特色**　界面工业频道新闻发布

**订阅数**　1.1 万（截至 2015 年底）

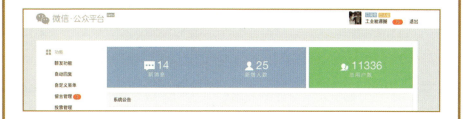

## 11. 乙未光画志

**创建日期** 2015 年 2 月

**定位** 图片分享

**特色** 界面图片频道精品发布

**订阅数** 2700（截至 2015 年底）

## 12. 有座儿

**创建日期** 2015 年 10 月

**定位** 汽车资讯

**特色** 界面汽车栏目精选文章

**订阅数** 700（截至 2015 年底）

## 界面新媒体主要数据一览表

网站：界面新闻网

| | 页面点击量（PV） | 单独访客数（UV） | 独立访问量（IP） | 网粘度 | 备注 |
|---|---|---|---|---|---|
| 2015年度总量 | 312724.9万 | 182700.1万 | 无该数据 | 用户平均停留时间14.5分钟，跳出率38% | |
| 2015年度月最高 | 45020.9万 | 31177.3万 | | | 12月 |
| 2015年度日最高 | 6293万 | 1565.8万 | | | 5月14日 |
| 单篇最高（篇目，日期）（冯远征：我穿墙过去，2015-5-18） | 2465.3万 | 541万 | | | |
| 数据来源 | 腾讯\alexa\jiemian | | | | |

| 移动客户端（安卓版） | 总下载量 | 总发帖数数 | 原创帖文总数 | 评论、跟帖总数 | 总点赞数数 | 总转发、分享数 | 单篇最高阅读数（篇目，日期） | 单篇最高评论、跟帖数（篇目，日期） | 单篇最高点赞数（篇目，日期） | 单篇最高转发、分享数（篇目，日期） | 备注 |
|---|---|---|---|---|---|---|---|---|---|---|---|
| 界面 | 约600万 | 66342 | 39161 | 19.3万 | 24.3万 | 105.7万 | 2465.3万（冯远征：我穿墙过去，2015-5-18） | 4146（济南一规划中的液化气罐区距民宅不足300米引居民担忧，2015-8-24） | 1365（钢铁行业有多困难？武钢300余名员工拟"转型"做协警和保安，2015-9-11） | 41574（就在恐怖分子袭击巴黎的同时巴黎人勇敢地打开了自家的大门，2015-11-4） | APP和网站发文章是同步的 |
| 数据来源 | jiemian | | | | | | | | | | |

**移动客户端（iOS版）**

| 移动客户端（iOS版） | 总下载量 | 总发帖数 | 原创帖文总数 | 评论、跟帖总数 | 总点赞数 | 总转发、分享数 | 单篇最高阅读数（篇目、日期） | 单篇最高评论、跟帖数（篇目、日期） | 单篇最高点赞数（篇目、日期） | 单篇最高转发、分享数（篇目、日期） | 备注 |
|---|---|---|---|---|---|---|---|---|---|---|---|
| 界面 | 约420万 | 6.6万 | | | | | | | | | jiemian |
| 数据来源 | | | | | | | | | | | |

**微信**

| 微信公众号 | 总阅读数 | 原创帖文总数 | 头条总阅读数 | 总篇数 | 总点赞数 | 总分享数 | 单篇最高阅读数（篇目、日期） | 单篇最高评论、跟帖数（篇目、日期） | 单篇最高点赞数（篇目、日期） | 单篇最高转发、分享数（篇目、日期） | 备注 |
|---|---|---|---|---|---|---|---|---|---|---|---|
| 界面 | 893.4万 | 1460 | 457.3万 | 1460 | 39865 | 18.5万 | 50162（东北衰落之谜，2015-10-4） | 无法查询 | 3957（东北衰落之谜，2015-10-4） | | |
| 数据来源 | | | | | | | | | | | |

**微博**

| 微博名称（属性：官微 / 部门 / 个人；平台：新浪 / 腾讯） | 总发帖数 | 原创帖文总数 | 总跟帖、评论数 | 总点赞数 | 总转发、分享数 | 总被提及 / 被@数 | 总粉丝数 | 单篇最高评论数（篇目、日期） | 单篇最高跟帖、评论数（篇目、日期） | 单篇最高转发、分享数（篇目、日期） | 单篇最高点赞数（篇目、日期） | 备注 |
|---|---|---|---|---|---|---|---|---|---|---|---|---|
| 界面（官网 / 新浪） | 5475 | 5475 | 22.4万 | 64万 | 35万 | 71722 | 507.3万 | 11720（天津滨海爆炸致命决定：是谁批准了600米夺命环评？2015-8-13） | | 38240（天津滨海爆炸致命决定：是谁批准了600米夺命环评？2015-8-13） | 30379（天津滨海爆炸致命决定：是谁批准了600米夺命环评？2015-8-13） | |
| 数据来源 | | | | | | | | | | | | |

其他社交平台、账号运营情况

| 今日头条 | 总阅读数 | 原创帖文总数 | 头条总阅读数 | 总篇数 | 总点赞数 | 总分享数 | 单篇最高阅读数（篇目、日期） | 单篇最高点赞数（篇目、日期） | 单篇最高转发、分享数（篇目、日期） | 何时注册、开通 |
|---|---|---|---|---|---|---|---|---|---|---|
| 界面 | 9446.1 万 | 9250 | 无 | 9250 | 未提供 | 45.4 万 | 未提供 | 未提供 | 未提供 | 2015 年初 |
| 数据来源 | 今日头条 | | | | | | | | | |

# 第八章

## 上海报业集团 >> 新媒体发展研究中心

上海报业集团新媒体发展研究中心下属的新媒体项目，包括由上海解放新兴传媒有限公司运营的《上海手机报》系列产品，以及上海报业集团与百度合作的"百度新闻上海频道"。

## 概　况

《上海手机报》2006年1月创刊，在2014年获得市委宣传部、市网信办、市通管局的联合发文，明确其"一省一报"的地位，由市委宣传部、市网信办主管，上海报业集团主办，上海解放新兴传媒有限公司承办并负责运营。

百度新闻上海频道是上海报业集团成立之初与百度合作的新闻搜索项目。2014年1月1日上线，由新媒体发展研究中心负责内容制作审核，改变了以往通过"搜索爬虫"自动排列新闻次序的做法，实现了对所有新闻排序的人工干预。

该项目采取自动抓取和主动推送相结合的方式，实现了对所有内容的人工干预，保证了正面新闻的及时推送，改变了百度新闻机器抓取的工作逻辑，得以反应上海自己的态度和声音，放大正面舆论导向的影响力，并可为报业集团自有网站导流。

此外，新媒体发展研究中心旗下垂直领域微信公众账号包括与上海市委政法委联合出品的"上海法治声音"、聚焦国际教育市场的"国际教育风云录"、"一起做公益"等，各公众号均在细分领域有一定的影响力。

# 一、上海手机报

《上海手机报》目前有系列产品8项，其中收费产品6项，免费产品2项。目前收费用户约50万，免费用户约250万。其中150万为与中移动卓望公司合作的"社区手机报"，可根据用户的居住位置发送周边社区的精准新闻，实现比传统手机报更精准、更贴近需求的用户体验。

2009年成立了上海解放新兴传媒有限公司，这是在全国手机媒体领域中最早的一家、上海市场唯一一家公司化运作手机报产品的专业团队。从2010年起，上海手机报还突破了单一资费收入模式，尝试广告收费、通道经营和第三方服务收费，取得一定进展。曾获2008-2009年度中国手机媒体经营管理十强。

目前上海手机报每天到达300万读者，积极参与和推动三大运营商用户画像和数据流量监控，与运营商共同完成精准用户特性以及阅读习惯的即时数据分析甚至加上位置锁定。通过大数据，给读者的标签要细分到100多项，而且每周更新。

在这个基础上提供的阅读和服务具有粘性，让手机报团队的转型与运营商自身的流量经营战略转型真正做到了融合发展。

**创建日期** 2006 年 1 月 17 日

**公司（单位）性质** 国有独资企业

**法人代表** 林晔

**资质** 增值电信业务经营许可

**团队架构**

1. 采编岗位共 11 人

性别：男 4 人 女 7 人

年龄：30 岁以下 5 人 31-40 岁 5 人 41-50 岁 1 人

学历：硕士研究生 4 人 大学本科 7 人

职称：中级 3 人 高级 1 人

2. 运营岗位共 9 人

其中：运营推广 3 人 市场活动 2 人 技术研发 1 人 广告销售 1 人 财务 1 人
行政管理 1 人

性别：男 3 人 女 6 人

年龄：30 岁以下 6 人 31-40 岁 3 人

学历：硕士研究生 1 人 大学本科 8 人

职称：初级 7 人 中级 2 人

**内容定位** 精选国内外重要新闻，副刊关注吃穿住行等都市生活各领域。另有定位社区新闻的社区报子产品。

**内容板块** 新闻、专栏、评论、即时播报，以及理财、美食、汽车、房产等副刊。

**传播力** 用户 300 万左右

**技术升级**　通过搭建自有的响应式网页，用户可通过彩信链接跳转至 html5 页面获取更丰富的动态内容。同时页面也可直接通过朋友圈、微博等 SNS 转发。

●●●●● 中国移动 📶　　　　15:27　　　　🔋 99% 🔋⚡

‹ 10658000 **上海手机报晨报12.5**

12月5日，星期六
农历十月二十四

【今日天气】
阵雨，4°C至8°C，西北风2-3级。

□中国为中非合作投入600亿美元
□A股熔断机制明年1月1日起实施
□申城今天暂别阳光明起气温略升
□志愿者日上海手机报邀您来义诊
□抢先阅读
【中国为中非合作投入600亿美元】
当地时间4日上午，中非合作论坛约翰内斯堡峰会在南非开幕。本次峰会由中国和南非共同主办，共50位非洲国家的国家元首、政府首脑和代表团团长等出席开幕式。

习近平表示，为推进中非全面战略合作伙伴关系建设，中方愿在未来3年同非方重点实施"十大合作计划"。为确保"十大合作计划"顺利实施，中方决定提供总额600亿美元的资金支持。

【A股熔断机制明年1月1日起实施】

# 二、微信公众号

## 1. 上海法治声音（微信公众号：fazhishengyin）

**创建日期** 2014 年 1 月 1 日

**定位** 中共上海市委政法委官方微信，上海市委政法委、上海报业集团联合出品。聚焦法治热点，关注法治人群，传播法治精神，可以装进口袋的免费法律咨询平台。

**影响力** 截至 2015 年底，总阅读数 247 万。

## 2. 一起做公益（微信公众号：yiqizuogongyi）

**创建日期** 2014 年 2 月

**定位** 关注公益，分享爱心，以"乐享公益"为理念，开展志愿者活动，共筑幸福生活。

**影响力** 截至 2015 年底，总阅读数 7.62 万。

## 3. 国际教育风云录

**创建日期** 2014 年 1 月 1 日

**定位** 国际教育类微信公号，设有探校录、校长访谈、课程试听、名师采访、今日优选等栏目，力求成为中立、公正、公益的垂直媒体，服务公众。

**影响力** 截至 2015 年底，总阅读数 48.3 万。

## 上海报业集团新媒体发展研究中心新媒体主要数据一览表

| 微信公众号 | 总阅读数 | 原创帖文总数 | 头条总阅读数 | 总篇数 | 总点赞数 | 总分享数 | 单篇最高阅读数（篇目，日期） | 单篇最高点赞数（篇目，日期） | 单篇最高转发、分享数（篇目，日期） | 备注 |
|---|---|---|---|---|---|---|---|---|---|---|
| 上海法治声音 | 247万 | 55 | 122万 | 1278 | 14664 | 70290 | 42440（都是沪牌惹的祸｜华政学子状告国拍行，上海牌照拍卖"100元手续费"已立案，2015-6-9） | 287（都是沪牌惹的祸｜华政学子状告国拍行，上海牌照拍卖"100元手续费"已立案，2015-6-9） | 1362（正式起诉｜美股民集体指控阿里诉状大起底，2015-2-3） | |
| 国际教育风云录 | 48.3万 | 52 | 12.4万 | 144 | 3743 | 7.4万 | 6585（听"哈耶普"女生妈妈讲述成长故事｜陪伴成长，相互激励，母女双赢，2015-5-4） | 48（听"哈耶普"女生妈妈讲述成长故事｜陪伴成长，相互激励，母女双赢，2015-5-4） | 464（听"哈耶普"女生妈妈讲述成长故事｜陪伴成长，相互激励，母女双赢，2015-5-4） | |
| 一起做公益 | 7.62万 | 93 | 3.89万 | 548 | 2529 | 3.32万 | 11436（高亮：跨越一个个山丘，做成梦想中的神经外科大夫，2015-12-19） | 109（高亮：跨越一个个山丘，做成梦想中的神经外科大夫，2015-12-19） | 618（高亮：跨越一个个山丘，做成梦想中的神经外科大夫，2015-12-19） | |
| 数据来源 | 腾讯云分析 | 人工统计 | | | 人工统计 | | | | | |

# 第九章 　　» 申江服务导报社

　　截至 2015 年底，申江服务导报社已形成以微信矩阵为主的新媒体矩阵，具体包括——

　　官方微博：申江服务导报

　　官方微信公众号：申江服务导报，另有数个部门开办了 5 个微信公众号。

## 概　况

　　申江服务导报社新媒体矩阵主要由官方微博、官方微信及各子微信组成。

　　目前《申》报新浪官方微博的粉丝数是 25 万，粉丝平稳增长，在为报纸内容做导读预热、扩大报纸的影响力、向报纸输送话题内容、尝试盈利方面产生积极效果。

　　《申》报官方微信目前作为新媒体主要平台，通过品牌效应吸引关注，全面打造生活服务资讯平台，引领时尚生活潮流，并作为粉丝大本营，肩负着为其他子微信平台导入人气的责任。

各子微信平台深入美食、旅游、演出、美容、读书等生活服务垂直领域，力争打造专业立体化传播平台。

# 一、微博

**名称** 申江服务导报（新浪微博）

**创建日期** 2012 年 1 月

**定位** 上海本地生活服务资讯

**粉丝量** 25 万（截至 2015 年底）

# 二、微信公众号

## 1. 申江服务导报（申江服务导报主媒体公众号：ishenbao）

**创建日期** 2013 年 6 月

**定位** 都市白领阶层

**特色** 全面打造上海本地生活服务资讯平台，引领时尚生活潮流。

**订阅数** 10 万（截至 2015 年底）

## 2. 看戏去（公众号：kanxiqusj）

**创建日期** 2014 年 1 月

**定位** 看戏文青

**特色** 依托于报纸而存在的，专业而权威的文化类公众号。

**订阅数** 2.1 万（截至 2015 年底）

## 3. 美得你（公众号：beautyfor）

**创建日期** 2013 年 11 月

**定位** 时尚美妆领域专业微信

**特色** 用镜头追逐大牌，用文字记录时尚，发现一座城市的个性之美。从 2015 年开始，"美得你"也致力于打造一个以视频为主打的多媒体美妆时尚公众号，并将推出更多互动性、服务性强的美妆时尚视频。

**订阅数** 1.9 万（截至 2015 年底）

## 4. 申活馆（公众号：shenhuoguan）

**创建日期** 2012 年 10 月 16 日

**定位** 都市文创大牌

**特色** 上海《申江服务导报》线下设计品牌概念店。申活馆提供各种沙龙报名、创意设计单品推荐等。

**订阅数** 3.5 万（截至 2015 年底）

## 5. 镜子与窗（公众号：readingshenjiang）

**创建日期**　2014 年 2 月

**定位**　立足于申活馆旗下实体书店"镜子与窗"，推荐新书、好书，同时为"镜子与窗"的线下读书会活动作线上报名、实时播报等。

**特色**　作为实体书店的微信公众号，"镜子与窗"不仅仅是荐书，而是第一时间将店内新闻、热点做线上呈现。2014 年末"镜子与窗"书店在新天地长廊开张，微信几乎同时推送开业图片和内容，使更多读者了解书店。

**订阅数**　8500 人（截至 2015 年底）

## 6. 人生大不同公益行动（微信公众号：rsdbt2011）

**创建日期** 2013 年 6 月

**定位** 旨在建立多元人生的分享、学习、社交平台。

**特色** 官方微信号的活跃度高，结合举办的大型公益演讲和各类课程，线上线下互动推进。

**订阅数** 3.4 万人（截至 2015 年底）

## 人生大不同——线上线下融合  案例

　　2015 年度，人生大不同项目共举办了近 40 场大型演讲和中小型活动，开设戏剧、舞蹈、影像、亲子教育等 4 大门类 20 多门课程，形成了以课程培训、政府采购、品牌合作等多种收入模式，实现盈利。

　　人生大不同作为《申江服务导报》的转型项目，致力于线下活动、社群建设，开拓新的经济增长点，以文化教育产品立体化地服务申报原有读者，同时吸附和凝聚新的受众。目前人生大不同在上海的公益文化领域，形成了一定的品牌效应，汇集了一大批忠诚度非常高的粉丝，未来在社群经济方面，可以有非常大的运作空间。

## 申活馆——上海报业的第一家实体店 　案例

"让眼光比生活高一点"是上海《申江服务导报》的口号。说的是，想要发现生活之美，需要你在生活中进行更为丰富的体验。

然而，在繁忙的都市生活里，人们是否有时间去静心体验生活？或者，哪里可以提供一处有趣的空间，好让我们放慢脚步，去再一次发现生活之美？

1300平方米的申活馆全新旗舰店，融合了11个体验空间。作为《申》报旗下生活美学应用商店的申活馆，报业人开出实体店，用图书、咖啡、沙龙与美物，为你筑一间慢生活庇护所。

申活馆不仅是一家非常规实体店，更是一张报纸的全新旅程，她将带着你，用不徐不疾的节奏重新发现生活之美。

## 第十章 >> I 时代报社

截至 2015 年底，I 时代报社的新媒体产品为——
官方微博：时代报
官方微信公众号：IMetro、I 时代社交圈

## 概 况

作为一份累积十多年经验、以"新锐致用、渠道直达"为宗旨的媒体，I 时代报具有深厚的上海本地轨道圈生活内容制作及产品运营优势，通过运营纸媒、官微、官博等新老平台，立体化打造上海白领的轨道生活圈。

2015 年，是 I 时代报以"双微"推广平台为主，使新媒体得到较大发展的一年。

官方微信公众号"铁丝团"2015 年正式更名为"IMetro"，粉丝数由 2015 年年初的 82338 上升至年尾的 110679。内容上深入白领轨道生活的各个方面，各种推送内容琳琅满目，给粉丝送上当天热门的魔都话题，还有各种搜店、秀宝、聊

天的互动内容，送粉丝各色礼品、免费体验各色Party。特别值得一提的是，生活服务类栏目"这一站"，以地铁站点为中心，搜罗站点周边有个性、有看点的景点、小店等，广受欢迎，创造阅读转发率高过粉丝数的纪录。

微信"I时代社交圈"作为一个"互联网＋单身白领服务"的社交平台，耕耘线下社交市场，服务对象主要为22-35岁的单身年轻白领。社交圈公众号每天进行动态更新，内容以活动招募为主打，每周推送7场以上活动，成为社交平台O2O的主要导入端口。目前，社交圈的线下活动依然发展迅猛。2015年1月至12月，社交圈共举办500场线下活动，参加人数共计2万余人。

I时代报官方微博创始于2011年3月1日，内容主要以新鲜资讯发布为主。@时代报2015年在新浪风云影响力榜单"报纸类影响力综合排行"中，一直位列全国第60-70名。一直以来，@时代报秉承着真实、快速、有趣的风格，也因自己风格的独树一帜而在本地赢得了众多粉丝的认可。粉丝人数由2015年初的26547上升至年尾的281662。

I时代报与百度集团合作，通过运用"百度新闻上海频道"的中间页策略，推荐本报优质的图文内容以及各类线上线下活动。每周日至周四，I时代报在完成版面编辑工作后的第一时间，将当天报纸的优秀稿件推送至"百度新闻上海频道"。除了新闻内容，还在"百度新闻上海频道"中的"同城活动"栏目，先后推送了"铁丝团免费观演时代来临"、"微调查：地铁时间都去哪儿了"等互动内容，扩大了活动的参与度，提升了报纸的影响力。

# 一、微博

**名称** 时代报

**创建日期** 2011 年 3 月 1 日

**定位** 地铁上班族路上的好伙伴

**粉丝量** 281662（截至 2015 年底）

**经营情况** 广告收入约 3 万

# 二、微信

## 1.IMetro

**创建日期** 2013 年 7 月

**定位** 打造魔都地铁族的掌上俱乐部

**特色** 为了凸显它的渠道性，开设了工具类栏目"查地铁"、游戏类栏目"地铁猜图"以及汇集当天各种地铁奇闻异事的信息类栏目"魔都地铁"。特别值得一提的是，生活服务类栏目"这一站"，以地铁站点为中心，搜罗站点周边有个性有看点的景点、小店等，受到普遍欢迎，创造了阅读转发率高过粉丝数的纪录。

**订阅数** 110689（截至 2015 年底）

## 2.I 时代社交圈

**创建日期** 2014 年 4 月

**定位** 单身白领社交平台

**特色** 主要为魔都的单身白领打造独一无二的 O2O 体验式社交平台，为 22-35 岁单身白领社交提供解决方案，是一个"互联网 +"概念的社交平台。社交圈运营近两年，目前有用户 2.5 万人，其中 85% 为本地用户。85% 的活动采用低成本收费模式，由单身白领自发组织。

**订阅数** 25000（截至 2015 年底）

## "铁丝"开放日  案例

2015 年"地铁开放日"第二季于 8 月 22 日举办。报社新媒体部联合采访部一起策划了上海地铁招募数名"铁丝"幸运者参与的活动，抽选部分粉丝一探上海地铁"腹地"。

地铁方首次向"铁丝开放"地铁车辆基地，并首次向"铁丝"开放了列车驾驶室。这次开放驾驶室，在工作人员监护引导下，"铁丝"对地铁运营有了更感性、系统的认识。同时，针对众多网友好奇的新上线的 3、4 号线新型列车，开放日当天也邀请了部分幸运的"铁丝"们深入江杨北路的列车基地参观。地铁维保专业人员现场讲解 3 号线 AC-03 型列车，同时让参与者亲密接触现场多辆地铁列车，亲手操作开关门、紧急制动拉手复位等，感受地铁运营的复杂和安全的重要性。

## I 时代报新媒体主要数据一览表

| 微信公众号 | 总阅读数 | 原创帖文总数 | 头条总阅读数 | 总篇数 | 总点赞数 | 总分享数 | 单篇最高阅读数（篇目，日期） | 单篇最高点赞数（篇目，日期） | 单篇最高转发、分享数（篇目，日期） | 备注 |
|---|---|---|---|---|---|---|---|---|---|---|
| IMetro | 603.9万 | 204 | 521万 | 470 | 1.5万 | 2.6万 | 407911（8号线上"嘴撕"手残女的胖阿姨，2015-8-20） | 5631（8号线上"嘴撕"手残女的胖阿姨，2015-8-20） | 2091（8号线上"嘴撕"手残女的胖阿姨，2015-8-20） | |
| I 时代社交圈 | 91.13万 | 300 | 6.2万 | 1700 | 3000 | 10万 | 1427（春暖花开，一起来衡山路谈交友！2015-3-3） | 30（一道找个志同道合的亲密爱人！！社交圈情人节衡山路相亲交友活动，2015-2-8） | 转发数 300 分享数 52（相约小光棍节，乐第咖啡来相亲。社交圈11.01 大龄相亲交友活动，2015-10-28） | |
| 数据来源 | | | | | | | | | 腾讯云分析 | |

| 微博名称（属性：官微/个人；部门/个人；平台：新浪/腾讯） | 总发帖数 | 原创帖文总数 | 总跟帖、评论数 | 总点赞数 | 总转发、分享数 | 总粉丝数 | 总被提及、被@数 | 单篇最高跟帖、评论数（篇目，日期） | 单篇最高转发、分享数（篇目，日期） | 单篇最高点赞数（篇目，日期） | 备注 |
|---|---|---|---|---|---|---|---|---|---|---|---|
| 时代报（官微/新浪） | 5600 | | 17360 | 8964 | 35871 | 281749 | 8942 | | | | |
| 数据来源 | | | | | | | | | 新浪微博后台 | | |

# 第十一章

## 》上海法治报社

截至2015年底，上海法治报社的新媒体产品主要是官方微博：上海法治和微信公众号：上海法治报

## 概　况

2015年是上海法治报社新媒体快速成长的一年。《上海法治报》作为上海地区唯一一家法制类专业报纸，为了顺应转型需求，在2014年积极探索媒体融合发展的基础上，于2015年内引进了新的人才，整合了报社的各方力量，调动报社积累的政法资源，加强官方微信的建设，并且在新媒体领域实现了内容上的改进和业务方面的拓展，依托新媒体平台作为法治类专业信息的宣传发布窗口，促进媒体融合发展。

2015年，上海法治报在媒体融合建设方面的创新性举措主要有以下几个方面：

1. 注重原创性，加强传统阵地和新媒体渠道的联动性。

首先，报社新闻部记者承担了上海法治报官方微信大部分原创稿件的撰写工

作，对于重大的法治讯息、政策、案例都于第一时间在微信上呈现，保证了信息的原创性和时效性。

其次，随着新媒体部门各方面人才和设备的配置日趋齐全，部门内人员亦会针对网络热点话题从法治角度进行追踪和深入挖掘报道，在微信上实现二次落地，从符合自身定位的角度出发，拓展了新闻的深度。

2. 有效调动政法资源，借传统基础带动新媒体业务的拓展，扩大影响力。

2015年度，上海法治报依靠多年积累的政法资源，在新媒体业务方面实现了新的拓展。先后与多家政法单位合作，在新媒体方面共同策划相关内容，在传统报纸的宣传基础上，加入了新媒体方面的宣传方式，进一步扩大了报纸的影响力。

除了线上项目的合作和拓展，上海法治报社还与上海市教委法宣办联合举办了首届"法治小达人"活动，通过线上线下互动，拉动了微信粉丝量的增长。

3. 构建媒体融合新团队，丰富新媒体内容形式，直击新闻现场，及时准确报道重大新闻事件。

首先，引进新媒体复合型人才，在微信内容方面不再局限于原先的简单图文编辑形式，而是采用了微电影、图解、漫画等更具可读性的方式来呈现具有特色的内容。如针对上海市禁毒条例制作了图解的解读，是上海首家通过图解方式发布这一条例的媒体单位。

其次，遇到重大的突发性事件或者社会热点话题时，新媒体部门和新闻部记者开展有效沟通，及时传递重要信息，通过前方现场采访和后方搜集相关信息，在保证准确及时的基础上，增加新闻的饱满度和丰富性，更加全面地表现事件的原貌。

4. 引进新技术，有效对接报社发行部门，实现了传统与新型订报方式的融合。

上海法治报于2015年度借助新的技术力量，正式开通了微信订报功能。开展这一举措迎合了当下人们获取信息的方式的转变，为其订阅报纸提供了便捷性和可操作性；通过开通微信订报平台，报社将原有的资源和潜在的关注者引流至微信平台，明显增加了微信的粉丝量，带动了阅读量的增加，实现了传统部门与新媒体部门的互相促进和融合。

# 一、微博

**名称** 上海法治（新浪微博）

**创建日期** 2014 年 3 月

**定位** 了解上海地区专业法治动态资讯的第一选择，以报道法治类专业信息、普及法律知识为主。

**粉丝量** 5405（截至 2015 年底）

# 二、微信公众号

**名称** 上海法治报

**创建日期** 2014 年 5 月

**定位** 提供法律资讯，传递法治力量，普及法律知识，记录法治建设、平安城市治理成果。

**特色**

1. 注重专业性。遵循严格的发稿标准和专业立场，坚持正确政治舆论导向，保持法律媒体人特有的格调和眼光，信息传递客观公正；2. 注重原创性。公众号的原创比例基本达到 60%，也整合精选权威媒体的观点为我所用，实现另一种形式的"原创"；3. 注重多元化表现。有图解、漫画，以及多方合作制作视频。

**订阅数** 15321（截至 2015 年底）

## 上海首起微信证据案判定报道，引发业内关注 ▶ 案例

　　近年来，随着微信作为交流方式越来越流行、使用频率越来越高，其作为电子证据出现的情况也不断增加。2015年2月4日，最高人民法院发布《关于适用〈中华人民共和国民事诉讼法〉的解释》，正式将电子证据作为民事证据写入司法解释，明确了电子证据的合法身份。

　　2015年2月5日，浦东新区人民法院一审宣判了一起"微信借条"案，对微信证据效力做出了判定，这也是民诉法司法解释实施后首起微信证据案。庭审当天，上海法治报记者赴庭审现场听庭，记录下了案件的详细情况和庭审辩护，并在庭审后采访了主审法官和有关专家，就这一案件中涉及的争议性问题进行了解读，然后在第一时间将这些信息传送给新媒体编辑。上海法治报微信发布该信息后，引起了业内关注，并引发了大量的转发，当天的阅读量就超过了1万。此外，许多法治专业人士还对此发表了自己的评论。最终图文阅读量达到了22582。

**[图文1]上海首起微信证据案今天落槌，电子证据的认定没那么简单**

阅读 22582　　　　点赞 16

## 第一时间用微信发稿
## 及时传递律协换届重要信息  案例

2015 年 4 月 18 日，上海律协换届，新会长首次亮相。上海法治报记者当天上午驻守现场，全程记录会议，并在会议后对新会长进行了专访，于第一时间在微信上发布了包括消息稿《上海律协换届，俞卫锋当选新会长》、专访稿《上海律协新会长首访：有压力，有信心！》、评论稿《上海律协会长：made in 华政 or 复旦？》在内的系列原创文章，保证了时效性和专业性。

[图文1]上海律协换届，俞卫锋当选新会长
阅读 1362 　　　　点赞 3

[图文2]上海律师：4年创收346亿纳税45亿
阅读 198 　　　　点赞 2

[图文3]上海律协新会长首访：有压力，有信心！
阅读 2556 　　　　点赞 7

[图文4]上海律协会长：made in华政or复旦？
阅读 2039 　　　　点赞 6

## 上海法制报社新媒体主要数据一览表

| 微信公众号 | 总阅读数 | 原创帖文总数 | 头条总阅读数 | 总篇数 | 总点赞数 | 总分享数 | 单篇最高阅读数（篇目，日期） | 单篇最高点赞数（篇目，日期） | 单篇最高转发、分享数（篇目，日期） | 备注 |
|---|---|---|---|---|---|---|---|---|---|---|
| 上海法治报 | 526982 | 243 | 246404 | 1468 | 3758 | 33331 | 22587（上海首起微信证据案"今天落锤，电子证据的认定没那么简单，2015-2-5） | 130（揭老底｜司法鉴定有"潜规则"，"黄牛"竟能帮忙造假！2015-2-2） | 1056（上海首起微信证据案"今天落锤，电子证据的认定没那么简单，2015-2-5） | |
| 数据来源 | | | | | | | | | | |

人工统计

| 微博名称（属性：官微/个人；平台：新浪/腾讯） | 总发帖数 | 原创帖文总数 | 总跟帖、评论数 | 总点赞数 | 总转发、分享数 | 总被提及/被@数 | 总粉丝数 | 单篇最高跟帖、评论数（篇目，日期） | 单篇最高转发、分享数（篇目，日期） | 单篇最高点赞数（篇目，日期） | 备注 |
|---|---|---|---|---|---|---|---|---|---|---|---|
| 上海法治（官微/新浪） | 95 | 73 | 9 | 11 | 45 | 1360 | 5404 | 4（上海市卫计委原副主任黄峰平因贪污罪、受贿罪等获刑19年，2015-2-15） | 13（上海市卫计委原副主任黄峰平因贪污罪、受贿罪等获刑19年，2015-2-15） | 4（上海市卫计委原副主任黄峰平因贪污罪、受贿罪等获刑19年，2015-2-15） | |
| 数据来源 | | | | | | | | | | | |

人工统计

## 第十二章 ≫外滩画报

外滩画报开设的微信公众号有：外滩画报、外滩教育、外滩时尚、大城小店、优游、靠谱、设计酒店、凹凸帮、文工团、风尚成都。

截至 2015 年 12 月 31 日，微信公众号的用户总数达到 70-80 万左右。

## 概　况

外滩画报新媒体注重图片新闻，每日在移动端为用户提供 10 幅世界新闻图片，广受用户好评。文字内容则重视原创，如在微信平台，采编团队平均每天生产 4 条原创内容，其中 1 条为官微原创，1 条为子号原创，1 条为杂志采编人员专门为新媒体撰写的稿件，1 条为杂志稿件。在内容生产、编发流程中体现了媒介融合的题中之义。

外滩画报的新媒体产品，保持在风格与理念方面与杂志一脉相承，提倡可持续、高品质、国际化、慢生活，融合深度新闻报道、新锐时尚潮流、健康生活方式和独到文化视角，为用户提供具有国际视野的新闻、文化、生活和时尚领域的原创报道。

在实践中，编辑部人员也实现了融合打通，成立了全媒体部。原先属于新媒体部的采编人员可以为杂志撰稿，属于杂志采编的人员也可以为新媒体端供稿，实现了内容生产的同平台打通，不再区分杂志采编与新媒体采编，仅存在文章发布平台的区别。

新媒体发布频率高、反应快速，内容更具可读性。一些突发新闻或趣味性强的编译稿件一般都发布在新媒体端。对于在新媒体端使用的杂志文章，也都进行二次编辑，增加文末投票等互动元素，使杂志文章在新媒体端获得更高的传播率与影响力。比如 5 月 6 日关于 2015 戛纳电影节的片单推荐《一份最高质量的 2015 观影指南》，在知乎日报获得了 109376 的阅读量；5 月 11 日关于《复仇者联盟 2》的报道，在知乎日报获得了 61850 的阅读量。

目前，外滩画报已形成有 10 个微信公众号组成的微信群，分别是：外滩画报（官微主号）、外滩教育（教育）、外滩时尚（时尚）、大城小店（生活）、优游（旅行）、靠谱（古典音乐）、中国最佳设计酒店（酒店）、凹凸帮（汽车）、文工团（文艺）和风尚成都（区域生活）。

截至 2015 年 12 月 31 日，微信群总用户数已经超过 60 万，其中官微外滩画报用户 23 万，外滩教育、设计酒店的用户也分别达到了 10 万，外滩时尚、大城小店和靠谱都达到了 5 万级。

# 微信公众号

## 1. 外滩画报（外滩画报官方公众号：the-bund）

**创建日期** 2011 年 7 月

**定位** 外滩画报官方微信公众号。力求融合深度新闻报道、新锐时尚潮流、健康生活方式和独到文化视角，为用户提供具有国际视野的新闻、文化、生活和时尚领域的原创报道，打造中国最优质的线上生活媒体。

**订阅数** 23 万（截至 2015 年底）

当了四十年香港功夫皇后，她演了今年唯一让我感动到哭的电影

"我几乎发明了 70 年代的一切" | 纪念"针织女王"Sonia Rykiel

他是全宇宙最酷的英伦型男，没有之一！

## 2. 外滩教育（外滩画报教育公众号：tbeducation）

**创建日期** 2013 年 11 月

**定位** 为家长提供权威国际教育资讯

**订阅数** 10 万（截至 2015 年底）

2015年12月29日07:15

看美国老师教阅读才觉得当年语文课的"背诵全文"全白背了

新SAT来了，考还是不考？专家支招如何应对新版第一考！

活动 | 一场好商赛，不仅教给学生知识，还将规划他们的未来

## 3. 外滩时尚（微信号：bund-style）

**创建日期** 2014 年 3 月

**定位** 最具生活趣味的线上时装日报

**订阅数** 5 万（截至 2015 年底）

2015年12月29日20:04

深蓝色的 3 种高级配色方案，低调时髦不沉闷！

Mansur Gavriel 的"少女心"鞋子，马上就能买到了！

《外滩画报》第 675 期 | 新手艺人

## 4. 大城小店（公众号：bund-shop）

**创建日期**　2014 年 11 月 13 日

**定位**　外滩画报旗下生活类公众号，最具美学的生活发现。搜罗城中型铺美物，推崇美好生活方式。

**订阅数**　5 万（截至 2015 年底）

## 5. 中国最佳设计酒店（微信号：designhotels）

**创建日期**　2013 年 1 月

**定位**　高端生活方式消费者、酒店管理层、酒店设计师。

**订阅数**　10 万（截至 2015 年底）

## 6. 靠谱（微信号：kaopumusicreview）

**创建日期** 2014 年 10 月 13 日

**定位** 古典音乐爱好者和乐迷

**订阅数** 5 万（截至 2015 年底）

## 7. 优游（微信号：bund-tour）

**创建日期** 2015 年 2 月

**定位** 高端自由行旅行者

### 苏兹达尔：莫斯科郊外的小镇，积雪下的千年童话

外滩画报 2015-09-13 [关注作者] 原文地址 ☆收藏到个人中心

去哪儿
Exclusive Destinations

装饰设计相关推广

说起苏兹达尔，大多数人对这个地名会很陌生，可是当哼唱起"深夜花园里四处静悄悄，只有风儿在轻轻唱，夜色多么好心儿多爽朗，在这迷人的晚上"，大家一定会情不自禁地跟着和。美妙的旋律曾把我无数次带进莫斯科郊外夜晚的梦境，在这个初夏，终于如愿以偿飞去了这个想象中远在天边的国度，将梦想照进现实。本文来自《外滩画报》旗下分类微信号"优游"（bund-tour）。

## 8. 凹凸帮（微信号：autobahnbund）

**创建日期** 2014 年 7 月

**定位** 高端汽车生活方式

改装摩托已经out了，这两个80后在亲手设计自行车

2015-05-19 外 🔲 发送图片到手机 ⤢ 🔲 ⬆ ⚙

对于出生在90年之前的人来说，自行车真的是生活中不可缺少的一部分，小时候坐在父母自行车后座上去公园玩，长大一些了便自己骑车上下学，连同初恋，可能都是如同电影《甜蜜蜜》里的黎小军和李翘一般，哼着歌，满脸幸福地同坐一辆自行车，穿过大街小巷。本文来自《外滩画报》旗下分类微信"凹凸帮"（autobahnbund）。

# 第十三章 ≫ 上海学生英文报

截至 2015 年底，上海学生英文报新媒体主要是官方网站"乐学院"和微信公众号"教育新观察"。

## 概 况

上海学生英文报乐学院活动平台以让学生"成为最大可能的自己"为目标，提升活动产品设计的品质，努力将乐学院打造成"青少年活动的设计师"。

乐学院根据用户实际需求，注重功能优化和开发，丰富学生的活动类型。

乐学院网站的建设从 2013 年 10 月开始。目前网站的功能基本达到用户要求，在实践活动和市场活动的推广招募、学记团的部分教学、教务管理、报纸订阅和答案、听力、课件下载等功能上体现出较强的实用性。

截至 2015 年底，网站注册会员数量逾 67000 人。

2015 年，上海学生英文报加强网站乐学园以及微信订阅号教育新观察的互动，扩大了优质内容的传播，提升了上海学生英文报在学生和家长之间的知名度。

# 一、网站

**名称** 乐学院

**域名（链接）** www.sspclub.com.cn

**创建日期** 2013 年 10 月

**公司（单位）性质** 国有

**法人代表** 秦宇

**团队架构** 1 人

女 30 岁以上 硕士研究生 活动策划与执行

**内容定位** 为青少年提供多样化学习和全方位活动的教育服务平台

**内容板块** 会员体验、学生记者团、学习互动。

**传播力** 注册会员 67352 名（截至 2015 年底）

# 二、微信公众号

**名称**　教育新观察（ssp-jyxgc）

**创建日期**　2013 年 12 月

**定位**　为家长提供教育前沿资讯、活动公告。

**订阅数**　788（截至 2015 年底）

# 第十四章 ≫浦东时报社

　　截至 2015 年底，浦东时报已形成 1 个官方微博：浦东时报和 1 个官方微信公众号：浦东发布，以及由浦东各委办局、管委会等单位委托浦东时报新媒体部运营管理的 6 个浦东政务微信公众号，包括：陆家嘴金融城、浦东老干部、浦东文明、浦东知识产权、浦东卫生计生、浦东规土。

## 概　况

　　对于《浦东时报》这样一份传统主流媒体而言，过去的一年多来，在推动传统媒体和新兴媒体融合发展方面做到整体转型、集中发力，现已全面实施媒体融合发展战略。

### 一、新举措

#### 1. 组织架构集成化、平台化

　　浦东时报社全面打破原有的组织体系，由传统的金字塔型转向结构扁平化、功能平台化，从而打破部门藩篱，让资源更顺畅的流通与共享。一是在领导班子层面，报微全面打通。总编统筹导向管理与业务推进，其他领导分管协助。二是在部门架构层面，原有8个部门全部打破、化解。采访中心含六个业务频道（政情、经济、文化、城事、街镇、乐活）；编辑中心含2个编辑部（浦东时报编辑部、浦东发布编辑部）；视觉中心负责图片、视频、美编等；推介推广中心含2个部门（网络推广部、综合推广部）。

### 2. 运行构架频道制、栏目化

根据"浦东发布"定位和内容特色，以"频道"、"栏目"为业务大小单元，以"小组"为最基本的核心采编力量。每个"频道"下面，有若干个"栏目"，每个"栏目"相应组建若干个业务小组，组长就是"栏目"主管。栏目由报社根据工作需要和记者申报情况确定。实行栏目主管负责制，主管享有策划权、组织采编权、发稿权、考核权。各栏目根据内容性质定位，归入各个频道。

### 3. 生产方式流程再造，中央厨房

依照互联网思维和融媒体平台理念，紧密结合报社实际，按照策划、信源、采访、发布、呈现、反馈等环节，建立浦东时报社"中央厨房"，探索旗下新闻产品"一体策划、一次采集、多种生成、多元传播、全天滚动、全面覆盖"的新模式。各栏目所有信源、稿源，都将汇集到"中央厨房"，既负责向网络供稿，也负责向报纸供稿，使浦东时报社旗下所有的媒体能够更加高效的产出产品，且互有特色、互为补充。

## 二、新团队

在人才队伍方面，实现人力要素大迁移、大集聚。一是改存量。按照"留出一支精兵做好传统媒体，集中力量发展新媒体"的要求，将新媒体与纸媒人员重新配比。现时报社总计90余人，由原来的"1:9"最终倒置成为"7:3"，即70%的人力将用于构建"浦东发布"为主的新媒体阵营；30%的人力耕植于《浦东时报》和《浦东开发》杂志；二是做增量。聚焦于时报发展新媒体的人才瓶颈与结

构短板，拟社会化招聘一批新媒体人员，主要集中在技术、美编、UI/UE 设计、视频编辑等工种。

## 三、新探索

现阶段，将以"新媒体腾飞发展"为重中之重，举全报社之力，做好以"浦东发布"为龙头的新媒体产品。

发挥功能。浦东发布将从政务新媒体的属性出发，结合媒体资源，发挥两方面功能：一是权威发布；二是贴心服务。权威发布，主要是发挥好第一时间主渠道作用，成为官方发布的权威平台。贴心服务，一是进一步做大做强信息服务，提供各类有时效性、接地气的信息服务。二是拓展新闻服务。三是拓展办事大厅，成为政府网上办事服务在新媒体领域的延伸和拓展。

扩展内容。频次上，将力争由现在的每天一次扩展为每天 3 次，每次 5—7 条。内容上，将适度扩充心灵感悟、风土人情、美食天气等网友关注的内容。更加突出服务"浦东人的浦东"。版式上，在美化的基础上相对固化。LOGO 等通过重新征集，更具时尚感。

## 四、新成效

"浦东发布"官方微信，已成为上海政务微信矩阵中表现突出的一个政府公众号。凭借贴近社会关注、信息权威及时、传播核心价值等特色，累积总用户数 16 万，总阅读数达到 2172 万多。

"浦东发布"还荣膺"2015 年上海十大政务微信"称号，被解放日报社授予"2015 年政务新媒体影响力十强"，还被腾讯大申网等媒体评选为"2015 上海政务微信号十强"。

# 一、微博

**名称**　浦东时报（新浪微博）

**版本**　6.11

**创建日期**　2013 年 10 月

**定位**　浦东地区具有权威性的新闻宣传主阵地，浦东开发开放、综合配套改革的舆论前沿。

**粉丝数**　102768（截至 2015 年底）

# 二、微信公众号

**名称** 浦东发布

**创建日期** 2011 年

**定位** 浦东信息的第一发布者、浦东故事的第一讲述人、浦东价值的第一诠释者、浦东观点的第一集散地。

**粉丝数** 16 万（截至 2105 年底）

2015年06月29日

浦东暑期夏令营第二批免费课程！秒抢

城·事：7.8-12首届上海国际游艇节亮相世博园区【福

居·行：招募吃货→上电视做主持&绝色海味免费畅吃！

人·梦：创新，我们最缺一颗安静的心——"首富园丁"蔡

【本地话动漫】浦东婚嫁习俗——走通脚

# 三、委托浦东时报新媒体部管理的微信账号

## 1. 陆家嘴金融城（陆家嘴金融开发区管委会公众号：lujiazuijrc）

**创建日期** 2014 年 3 月 2 日

**定位** 了解权威政策动向，掌握最新发展信息，实时发现多彩生活，快速搭准发展脉搏。

**粉丝数** 24358（截至 2015 年底）

## 2. 浦东老干部（浦东新区老干部局公众号：pdlgb365）

**创建日期**　2015 年 7 月 3 日

**定位**　宣传老干部工作和老干部事迹。让社会各界及时了解浦东新区老干部的工作，了解老干部在浦东"二次创业"中发挥的作用等；为老干部晚年生活提供一个展示"老有所学、老有所为"的舞台，并为其提供学习、养生、医疗、文娱等各类服务资讯。

**粉丝数**　1254（截至 2015 年底）

## 3. 浦东文明（浦东新区精神文明建设委员会公众号：pdwmb315）

**创建日期**　2014 年 6 月 28 日

**定位**　展示浦东文明创建风采，分享浦东城市文明成果，感悟真善美，传递新风尚。

**粉丝数**　12352（截至 2015 年底）

## 4. 浦东知识产权（浦东新区知识产权局公众号）

**创建日期** 2015 年 9 月 16 日

**定位** 上海市浦东新区知识产权局于 2015 年 1 月 1 日正式启动运行，是全国首家专利、商标、著作权"三合一"的知识产权局。"浦东知识产权"微公号为浦东新区知识产权局官方信息发布平台之一。

**粉丝数** 400（截至 2015 年底）

## 5. 浦东卫生计生（浦东新区卫计委公众号：pdwsjs）

**创建日期** 2015 年 12 月 7 日

**定位** 浦东新区卫生计生官方信息发布平台。发布浦东新区卫生计生重大活动、重要政策；报道浦东医疗卫生计生机构相关情况及特色服务；宣传浦东卫生计生系统优秀集体和个人先进事迹。

**粉丝数** 3689（截至 2015 年底）

## 6. 浦东规土（浦东新区规土局公众号）

**创建日期** 2015 年 12 月 30 日

**定位** 浦东规划和土地管理的信息发布平台。发布动态信息，展示浦东规划，解读规土政策，传递规土人文。

**粉丝数** 2000（截至 2015 年底）

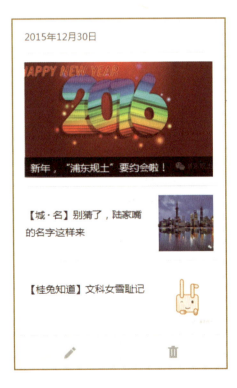

## 浦东时报社新媒体主要数据一览表

### 腾讯客户端

| 微信公众号 | 总阅读数 | 原创帖文总数 | 头条总阅读平均数 | 平均总篇数 | 平均点赞数 | 总分享数 | 单篇最高阅读数（篇目，日期） | 单篇最高点赞数（篇目，日期） | 单篇最高转发、分享数（篇目，日期） | 备注 |
|---|---|---|---|---|---|---|---|---|---|---|
| 浦东发布 | 12万 | 4100 | 19821 | 1157 | 1025 | | 267221（侬晓得伐？5年后的浦东竟然会这样！2015-11-17） | 1462（侬晓得伐？5年后的浦东竟然会这样！2015-11-17） | 21802（侬晓得伐？5年后的浦东竟然会这样！2015-11-17） | |
| 数据来源 | | | | | | | | | | |

### 新浪客户端

| 微博名称（属性：官微/部门/个人；平台：新浪/腾讯） | 总发帖数 | 原创帖文总数 | 总跟帖、评论数 | 总点赞数 | 总转发、分享数 | 总被提及/被@数 | 总粉丝数 | 单篇最高阅读量（篇目，日期） | 单篇最高转发、分享数（篇目，日期） | 单篇最高点赞数（篇目，日期） | 备注 |
|---|---|---|---|---|---|---|---|---|---|---|---|
| 浦东时报（官微/新浪） | 13455 | 70231 | | | 4412 | 3124 | 92768 | 2万（未来5年，浦东会变这样！2015-11-17） | | | |
| 数据来源 | | | | | | | | | | | |

# 第十五章 | ≫新闻记者

　　截至 2015 年底，《新闻记者》的新媒体主要有官方网站：新闻记者，官方微博：上海新闻记者杂志和微信公众号：新闻记者。

## 概　况

　　《新闻记者》自 2014 年 7 月 1 日开通微信公众号，杂志＋网站＋微博＋微信的多媒体传播平台基本搭建完成。新闻记者网站主要内容为纸质杂志内容的选登，提供便于读者阅读的电子版；新浪微博的开通旨在方便与读者的沟通，为用户提供新闻学界与业界的全面资讯；微信内容一部分为杂志论文改编，以适应社交媒体的传播特性，一部分为契合用户需求的专题约稿，以扩大杂志社会影响力。与此同时，微信还开通了杂志订阅功能。

# 一、网站

**名称** 新闻记者

**域名（链接）** http://journalist.news365.com.cn

**创建日期** 2012 年 1 月 1 日

**公司（单位）性质** 国有事业单位

**团队结构**

性别：男 3 人 女 5 人

年龄：29 岁及以下 1 人 30-39 岁 3 人 40-49 岁 3 人 50 岁及以上 1 人

学历：博士 3 人 硕士 2 人 本科 1 人 大专及大专以下 2 人

职称：初级 1 人 中级 5 人 副高级 1 人 高级 1 人

岗位：内容 6 人 经营 1 人 管理 1 人

**网站定位** 杂志精华的电子版及编读往来

**内容板块** 探索经纬、媒介批评、新媒体·新课题、海外新闻界、新闻与法律、新闻调查档案、新媒体前沿、新媒体沙龙、新闻界人物、采编谈艺、视听界面、报海钩沉、学术综述等。

（说明：新闻记者网为上海报业集团 NEWS365 网站（www.news365.com.cn）下的二级域名，技术支持及维护均由集团信息中心负责，新闻记者杂志社负责内容制作及上传。）

# 二、微博

**名称** 上海新闻记者杂志（新浪微博）

**创建日期** 2011 年 9 月 1 日

**定位** 新闻业界与学界动态资讯的全面提供者

　　**粉丝量，转发量＋跟帖量**　截至 2015 年底，粉丝量 15186，其中，2015 全年新增粉丝数为 2269；2015 全年转发量 5936，跟帖量 3248。

# 三、微信公众号

**名称** 新闻记者

**创建日期** 2014 年 7 月 1 日

**定位** 开阔新闻学人学术视野，传递学术新知，提高新闻从业者的职业素养，为传媒业转型发展提供思想资源。

**订阅数** 28600（截至 2015 年底）

## 假新闻评选首次上微信发布 ▶▶ 案例

2015 年 1 月 4 日，《新闻记者》在微信公众号上推出报道《2014 十大假新闻》，这是新闻记者杂志第 15 年的假新闻评选，也是新闻记者第一次尝试在微信上进行内容发布。短短 7 天就有近 5 万的点击率和过千的转发量，粉丝在后台纷纷留言，畅所欲言，各大网站都进行了转发，造成了一定的社会影响力。

《新闻记者》持续多年的对虚假新闻现象的观察、典型案例的评论及通过这一例行的年度分析报告，不仅仅是一家专业期刊的媒介批评，也是对新闻业界同行重视职业操守、行为规范和新闻质量的呼吁。假新闻评选作为《新闻记者》的一大品牌栏目，通过微信的迅速传播，吸引了一大批新的粉丝，也推动了杂志的销售。

## 新闻记者新媒体主要数据一览表

| 微信公众号 | 总阅读数 | 原创帖文总数 | 头条总阅读数 | 总篇数 | 总点赞数 | 总分享数 | 单篇最高阅读数（篇目，日期） | 单篇最高点赞数（篇目，日期） | 单篇最高转发、分享数（篇目，日期） | 备注 |
|---|---|---|---|---|---|---|---|---|---|---|
| 新闻记者 | 15.35万 | 130 | 13.2万 | 130 | 1240 | 1.85万 | 4.81万（2014年十大假新闻，2015-1-4） | 500（2014年十大假新闻，2015-1-4） | 1000（2014年十大假新闻，2015-1-4） | |
| 数据来源 | 微信后台 | | | | | | | | | |

| 微博名称（属性：官微/部门/个人；平台：新浪/腾讯） | 总发帖数 | 原创帖文总数 | 总跟帖、评论数 | 总点赞数 | 总转发、分享数 | 总被提及/被@数 | 总粉丝数 | 单篇最高跟帖、评论数（篇目，日期） | 单篇最高转发、分享数（篇目，日期） | 单篇最高点赞数（篇目，日期） | 备注 |
|---|---|---|---|---|---|---|---|---|---|---|---|
| 新闻记者（官微/新浪） | 130 | 130 | 40 | 2800 | 200 | 7800 | 4万 | | | | |
| 数据来源 | 新浪微博 | | | | | | | | | | |

按照市委宣传部确定的东方网改革发展方案，2015 年，东方网精心策划、周密部署，坚定不移地推进媒体融合，不断提升网络新闻宣传的传播力、公信力和影响力，提升东方网的综合实力，努力实现社会效益和经济效益同步提升。

# 概　况

截至 2015 年 12 月 31 日，东方网 ALEXA 日均全球排名为 445 位，中文网站排名 67 位，居各地方新闻网站首位。中央网信办《网络传播》杂志于 2015 年 6 月正式推出的中国新闻网站传播力榜，截至 12 月，东方网始终位居省级网站综合传播力榜首位，并连续保持中国新闻网站综合传播力总榜第 8 位，是唯一进入前十的地方新闻网站。2015 年，东方网《习近平的互联网观系列专题》荣获上海新闻奖一等奖。

2015 年，在中国互联网协会、工业和信息化部信息中心联合发布的 2015 年"中国互联网企业 100 强"排行榜中，东方网连续三年进入榜单，是地方新闻网站中唯一入榜网站。同时，东方网也继续获上海 3A 级安全网站称号。

## 一、积极向移动互联网转型，强化新媒体建设和采编业务战略调整

加快新媒体战略布局和推进。东方网新闻资讯类客户端主要包括两个产品："翱翔"和"东方头条"。"翱翔"客户端定位于东方网新闻最主要的移动端出口，强化上海特色。加强力量，对原有的流程进行调整，突出移动优先原则，有效提升新闻客户端首屏内容质量和重大突发新闻的推送速度，做到重大新闻发布翱翔第一时间推送，移动端更新速度大大加快。2015 年 4 月下旬推出"东方网新闻客户端百万征名"活动。在历时近一个月的时间里，约 71 万人次参与活动，提交了 1.4 万多个名字。通过话题营销、转发有奖等推广手段，不仅拉动东方网公众微信号粉丝数增长 204%，新闻客户端下载量也有大幅提升，在苹果应用市场的排名增

长 100 余位。在投票阶段，约有 39 万人次参与。2015 年 5 月 28 日，东方网新闻客户端正式更名为"翱翔"。自 8 月起，东方网对翱翔客户端 IOS 版进行推广，取得了明显的效果。9 月位列上海主流媒体客户端新闻类第 3 名，10 月位列 ISO 新闻类免费榜单第 16 位。

"东方头条"以基于算法的新闻精确推送为特色，目标受众覆盖全网。通过与手机浏览器、手机网址导航、手机工具类产品等合作，截至 2015 年 12 月 31 日，东方头条日均活跃用户超过 100 万。12 月起，东方网将新媒体部整建制划入东方头条编辑部，实现翱翔新闻客户端和东方头条客户端双轮驱动的移动新媒体发展格局。

通过微信矩阵、官方微博帐号建设、信源销售与合作等，进一步提升新媒体时代东方网内容对主流传播平台的传播覆盖。在微信矩阵方面，以东方网微信公共号为龙头，上海、评论、军事等 10 个子账号为基础的微信矩阵布局完成。截至 2015 年底，东方网官方微信公共号现有粉丝数近 11 万。在微博官方帐号的建设方面，覆盖新浪、腾讯、东方网微博三个平台，微博粉丝数 223 万。

不断加强与各种移动平台的合作，与新浪、"今日头条"、zaker 等平台签订合作协议，使东方网的权威新闻内容和媒体品牌通过这些商业化运作的新媒体平台，面向移动互联网青年群体实现有效覆盖。截至 2015 年 12 月 31 日，东方网在 zaker 的订阅量已达 47 万。

为了适应内容采编制作与"大数据"智能分析相结合的潮流趋势，东方网对现有内容发布平台进行整体升级，打造具有多源数据采集、多终端同步发布、智能大数据分析等特性的媒体业务基础平台，即东方网"中央厨房"。"中央厨房"包括五大核心功能：一是建立海量稿源的集中收集、存储中心，为内容采编提供数据支撑，包括内容采集、信息分析、数据处理等系统。二是内容大数据挖掘与深度分析。在对原始数据进行智能分析的基础上，经过编辑的二次加工，形成深度内容、专题报道、数据新闻等精品内容。三是通过用户行为数据收集分析后与稿件内容相结合来完成用户喜好分析、内容精确推送等功能。四是实现合作单位间数据分享、分派。五是面向多终端的一稿多发。截至 2015 年底已经实现 PC 端、WAP 和客户端所有新闻内容一键多发、同步维护。实现 PC 端、WAP 和客户端所有新闻内容一键多发、同步维护的"中央厨房"一期功能。

面对移动互联网的迅猛发展，东方网确立了移动优先的工作方针，聚焦重点，集中精力，在全网采编队伍中建立"移动互联网思维"，推进媒体业务向新媒体转型。对原有的业务架构、干部队伍、考核目标、采编流程等进行了一系列调整。重新制定了考核目标，将移动端的影响力发展目标作为重要指标分解至各部门，并细化到每个编辑记者的绩效考核中，考核权重达到 35%，进一步聚焦核心业务，进一步发力移动互联网。通过考核杠杆调动每位采编人员积极投入移动端的各项工作，推动移动优先内化于心。还对原有业务架构进行调整，将客户端编辑、原创工作分解到各业务部门，促使 PC 内容与新闻客户端内容在采编底层深度融合，真正确立全员新媒体、全员做移动的"中央厨房"业务格局。

## 二、加快产业发展，聚焦社区 O2O 业务，努力形成新闻、社交、服务三位一体新模式

按照市委宣传部的要求，明确发展战略，优化产业布局，着力开拓社区 O2O 业务，在社区信息服务领域寻求产业突破。

2015 年上半年，东方网完成了智慧社区的总体规划和布局，确定了新的发展战略重点是：积极打造以新闻信息传播为核心、O2O 智慧社区集成服务提供商。东方网智慧社区项目包括线下点位渠道和线上平台—智橙生活，致力于为广大市民提供"家门口的服务"。

东方网"智慧屋"项目主要基于社区居民及校园园区的实际需求，集合线上、

线下 O2O 布局，通过"社区快递"、"智慧商业"等便民代购等核心业务，解决"最后一公里"社区便民代购服务，输出智慧社区商业解决方案的理念和实践方式，形成社区电商和社区便民服务的"大众创业、万众创新"的新格局。成功推进高校和社区布点工作，2015 年底已完成建设 20 余家。

继续深化 385 家东方社区信息苑的信息文化服务，在做好原有公共文化服务的基础上，认真做好公共文化服务，让主流媒体声音走进社区。同时，围绕日益丰富的互联网文化信息服务和活动，以社区居民需求为导向，打造系列应用服务平台，创新服务手段和服务内容，提升服务能级，积极拓展社区智慧民生服务，实现转型发展。

深化以公共服务智能终端为主体的便民缴费和公共传播服务，截至 2015 年底已在全市办公楼、便利店、高校、行政办事大厅、图书馆等场所铺设完成 2000 台。在终端机的基础上，东方网还自主研发了公共智能文化信息亭。该项目有助于城市应急控制指挥、智能化城市管理，完善城市民生服务功能。信息亭样机已开发完成，获得杨浦、虹口、闵行等区政府支持，先行在大型社区、商业广场布设。

做好"智橙生活"社区新媒体平台，包括三大服务平台：以集成政务服务为主的服务入口平台；以推送街镇服务资讯为主的社区服务平台（申邻里）；以重点拓展社区商业、社区旅游、社区金融、社区家政、社区健康为主的智慧社区 O2O 服务平台，通过线上线下联动，用更智慧、更便捷、更贴心的方式，为居民送上"一站式"的服务。由此形成打造"智慧屋"、社区信息苑、公共服务智能终端和"智橙生活"社区新媒体平台线上线下相结合，新闻、社交、服务三位一体的立体式服务体系。并通过与蚂蚁金服的战略合作，形成"社交传播＋支付服务"的新模式，打造完整的智慧社区产业链。

## 三、积极推进"新三板"挂牌工作

东方网把推进与资本市场对接作为 2015 年的一项重要工作。在中宣部、国家网信办和市委宣传部的支持和帮助下，12 月 28 日，东方网实现在"新三板（全国中小企业股份转让系统）"挂牌，证券代码为 834678，为进一步发展奠定基础。

## 四、进一步推进人事和激励制度改革

### 1. 优化选用人制度

大力提升外部人才引进和年轻人才任用力度。根据事业产业发展的要求，不断地推动团队建设和人才梯队建设，实现外部高端人才招聘常态化、制度化；大力提拔有干劲、有热情、懂内容、懂经营、懂管理的一线年轻人才充实到各级管理岗位，积极推动整个干部队伍的年轻化、专业化和市场化。

2014 年启动和实施"红名单"计划以来，2015 年，进一步完善"红名单"的提名、使用、考核机制，细化红名单制度，健全东方网的人才管理体系。"红名单"人才重点向一线部门、重点岗位倾斜，为他们在发展机遇、培训进修等方面给予政策倾斜。

2015 年 8 月，东方网正式成立了创新基金，鼓励员工内部创新和二次创业。创新基金以创业投资和内部创新为主线，以项目市场化和投资专业化为准则，参考市场化的有限合伙基金的结构，做到风险隔离、生态隔离。创新基金由公司中高层担任投资决策委员会成员，日常管理以团委、经管、技术等部门为基础，通过员工创新沙龙、外部智库论坛、创新头脑风暴等活动，激发内部活力，充分发挥青年员工的积极性，带动公司内部创新创业。

### 2. 改革薪酬和激励制度

依据国有企业薪酬管理的相关规定，参照互联网行业和本市其他媒体的薪酬水平，制定并实施了新版薪酬方案。通过薪酬体系来激励干部职工的责任心和工作的积极性，通过绩效工资体现做好与做差的收入区别，从而增强干部职工对公司业绩的关注度。按照新闻宣传、经营、技术、管理等不同岗位属性制定不同薪酬标准序列。

# 一、网站

**名称** 东方网

**域名（链接）** www.eastday.com

**创建日期** 2000 年 5 月 28 日

**公司（单位）性质** 国有企业，新三板上市公司

**法人代表** 何继良

**资质** 国家一类新闻资质网站

**团队结构** 东方网共 272 人

性别：男 137 人 女 135 人

年龄：30 岁以下 94 人 31-40 岁 136 人 41-50 岁 31 人 50 岁以上 11 人

学历：硕士研究生 32 人 大学本科 204 人 大专 29 人

职称：中级 37 人 副高级 12 人 高级 1 人

岗位：管理 33 人 内容 97 人 渠道 37 人 经营 49 人 技术 56 人

**定位** 地方重点新闻网站，上海市主流媒体之一，同时也是一家大型综合性网络文化公司。

**业务板块** 东方网业务分为五大板块：一是打造以内容产品化、信息服务标准化为主体的媒体业务；二是以政府合作为基础的数字政务；三是以文化和民生为

特征的电子商务；四是基于本地、社区、位置，旨在解决智慧城市"最后一公里"服务的智慧社区O2O业务；五是围绕主营业务市场拓展的投资业务。

**传播力** 截至2015年12月31日，东方网ALEXA日均全球排名为445位，中文网站排名67位，居各地方新闻网站首位。中央网信办《网络传播》杂志于2015年6月正式推出的中国新闻网站传播力榜，截至12月，东方网始终位居省级网站综合传播力榜首位，并连续保持中国新闻网站综合传播力总榜第8位，是唯一进入前十的地方新闻网站。

**技术升级** 为了适应内容采编制作与"大数据"智能分析相结合的潮流趋势，东方网对现有内容发布平台进行整体升级，打造具有多源数据采集、多终端同步发布、智能大数据分析等特性的媒体业务基础平台，即东方网"中央厨房"。2015年，东方网继续获上海3A级安全网站称号。

**经营情况** 2015年，东方网主营业务收入6.7亿元，利润总额2656万元。在中国互联网协会、工业和信息化部信息中心联合发布的2015年"中国互联网企业100强"排行榜中，东方网连续三年进入榜单，是地方新闻网站中唯一入榜网站。

# 二、新闻移动端

## 1. 翱翔新闻客户端

**创建日期**　2014 年 1 月

**平台**　iOS，Aandroid

**版本**　3.1.6

**内容**　"东方新闻"（随身听）客户端是以移动设备为载体，通过无线网络或移动线路进行传输，将东方网新闻以文字、图片形式传播的同时，实现了音频播报，而占用的流量又远远小于视频。此举打破传统互联网新闻传播以视觉接受为主的模式，使用户碎片化时段中，接受信息方式有了更多选择。

**功能**　新闻阅读、语音播放。

**下载量**　截至 2015 年底 556536

**技术支持**　东方网技术中心

**技术特点**　语音合成

## 2. 东方头条客户端

**创建日期** 2015 年 8 月 29 日

**平台** iOS，Aandroid

**版本** iOS1.4.6，Android1.5.0

**内容** 智能的资讯阅读软件

**功能** 新闻推荐、新闻搜索、积分商城。

**下载量** 截至 2015 年底 797854

**技术特点** 基于数据挖掘，为用户第一时间推荐今日头条新闻、国内外快讯、娱乐新闻、财经、体育等涵盖全类型的热点资讯。

# 三、微博

**名称** 东方网

**版本** 5.1.3

**创建日期** 2011 年 1 月 12 日

**定位** 在这里 在东方 我们一起微看天下

**粉丝量，转发量 + 跟帖量** 截至 2015 年底：粉丝量 223 万，转发量 + 跟帖量 8.55 万。

# 四、微信公众号

## 1. 东方网（东方网主媒体公众号：eastday021）

**创建日期** 2014 年 3 月 1 日

**定位** 立足本地，做有温度的上海新闻。重点关注上海政经、文化、民生类新闻。及时跟进本地热点、突发。致力于提供有角度、有深度、有鲜度、有热度的上海本地资讯及人气活动。主要用户为在上海和关注上海的网民群体、粉丝以白领、公务员、学生居多。

**订阅数** 10.46 万（截至 2015 年底）

## 2. 东方网军事（公众号：dfjs021）

**创建日期**　2014 年 8 月 1 日

**定位**　立足宣传报道中国国防建设成果，采用文字、图片和视频相结合的方式，全面展示我军正面风采，激发受众的爱国主义精神；对上海警备区的各项相关工作在舆论上给予大力支持；关注报道外军动向和国际地区局势；对抹黑、诋毁、歪曲我军形象的言论予以坚决回击。主要内容涉及我军军队建设、官兵风采、主战装备、重大公开演训活动以及军史的图文报道，并适当报道外军情况。

**订阅数**　6906（截至 2015 年底）

## 3. 东方网评论（公众号：dfw_pl）

**创建日期** 2014 年 8 月 5 日

**定位** 努力打造一个积聚新锐评论、形成观点交锋、开展征文交流、提供建设性意见的微信互动平台。对时事热点、社会议题、民生现象等热评，特约评论员、专家评论员等独家观点阐述。

**订阅数** 2397（截至 2015 年底）

## 4. 东方网食品药品安全频道（订阅号：fda021）

**创建日期**　2015 年 6 月 26 日

**定位**　上海食品安全知识宣传的主阵地。微信公众号自开通以来，立足于发布食品药品安全实用的权威信息，发挥主流新媒体的舆论引导作用。以推广食药安全常识、科普辟谣、安全提示、人物专访、食药监信息等为主要内容。第一手发布食药政策和新闻动态，针对网络热点谣言和舆情事件，及时进行深度科普。致力于为广大网友提供最新、最权威的食品药品安全知识。

**订阅数**　7629（截至 2015 年底）

## 5. 约戏（服务号：love_yuexi）

**创建日期** 2014 年 8 月 28 日

**定位** 以上海演艺资讯、演出实用信息为主。"约戏"公众号目前已和上海大剧院、上海文化广场、上海东方艺术中心、上海话剧艺术中心、上海戏曲艺术中心、上海交响乐团、上海音乐厅等众多演艺机构合作，定期发布上海重大文化活动，树立上海文化大都市形象。同时，"约戏"还特别开设互动版块，以各种实用信息、优惠信息、互动活动、广泛的群众文化信息为主，为市民网友提供便利服务。

**订阅数** 1868（截至 2015 年底）

## 6. 东方网日文版（公众号：jpeastday）

**创建日期**　2014 年 5 月

**定位**　面向日语用户，上海、中国的最新新闻以及上海的生活、经济、文化信息的发布以及日语学习等

**订阅数**　3294（截至 2015 年底）

## 7. 东方文创网（公众号：shcci_cn）

**创建日期** 2014年1月

**定位** 发布解读上海文化创意产业政策、传播上海文创产业资讯、发布上海文创园区信息、常态统计文产园区数据，对接交流文产园区、企业及文创项目等。

**订阅数** 3633（截至2015年底）

## 8. 东方藏品（公众号：eastcang2567）

**创建日期**　2013 年 11 月

**定位**　通过《东方藏品》杂志资讯发布，业内资讯发布，藏品微信拍卖等服务，为大众提供独到的观点和与众不同的艺术生活方式。

**订阅数**　1951（截至 2015 年底）

## 9. 东方艺展网（公众号：dongfangyizhanwang）

**创建日期** 2014 年 2 月

**定位** 为艺术爱好者提供最新的展讯动态、策展人访谈、艺术家专访、观展评价等信息。

**订阅数** 5944（截至 2015 年底）

# 五、民生服务、功能类新媒体应用

## 1. 智橙——东方网多媒体智能服务终端

**创建日期** 2013 年 5 月 18 日

**软件版本** 1.0.0.43

**功能** 1. 手机充,2. 生活缴费,3. 彩票,4. 信用卡还款,5. 余额查询。信息发布:1. 新闻,2. 直播上海,3. 天气预报,4. 普惠金融,5. 上海旅游,6. 黄页,7. 失物招领,8. 医疗健康,9. 东方头条,10. 周边地图,11. 区县新闻,12. 行政服务大厅,13. 便民特惠。

**影响力** 每月至少 500 笔成功交易,应用屏点击量每月在 1 万次以上,信发屏点击量每月在 5000 次以上,人流量每月在 10 万人以上。

**推广营销** 根据营销推广方式来分有网络营销推广、付费推广、平面推广、隐性推广、人脉推广、品牌推广、口碑推广等等;根据营销推广内容分,有广告营销推广,非广告营销推广等方式;根据营销推广时间跨度分为:区域推广、时效性推广、持久推广及综合推广等方式。

**技术支持** 东方网子公司

**技术升级** 1. 每季度定期升级版面和程序优化;2. 更新后台数据;3. 完善后台监控;4. 优化前台界面。

## 2. 申邻里客户端

**创建日期** PC端：2014年11月，移动端：2015年3月。

**平台** PC、iOS、Android

**版本** PC：V20150617，iOS：V1.2，Android：V1.0.10

**内容** 社区居民可通过申邻里网站（www.slinli.com）和申邻里手机APP发现自己小区及附近的热门分享（用户的文字记录和照片、圈组论坛帖子等）、邻里活动，还可以查询到所在小区的信息。申邻里上的内容生产机制为web 2.0模式，内容均为用户产生，平台运营人员会针对用户内容进行审核、挖掘和引导。

**功能** 五大功能版块：邻里圈、社区画像、我的小区、同城活动、圈组。

**技术支持** 东方网技术

**推广营销** 主要的推广营销工作是三个方面：一是通过东方社区信息苑向周边居民进行宣传推广（用户招募和内容宣传）；二是与合作商家进行联合推广（结合智慧屋等线下活动进行线上活动推广）；三是由申邻里平台直接组织活动吸引用户注册报名。

## 发力移动端，新媒体矩阵
## 全面播报"手边的两会" ▶▶ 案例

2015 年上海"两会"1 月 24 日至 29 日举行。东方网高度重视，积极将新媒体手段大规模融入两会报道，提升两会报道的影响力和传播力。据统计，东方网发布"两会"文字稿件 565 篇，其中原创稿件 342 篇。发布"两会"原创图片 52 组 614 幅。视频 92 条，时长 187 分钟。完成独家图文直播 11 场，视频直播 4 场，在线访谈 8 场。东方新闻客户端发稿 81 条，微信 15 条，微博 76 条。制作手机端特辑 16 个。

### 一、移动端全面播报两会盛况

东方新闻（随身听）客户端推出的《2015 上海两会专题》，是东方网重大报道专题首次尝试实现 Pc 适配移动端。不同于传统网页专题的海量呈现，客户端的两会专题更加个性化、轻便化，更迅捷鲜活地突出热点，提炼焦点，展现两会亮点。

为使报道内容更便于移动端传播和阅读，两会期间东方网加强组织策划，在移动端陆续推出"一号课题"、"东东带您看两会"、"代表履职风采"三组系列策划报道：

早在两会开始前预热阶段，东方网即通过东方新闻（随身听）客户端、东方网微信公众号、官方微博推出"一号课题·上海之道"系列策划报道。它以图说＋图解的形式，讲述上海"创新社会治理，加强基层建设"的实践与思考，紧扣"两会"热点议题，烘托舆论氛围。

"东东带您看两会"则以每日一期的节奏聚焦"两会"最新鲜的话

题进行生动解读。两会前推出《东东调查 你最关心的是什么？》，24日，推出《志明主席网上聊了啥？》，25日，推出《数读杨雄政府工作报告》，26日，聚焦科技创新推出《我们要培养一批"创新的疯子"》，27日，推出《东东为您图解上海两院工作报告》，28日，聚焦公共安全推出《特别策划｜人命大于天》，29日，推出《盘点上海两会"关键词"》。

"人大代表履职风采"系列以图片故事的形式，将更多的镜头更多的版面交给了来自基层的代表，展现了他们的履职风采。代表作品有《黄蓓代表：为居民办实事的"小巷总理"》、《冯红梅代表：感动上海的社区"老娘舅"》等。

此外，东方网微信矩阵2015年全面参与上海"两会"报道。人代会闭幕当日，东方网微信公众号刊发"两会"专刊。"两会"期间，东方网评论部、视频部的微信公众号也刊发评论、视频微信多条，形成了微信矩阵聚焦两会的报道态势。

东方网在移动传播上的发力，不仅吸引了代表委员们竞相转发，更以其简洁有力的报道内容和方式赢得了网友的关注，让"两会"进一步放"低"了姿态，走近了更多网民，也更加体现出亲民的味道。

## 二、首次实现 PC 移动端同步直播两会

"直播两会"是东方网历年两会报道的特色和传统栏目。2015年的上海"两会"，东方网首次将直播搬上移动端，网民通过手机就可随时随地了解直播内容，"手边两会"的传播途径让网民更为便捷和广泛地了解两会动态。据统计，两会期间东方网共计发布视频直播、图文直播、滚动播报16场，其中独家图文直播11场，视频直播4场，同时对杨雄市长出席上海市政府记者招待会答中外记者问进行滚动播报和图文

直播。直播还同步在东方新闻（随身听）客户端发布。在直播最高峰时东方网同时并行三场图文直播，每场直播都做到了内容准确无误，及时传递会场声音。东方网的直播内容也同步已成为其他媒体了解上海两会动态最及时、最权威的窗口。

加强网民与代表委员的交流是东方网两会报道的另一大特色。2015年两会期间，上海市政协主席吴志明作客东方网两会聊天室。网友提问踊跃，在线提交问题500多条。东方网还邀请上海市人大代表徐红、黄蓓作客"网议人代会"，与网友在线交流"一号课题"给基层带来的改变。

### 三、加大解读力度，可视化报道两会

25日上午，杨雄市长作政府工作报告，东方网第一时间在移动端推出动态图解新闻《数读上海市政府工作报告》，对报告的主要内容、关键数据以及报告亮点进行了直观报道。27日下午，市人代会第二次全体会议刚结束，东方网就推出了《数读上海两院工作报告》独家动态图解。从两院成绩单、反腐、服务经济社会发展、平安上海、阳光司法、司法改革等六个方面对上海市高级人民法院、上海市人民检察院的工作报告进行了形象化的解读。

这些图解式的报道，以及大量的代表委员的现场图片报道、图片故事报道，生动地展现了代表委员参政议政、尽职履责的风采，充分发挥了网络媒体海量传播、多媒体报道的优势。

### 四、聚焦"两会"热点，加强原创报道

两会期间，东方网前后方联动，对选题提前策划，聚焦食品安全、公共交通、医养结合等话题，推出多篇有深度、有见地的稿件。

　　25日下午，东方网对市委、市人大常委会、市政府主要领导参加代表团审议进行了独家图文直播。在直播中，抓住韩正与代表互动的细节，第一时间刊发现场特写：《韩正两度回应环保话题：我们不会让黄妈妈失望》。对本次"两会"代表委员谈论最多的"创新社会治理，加强基层建设"、"科技创新中心建设"以及"一办法两规定"等话题，东方网通过邀请代表在线访谈、推出全媒体报道集以及独家深度解读等多种报道手段加以突出展示。

## 聚焦移动传播 线上线下发力
## 东方网抗战专题入选"十大最具
## 特色网站阅兵专题"

案例

2015年9月，中央网信办《网络传播》杂志评选出"十大最具特色网站阅兵专题"。东方网与人民网、新华网、中国网络电视台、央广网、中国军网、腾讯网、凤凰网、大众网、广西新闻网等10家网站专题入选。中央网信办点评东方网专题内容"最接地气"，"再现抗战荣光，还原最直接"。东方网专题胜利之路、老兵口述实录以及上海抗战历史遗迹导览图等内容，受到中央网信办表扬。

东方网抗战胜利70周年报道4月5日正式启动。仅9月1日至5日，东方网发布相关稿件958篇，图片339张。在整个专题报道中，东方网先后发布移动端H5特辑18组，网上展览三个，照片604幅。9月3日当天，东方网移动端用户首次超越PC端。

### 一、抓住阶段热点，层层深化报道

4月5日，结合清明节，推出《清明祭 | 缅怀抗日战争牺牲在上海战场等英烈》独家专题。7月7日起，推出抗战胜利70周年大型专题，推出《铭记 | 纪念全民族抗战爆发78周年》移动专题。

8月13日起，东方网抗战胜利70周年报道进入高潮。结合"八一三"淞沪会战，东方网专题改版升级，在原创策划的系列报道集纳成六大板块，分别为《胜利之路》（4路记者9城实地寻访胜利足迹）、《胜利之迹》（上海抗战遗址、红色足迹）、《胜利之忆》（老兵口述、抗战将领、国际友人等人物故事）、《胜利之鉴》（抗战影视、音乐等视音频资料）、

《胜利之魂》（抗战文化的力量系列述评）、《胜利之师》（9 月 3 日胜利
日阅兵报道）。

东方网在及时准确做好新闻权威发布工作的同时，推出原创 H5 专
辑《上海虹口——犹太人的"东方诺亚方舟"》，以及原创稿件《上海纪
念抗战胜利 70 周年大会侧记：不容血泪化青烟》、《抗战胜利"申"记
忆 热血牺牲不可辜负》等。

### 二、聚焦胜利主题，浓墨重彩展示内容

8 月 23 日起，东方网报道重点全面转向胜利日报道。9 月 1 日起，
东方网在 PC 端首页要闻区推出抗战胜利 70 周年专版，在加强报道版面、
强化视觉冲击的同时，集纳式呈现了东方网自 8 月以来的多个原创主题
性报道，如《胜利之路》、《血沃淞沪》、《老兵口述实录》、《铭记全民
抗战胜利》等。

9 月 3 日，东方网翱翔新闻客户端在开机首屏推出"抗战胜利 70
周年"专区，并设置开机画面阅兵直播预告直接链接手机端的直播页面。
当日翱翔客户端首屏开辟抗战胜利 70 周年报道专区，大篇幅报道胜利
日相关报道。

9 月 3 日起，东方网 PC 端首页同时推出《重温抗战历史—闯关小
游戏》、《纪念抗战胜利 70 周年电视剧展播》等多个专题活动，全面烘
托营造氛围，弘扬伟大抗战精神。

### 三、移动端发力，全媒体报道胜利日阅兵活动

9 月 3 日 7 时 30 分起，东方网开始在 PC 端、移动端同步对中国人
民抗日战争暨世界反法西斯战争胜利 70 周年纪念大会（含阅兵）及抗
战胜利 70 周年文艺晚会进行视频、图文直播，直播时长超过 12 小时，

刊发文字 57450 字，图片 314 张。

阅兵结束后，东方网翱翔新闻客户端迅速推出《[精彩集锦]6 分钟阅兵式精华版》《直击阅兵丨祖国，为你骄傲！》等音视频稿件，对阅兵精彩过程进行多角度回放。

9 月 3 日下午 2 时 30 分，东方网还通过翱翔新闻客户端率先推出图解新闻《大国重器——用数字看懂阅兵》H5 原创特辑。特辑通过图表形式将此次阅兵空中梯队、导弹方阵、机械化方阵等与 2009 年情况进行了数据对比，以此反映人民军队保家卫国、捍卫和平的决心和实力。9 月 4 日，东方网分上下两辑策划推出 H5 特辑《看，阅兵的将军们》，对大阅兵中来自全军和武警各大单位的 56 名将军逐一进行介绍。

东方网以及东方网军事的微信公共号以及东方网微博，对抗战胜利 70 周年重点策划报道均做了集中推送。

## 四、加强选题策划，深入实地采写系列报道

7 月 15 日至 8 月 15 日期间，东方网策划开展了《胜利之路》主题报道，四路记者奔赴全国 9 个与抗战胜利关系紧密的地点，现场探访当年国民政府受降点，新四军、八路军受降地，以及著名抗日战场等，采访亲历受降或战争的老兵、采访与战争、受降有关的人物等。东方网 7 位记者从出发开始就与后方编辑实时连线，移动端现场滚动报道持续一个月，发回深度报道 23 篇，图片 17 组 206 幅。

与此同时，东方网视频采访了原上海警备区副政委阮武昌等多名抗战老战士，通过抗战老兵回忆抗战中的刀光剑影、刻骨仇情。8 月 7 日至 8 月 12 日，推出《我所经历的战争》系列视频专访，共 11 部。

文化是植根于一个民族内心的"基因"，潜移默化地影响着民族在

重要节点的方向抉择。东方网主要领导策划的《文化的力量》系列述评，探究中国抗战期间文化发挥的独特作用，讴歌了由中国共产党组织、领导和推动下的特殊"战线"在抗日救亡运动中作出了不可或缺的特殊贡献。该系列述评于8月13日起逐日推出，共8篇，涉及电影、歌曲、漫画、新闻、话剧等方面。

9月3日当天，东方网多路记者分赴学校、街头、市民家中，对群众热情高涨的阅兵观看活动进行了报道，还采访了在北京观看阅兵式的部分上海代表。东方网及时刊发了《抗战专家苏智良观礼感：尊重历史 正视现实 展望未来》等原创稿件及图集作品6件。同时，快速整合推出原创稿件《嘿，这次检阅车又是红旗！》、《习近平宣布裁军30万！回顾建国以来我军十次大裁军》，原创评论《习近平"三个必胜"震撼世界》等。

### 五、线上线下互动，组织抗战主题系列活动

东方网先后联合上海市政协、上海淞沪抗战纪念馆和上海市摄影家协会，推出了《国际视野下的中国抗战·上海记忆》、《血沃淞沪》以及《民族脊梁——新四军足迹》等三个网上大型图片展览，共展示珍贵的历史照片604幅。

东方网联合中共上海市委党史研究室、上海市地方志办公室、解放日报社、杨浦区委宣传部、东方教育时报等，推出"前进，前进，向前进——《义勇军进行曲》诞生80周年有奖知识竞答"活动。

东方网还策划推出了系列线上网友活动，如《镜头下的历史——纪念抗战胜利70周年主题摄影征集》活动，通过网友互动活动、记者拍摄等方式，寻访当年的抗战遗址。截至目前，征集网友照片1252张。

还在 9 月 3 日之前，推出了抗战知识知多少移动端知识竞赛活动。

9 月 3 日，东方网策划组织的以"寻找抗战遗迹"为主题的上海城市定向赛活动正式开赛，共有 50 支分队 160 多名网友参与了活动。赛事结束后东方网随即推出《用行走感受历史 东方网"寻找抗战遗址"城市定向赛花絮》，带领网友和用户回顾活动精彩瞬间。

## 东方网获奖情况

2015 年 3 月，东方网获 2015 年全国两会网络宣传集体奖

2015 年 3 月，《行进的力量——上海代表委员寄语全国两会》，获 2015 年全国两会网络宣传网络专题奖

2015 年 11 月，《习近平互联网观系列评论专题》，获上海新闻奖一等奖

2015 年 11 月，《龙吴路火灾续：两名牺牲消防员手拉手坠楼》，获上海新闻奖三等奖

2015 年 4 月，《"上海之道"——一号课题系列报道》，获上海走转改优秀作品三等奖

2015 年 5 月，《清明时节话家谱：寻根，有人用了 60 年》，获上海走转改优秀三等奖

2015 年 9 月，《急救医疗立法系列报道》，获上海走转改优秀作品三等奖

2015 年 7 月，《浙江路桥 16 小时"搬家"直播》，获上海走转改优秀作品三等奖

2015 年 11 月，《行进——"四个全面"托举中国梦》，获第 25 届上海人大新闻奖二等奖

2015 年 5 月，《第 16 届中国上海国际艺术节专题》，获第 16 届中国上海国际艺术节新闻奖评选最佳新媒体专题奖

## ▌东方网获奖情况

2015 年 5 月，《第 16 届中国上海国际艺术节闭幕演出，用舞蹈诠释音乐》，获第 16 届中国上海国际艺术节新闻奖评选摄影类优秀奖

2015 年 9 月，《2015 上海书展专题》，获 2015 上海书展暨"书香中国"上海周宣传报道好新闻作品一等奖

2015 年 9 月，《"寻找最美读书人"系列特辑》，获 2015 上海书展好新闻作品三等奖

## 东方网新媒体主要数据一览表

网站：东方网

| | 页面点击量（PV） | 单独访客数（UV） | 独立访问量（IP） | 网粘度 | 备注 |
|---|---|---|---|---|---|
| 2015年度总量 | 5460400万 | 992800万 | 762120万 | 5-8 | |
| 2015年度月最高 | 563760万 | 117712万 | 92818万 | 5-8 | |
| 2015年度日最高 | 21700万 | 3874万 | 2765万 | 5-8 | |
| 单篇最高（篇目，日期）（甄子丹不愿老婆饰心拒演"床戏"12年（图），2015-8-19） | 813135 | 629691 | 603311 | | |

数据来源 决策系统

| 移动客户端（安卓版） | 总下载量 | 总发帖数 | 原创帖文总数 | 评论、跟帖总数 | 总点赞数 | 总转发、分享数 | 单篇最高阅读数（篇目、日期） | 单篇最高评论、跟帖数（篇目、日期） | 单篇最高点赞数（篇目、日期） | 单篇最高转发、分享数（篇目、日期） | 备注 |
|---|---|---|---|---|---|---|---|---|---|---|---|
| 翱翔 | 347447 | 94501 | 1479 | 96547 | 无此功能 | 17044800 | 183164（上海"最美图书馆"原来在嘉定 被评美国人评为全球最佳，2015-9-14） | 328（滚动\|东方网"胜利之路"主题采访活动今天启程，2015-7-15） | 无此功能 | 21756（滚动\|瑞海安评报告低调公布，2015-8-13） | |
| 东方头条 | 551430 | 4830000 | 0 | 1210000 | 无此功能 | 30000 | 4769（自行车手终点前爆胎步行，对手利车拒绝超越，2015-12-12） | 107（自行车手终点前爆胎步行，对手利车拒绝超越，2015-12-12） | 无此功能 | 44（"东方头条"上线主流媒体传播力公信力新突破，2015-12-18） | |

数据来源 各大应用市场

| 移动客户端（iOS版） | 总下载量 | 总发帖数 | 原创帖文总数 | 评论、跟帖总数 | 总点赞数 | 总转发、分享数 | 单篇最高阅读数（篇目，日期） | 单篇最高评论、跟帖数（篇目，日期） | 单篇最高点赞数（篇，日期） | 单篇最高转发、分享数（篇目，日期） | 备注 |
|---|---|---|---|---|---|---|---|---|---|---|---|
| 翱翔 | 209089 | 94501 | 1479 | 96547 | 无此功能 | 17044813 | 18164（上海"最美图书馆"原来在嘉定 被美国人评为全球最佳，2015-9-14） | 328（滚动｜东方网"胜利之路"主题采访活动今天启程，2015-7-15） | 无此功能 | 21756（滚动｜瑞海安评报告低调公布，2015-8-13） | |
| 东方头条 | 246424 | 4830000 | 0 | 528000 | 无此功能 | 16527 | 880（"东方头条"上线 主流媒体传播力公信力新突破，2015-12-18） | 43（"东方头条"上线 主流媒体传播力公信力新突破，2015-12-18） | 无此功能 | 28（什么叫土豪新娘？这就是，2015-11-11） | |

数据来源：iOS官方后台

| 微信公众号 | 总阅读数 | 原创帖文总数 | 头条总阅读数 | 总篇数 | 总点赞数 | 总分享数 | 单篇最高阅读数（篇目，日期） | 单篇最高点赞数（篇目，日期） | 单篇最高转发、分享数（篇目，日期） | 备注 |
|---|---|---|---|---|---|---|---|---|---|---|
| 东方网 | 2878800 | 600 | 1016900 | 1746 | 13000 | 367600 | 182258（上海未来三年最好玩的地方都在这！，2015-5-1） | 757（上海未来三年最好玩的地方都在这！，2015-5-1） | 8849（上海未来三年最好玩的地方都在这！，2015-5-1） | |
| 东方网军事 | 2727004 | 37 | 288749 | 1352 | 12074 | 14204 | 45915（刚刚发生！朝鲜突然向韩军开炮，韩军猛烈还击，2015-8-20） | 69（刚刚发生！朝鲜突然向韩军开炮，韩军猛烈还击，2015-8-20） | 102（刚刚发生！朝鲜突然向韩军开炮，韩军猛烈还击，2015-8-20） | |

| 微信公众号 | 总阅读数 | 原创帖文总数 | 头条总阅读数 | 总篇数 | 总点赞数 | 总分享数 | 单篇最高阅读数（篇目、日期） | 单篇最高点赞数（篇目、日期） | 单篇最高转发、分享数（篇目、日期） | 备注 |
|---|---|---|---|---|---|---|---|---|---|---|
| 东方网评论 | 79801 | 225 | 32577 | 160 | 74 | 118 | 361（关于南海问题，中国不仅只是放狠话，2015-10-28） | 6（2020年中国光棍危机！没开玩笑，2015-9-30） | 46（习近平"三个必胜"震撼世界，2015-9-03） |  |
| 食品药品安全频道 | 475659 | 242 | 147454 | 356 | 1468 | 7354 | 4332（上海食药监利剑出鞘！【揭秘人物背后的故事】GMP王牌认证员—张卉华，2015-7-8） | 3184（"蒲公英"进校园！沪食药监药械青年志愿者分队成立，校园行动动正式启动啦！2015-10-21） | 3494（迪拜帅炸了的王子早逝！小编为您深扒心脏病急救药！2015-9-22） | 微信号2015年3月开始试运营，6月起正式运营 |
| 约戏 | 123746 | 199 | 16395 | 199 | 178 | 10199 | 1498（一起去看上海越剧院建院60周年的"越剧嘉年华"展演吧，2015-7-2） | 16（去看音乐剧《上海滩》吧，2015-5-1） | 144（去看《不朽的梵高》感映艺术大展，3-12） |  |
| 东方网日文版 | 197977 | 1128 | 91592 | 1128 | 476 | 3419 | 985（中国人に対する次数在復ビザの発給新政策を説明＝在上海日本総領事館，2015-1-14） | 24（北海道の人気食品トップテン北海道の十大人気食品，买买买！2015-12-1） | 81（中国人に対する次数在復ビザの発給新政策を説明＝在上海日本総領事館，2015-1-14） |  |
| 东方文创网 | 243646 | 153 | 85276 | 790 | 208 | 18786 | 5081（【权威发布】2015年上海市促进文化创意产业发展财政扶持资金项目公示，2015-10-15） | 23（上海视觉艺术学院在全球崭露头角艺术与设计学科排名跃居全球100强，2015-8-25） | 600（【权威发布】2015年上海市促进文化创意产业发展财政扶持资金项目公示，2015-10-15） |  |

微信公众平台

| 微信公众号 | 总阅读数 | 原创帖文总数 | 头条总阅读数 | 总篇数 | 总点赞数 | 总分享数 | 单篇最高阅读数（篇目，日期） | 单篇最高点赞数（篇目，日期） | 单篇最高转发、分享数（篇目，日期） | 备注 |
|---|---|---|---|---|---|---|---|---|---|---|
| 东方藏品 | 153554 | 436 | 96319 | 512 | 1314 | 13276 | 296（昙荒者的无穷乐趣——专访著名书法篆刻家、印学专家孙慰祖，2015-12-29） | 57（昙荒者的无穷乐趣——专访著名书法篆刻家、印学专家孙慰祖，2015-12-29） | 279（点石成金，简直神了！2015-1-7） | |
| 东方艺展网 | 277663 | 386 | 201182 | 506 | 2482 | 18484 | 6608（梵高：在薄情的世界深情地活着，2015-1-2） | 56（一个两年内去38家精神病院拍摄的摄影师，来看看他都拍了什么？2015-1-15） | 532（梵高：在薄情的世界深情地活着，2015-1-2） | |
| 数据来源 | | | | | | | | | | |

新浪

| 微博名称（属性：官微/部门/个人；平台：新浪/腾讯） | 总发帖数 | 原创帖文总数 | 总跟帖、评论数 | 总被提及/被@数 | 总粉丝数 | 单篇最高跟帖、评论数（篇目，日期） | 单篇最高转发、分享数（篇目，日期） | 单篇最高点赞数（篇目，日期） | 备注 |
|---|---|---|---|---|---|---|---|---|---|
| 东方网（官微/新浪） | 14200 | 1900 | 22700 | 100000 | 2230000 | 43（瑞金医院收治伤员10人部分病患心理受到冲击，2015-1-1） | 86（瑞金医院收治伤员10人部分病患心理受到冲击，2015-1-1） | 523（瑞金医院收治伤员10人部分病患心理受到冲击，2015-1-1） | |
| 数据来源 | | | | | | | | | |

截至 2015 年底，劳动报社已形成包括网站、手机报、微博和微信公众号、新闻客户端等诸多产品的新媒体矩阵，具体包括——

官方网站：劳动报（来博网）

移动端官网：手机劳动报

新闻 APP 客户端：劳动报

官方微博：@劳动报社

官方微信公众号：劳动报。另有 5 个部门开办的微信公众号：劳动报财经新闻、有你安 Union、、影武者说、慧生活、上海工运。

## 概　况

　　2015 年，劳动报社迎来传统媒体与新媒体融合的重要时期。这一年，劳动报社新媒体各产品初见成效，迈入稳步发展阶段。劳动报社积极勇敢地进行转型，解放思想、打开新思维、提升素养、适应新要求，内容为王，用活新媒体，推进融合，运用新技术，积极推进建设以劳动报官网为主体，手机报、官方微博、官方微信公众号、新闻 APP 客户端为分支的全媒体平台。

　　劳动报网系《劳动报》主办的上海地方门户网站，隶属于上海市总工会。

2008 年劳动报网正式上线。2013 年 7 月，劳动报网进行全新改版，意在服务本市白领及一线职工，关注大民生，聚焦大民生中的劳动关系。

2015 年，劳动报网相继推出"中国梦·劳动美·职工情——我身边的工会贴心人征寻评选"活动、"中国梦·劳动美·闸北劳模风采秀"专题页面等，通过新媒体新技术，创新劳模先进与工会工作者的宣传手段，在保留传统宣传的主流精神与思想的基础上，进一步完善宣传模式、评选形式，以职工群众触手可及的渠道、喜闻乐见的方式弘扬劳模精神，激发职工工作热情，唱响时代主旋律。其中，"中国梦·劳动美·职工情——我身边的工会贴心人征寻评选"活动推出后，引发各区、局、产业工会的强烈关注，职工群体自发参与投票，网流量大幅上升，累计获得投票数逾 400 万次。

2014 年 10 月，劳动报推出了官方微信公众号，致力于打造沪上劳动维权最强平台，着眼于劳动关系相关政策的专业解析、本地民生新闻的整合盘点、职工业余生活的服务保障。经过一年的运营，截至 2015 年底，劳动报官方微信公众号共诞生 8 条阅读量 10 万＋的热帖。其中，后台显示阅读量最高的一篇为《6 月底前工资涨到位详细告诉你怎么涨》，突破 177 万次，点赞数也超过 16000 次。

劳动报官方微信公众号不仅发布了许多解读类文章，更即时为网友答疑解惑。截至 2015 年 12 月下旬，已帮助 7000 余名职工解决了他们的劳权问题。除了本市职工的一些政策咨询及侵权投诉，劳动报官方微信公众号的"答疑"影响力已传播至全国各地，一些外地网友也常常前来咨询。

2015 年，劳动报官方微博和新闻 APP 客户端维持一定的更新频率，微博粉丝量突破 117 万，新闻 APP 客户端总下载量达 13000 次。

# 一、网站

**名称** 劳动报来博网

**域名（链接）** www.51ldb.com；www.labour-daily.cn

www.laodong-daily.cn；www.labour-daily.com

**创建日期** 2008 年 5 月 1 日

**公司（单位）性质** 国有事业单位

**法人代表** 王厚富

**资质** 2012 年 7 月获国家三类新闻资质网站

**团队架构**

劳动报网采编共 7 人，其中劳动报微博 1 人（为网站编辑兼），微信 7 人（全部为网站编辑兼），APP 新闻客户端 2 人（为网站编辑兼）。

性别：男 1 人 女 6 人

年龄：30 岁以下 6 人 31-40 岁 1 人

学历：硕士研究生 2 人 大学本科 5 人

职称：初级职称 4 人 中级职称 1 人

岗位：新闻采编 7 人

**网站定位** 关注大民生，聚焦大民生中的劳动关系。

**内容板块** 新闻栏目、专题、投票、答疑、视频、舆情播报、电子报等。

**传播力** 2015 年度页面点击量（PV）：7298195

**技术特点** 劳动报官网采用了全新的前台界面和全新的后台系统。前台方面，对网站栏目进行了优化分类，添加了富有冲击力的大图。后台方面，完善了稿件审核发布流程，加强了信息安全管理，实现了信息静态发布，并改进了编辑功能，增强了统计功能，使得编辑人员工作方便。

# 二、移动客户端

**名称** 劳动报

**创建日期** 2012 年 10 月 8 日

**平台** iOS，Android

**版本** 2.0.0

**内容** 聚焦民生与劳动关系，服务职工的手机客户端平台。

**功能** 新闻发布、劳权互动、收藏、分享等。

**下载量** 2015 年下载数 13000

**技术特点** 劳动报 APP 新闻客户端采用了全新的前台界面和全新的后台系统。前台方面，采用滑屏效果，添加了富有冲击力的大图，同时加强互动性，丰富网友留言功能。后台方面，完善编辑功能，并增强了统计功能，使得编辑人员工作更方便。

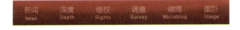

# 三、微博

**名称** 劳动报社（新浪微博）

**版本** 6.11.0

**创建日期** 2011 年 3 月

**定位** 聚焦大民生与劳动关系

**粉丝量，转发量 + 跟帖量** 截至 2015 年底，粉丝量 116 万，全年转发量 13140。

**劳动报社** V

2015-12-24 09:39 来自 微博 weibo.com

#今日头版#【沪今年共公布78家欠保单位】昨日，上海市社会保险事业管理中心对外公布今年第四批欠保"上榜"单位，包括上海福禄贝尔婚纱摄影有限公司、上海远博劳务服务有限公司、上海中鸿金融信息科技有限公司等21家单位名列其中。据了解，今年共有78家欠保单位登上了"黑榜"。 ⌸ 网页链接

# 四、微信公众号

## 1. 劳动报（主媒体公众号：laodongbao）

**创建日期**　2014 年 10 月

**定位**　打造沪上劳动维权最强平台，每天播报网络舆情最新动态。

**特色**　主打劳动关系与本地民生内容，定期开展以沪上工会工作者、劳动者为主的粉丝互动活动。

**订阅数**　45574（截至 2015 年底）

## 2. 劳动报财经新闻（劳动报财经新闻部微信公众号：ldbfinance）

**创建日期** 2013 年 7 月

**定位** 财经新闻

**特色** 主要聚焦本地的经济类政策发布、产业经济新闻和消费市场变化，提供民生化的解读。

**订阅数** 1.1 万（截至 2015 年底）

## 3. 有你安 Union（劳动报工会新闻部微信公众号：ldb-yna）

**创建日期** 2015 年 5 月 20 日

**定位** 报社工会新闻部公众微信号

**特色** 针对上海市的职工群体，报道职工喜欢看的话题，同时对职工在工作中会遇到的劳权问题进行解答。每周一期的"由你说"，通过报网结合的形式，针对当下的热门话题，联系日常工作生活中的法律问题，在相对轻松的话题中进行劳动法知识的普及。

**订阅数** 452（截至 2015 年底）

## 4. 影武者说（劳动报文体新闻部微信公众号：yingwuzheshuo）

**创建日期**　2014 年 5 月 15 日

**定位**　文化体育的快讯和深度调查

**特色**　以文化体育领域的热点新闻为主，在记者的深入调查后，登载有一定深度和思想性的报道。文章都是独家和原创，一部分文章具有引领性。

**订阅数**　329（截至 2015 年底）

## 5. 劳动报慧生活（劳动报周刊经济部微信公众号）

**创建日期** 2015 年 10 月 30 日

**定位** 劳动报周刊经济部部门微信

**特色** 微信文章都是劳动报上的文章精选，反映劳动报周刊经济部涉及的消费、美食、婚恋、健康等资讯和服务信息，希望通过该微信帮助消费者智慧消费、幸福生活。

**订阅数** 143（截至 2015 年底）

## 6. 上海工运（劳动报下属上海工运微信公众号：shanghai gongyun）

**创建日期** 2014 年 7 月

**定位** 上海工运杂志官方微信

**特色** 为读者推送每期杂志精选文章、基层工会工作、劳模先进事迹、工会理论研究、国内外工会工作，以及一些民生、劳权等方面信息。

**订阅数** 308（截至 2015 年底）

推进"农民工入会"系列图解 ▶▶　**案例**

党的十八大以来，中央领导多次强调工会要着力做好农民工工作，使农民工在工业化、城镇化的过程中成为工人阶级坚定可靠的新生力量。因此，充分认识进一步做好农民工工作的重要意义，运用"互联网＋"思维，为工会进一步推进和做好农民工入会及服务工作营造舆论氛围，是劳动报作为主流媒体的一项神圣使命。

2015年6月，上海市总工会下发了《关于开展"农民工入会集中行动"的通知》（以下简称《通知》），劳动报新媒体快速作出反应，开设以"农民工入会"为主题的官网、手机报专题，取得良好效果。

2015年7月至11月，劳动报新媒体陆续推出5期"农民工入会"系列图解——《加入工会的条件和流程》、《盘点各种入会途径（上）》、《盘点各种入会途径（下）》、《加入工会的10大好处，每一条都让你心动》、《遇到这8种情况 工会为你做主》。图解对市总工会文件、知识手册、历史稿件进行了梳理及整合，并采用手绘漫画的形式，以时下最流行的"头上长草"的创意，塑造了一个个可爱的糯米团子似的小人，用生动活泼的方式向广大农民工群体讲述遇到劳资矛盾时，如何向工会寻求帮助。该系列图解一经发布，包括嘉定区总工会、杨浦区总工会、奉贤区总工会、山西工人报等在内的全国各家工会微信公众号争相转发。

劳动报该系列图解充分体现了传统媒体与新媒体融合的优势。以往工会宣传，多以扁平化的方式进行，容易给职工造成不接地气、繁冗刻板的印象。如今，通过信息可视化的方式，以往枯燥冗长的文件资料可以通过职工网友喜闻乐见的漫画手法表现出来，纷繁复杂的流程材料也可以通过卡通图案、色块拼接、箭头高亮等形式让职工群众一图看懂。

该系列图解的成功，体现了劳动报充分利用新媒体平台的全新表现方式，利用人们对可视模式快速识别的自然能力，使大数据变得通俗易懂，让广大职工群众能够一目了然地吃透政策，解决实际需求。在很大程度上弥补了传统媒体在政治文宣上的弊端，从而使宣传手法更亲民、宣传工序更简便、宣传力度更强劲、宣传效果更理想。

## 一图看懂上海群团改革试点方案  案例

2015 年 11 月 20 日，市委召开党的群团工作会议，《上海市群团改革试点方案》正式落地。劳动报新媒体找准这一选题，于次日推出一条名为《重磅！一图看懂上海群团改革试点方案》的微信文章。该条微信运用信息可视化的方式，对《上海市群团改革试点方案》（以下简称《方案》）进行了解读。

微信发出后，阅读量突破 3 万，被东方网、解放网、网易新闻等众多媒体及门户网站转载，全网通转达 6000 多次。

该条微信之所以火爆，主要有以下几条原因：

1. 这条微信以新媒体创新形式解读了党的群团工作会议，用不同颜色标识了方案中的重点内容，并配以卡通图像、图表，使整张图解显得活泼生动、简洁明了，将专业性极强的文件以图解形式展现在网友面前，让网友能够深度了解这次群团改革的要点和意义，缩短了群团改革方案与普通老百姓之间的距离。

2. 抓住节点对政策文件进行第一时间的梳理解读。《方案》一经落地，劳动报部门负责人、微信编辑、图像编辑第一时间组建工作小组，对该方案进行块面化梳理，从"总体目标和基本原则"、"建立'小机关、强基层、全覆盖的群团组织体系'"、"以'领导班子专挂兼、专职干部遴选制、基层队伍多元化'推进群团工作队伍建设"、"建立健全'群众化、社会化、网络化'的群团工作运行机制"、"建立'领导有力、支持有力、保障有力'的体制制度"、"实施步骤"等六个角度，解读《方案》内容。

　　为了确保解读的权威性，劳动报新媒体编辑分别咨询了市总工会、劳动报工会新闻部等各方专业人士。在常规的三审三校制度上，又额外增加了一道审核工序，由当班微信编辑和部门主任联合进行内容处理、当月负责轮值审读的另一名新媒体编辑进行初步审核，部门主任进行二审，部门分管领导最后把关，以避免发生内容上的"误读"、"错读"。

## 持续发布《全国工会系统微信公众号排行榜》 ▶ 案例

2015 年 4 月 8 日，劳动报新媒体发布"全国工会系统微信排行周榜"。榜单数据由中国新媒体指数提供支持，系统自动抓取每条微信底部的阅读量和点赞数，按照"微信传播指数 WCI"进行排名，通过微信公众号推送文章的传播度、覆盖度及公号的成熟度和影响力，反映微信整体热度和公众号的发展走势。

2015 年 7 月 13 日起，该榜单由全国总工会宣教部与劳动报联合发布。对此，时任全国总工会宣教部舆情处领导表示，全总宣教部的权威性加上劳动报在工会媒体中的领头地位联手发布榜单，此举将更好地促进工会应用新媒体服务职工，更好地发出工会声音。

在如今的大数据时代，积累数据、分析数据，可以看到趋势、形成判断。通过榜单可以让全国工会系统新媒体运营者了解到底什么样的工会新媒体能够受到广大职工的喜爱、职工最关注哪些内容。新媒体运营者可以以榜单为参考，学习、总结优秀经验，提高运用新媒体的水平，最终促使工会新媒体整体进步，更好地服务职工。

截至 2015 年底，劳动报新媒体共发布 40 期榜单，榜单库中共吸纳 1357 家工会系统公众号进行排位。

# 全国工会系统微信公众号排行榜（7.26-8.1）

## 全总宣教部和劳动报社联合发布

数据支持：中国新媒体指数

| # | 公众号 | 发布 | 阅读 | 头条 | 平均 | 点赞 | WCI |
|---|---|---|---|---|---|---|---|
| 1 | 劳动报 laodongbao | 7/25 | 65272 | 36985 | 2611 | 1502 | 829 |
| 2 | 申工社 shengongshewx | 5/18 | 55225 | 31329 | 3068 | 522 | 795 |
| 3 | 甬工惠 nb_zgh | 7/17 | 43169 | 23738 | 2539 | 820 | 775 |
| 4 | 山西工人报 shanxigongrenbao | 7/29 | 45572 | 29424 | 1571 | 715 | 745 |
| 5 | 金融工运 zgjrgh | 7/29 | 46540 | 16349 | 1605 | 707 | 732 |
| 6 | 金州新区总工会 jzxqzgh | 7/36 | 51595 | 19371 | 1433 | 643 | 725 |
| 7 | 劳动午报 ldwb_wx | 5/21 | 34268 | 19317 | 1632 | 307 | 712 |
| 8 | 松江工会 songjianggonghui | 3/10 | 24020 | 11939 | 2402 | 233 | 703 |
| 9 | 富士康工会 gong-hui2007 | 5/30 | 37075 | 17010 | 1236 | 138 | 656 |
| 10 | 川电家园 cdjygh | 3/13 | 19743 | 9702 | 1519 | 168 | 648 |
| 11 | 工人日报 grrbwx | 7/35 | 28316 | 11870 | 809 | 372 | 644 |
| 12 | 杭州工会 hzghfb | 6/20 | 19655 | 8920 | 983 | 362 | 621 |
| 13 | 云南省总工会职工心理服务 ynzghxl | 1/4 | 11645 | 2637 | 2911 | 29 | 619 |
| 14 | 天津开发区工会 teda-gh | 7/18 | 19389 | 9588 | 1077 | 179 | 606 |
| 15 | 广汽本田工会 gonghuixiaojia | 6/9 | 11239 | 10317 | 1249 | 87 | 594 |
| 16 | 厦门市总工会 xm12351 | 4/8 | 9838 | 7800 | 1230 | 86 | 580 |
| 17 | 余杭工会 hzyhqzgh | 3/15 | 15293 | 4269 | 1020 | 112 | 579 |
| 18 | 杨浦职工之家 yangpugonghui | 2/4 | 5687 | 5166 | 1422 | 81 | 578 |
| 19 | 长宁工会 cnghgzh | 1/4 | 5381 | 856 | 1345 | 114 | 578 |
| 20 | 长岭炼化职工之家 clzgzj | 1/4 | 4414 | 1651 | 1104 | 373 | 577 |

榜单由新媒体指数提供数据支持，更多数据请到 www.gsdata.cn 查询

劳动报

上海接下来有这 10 件好事要发生！ ▶ **案例**

如今，上海各大传统媒体对于民生新闻都给予强烈的关注和充分的反映。这些与老百姓生活息息相关的民生内容，一直以来也是人们喜闻乐见的。然而，受制于纸媒的条件，许多民生信息在版面上的体现相当有限，并且存有表现形式单一、缺乏系统性整理等问题。如何让人们更加直观地获得有效信息，更加全面地了解一段时期内的民生政策，是新媒体时代各家媒体亟需迈进的一步。

对此，劳动报微信积极做出尝试，7 月 23 日发布的《上海接下来有这 10 件好事要发生》一文，整合了书展开幕、大病保险全覆盖、免税店开到市中心、手机流量不清零、出行交通更便捷等当时与老百姓生活最密切相关的 10 大民生新闻。该条微信从生活出行到社会保障，涵盖了从国务院到本市各委办局出台的惠民新政，并以轻松可读的方式把这些新政包装成了适合网络传播的"好消息"，使广大网友、市民能够深入了解这些民生新政，感到实实在在的"获得感"，并自动自发地成为"获得感"的传递者。

该条微信一经发布，阅读量短时间内突破 100000+，微信后台"图文分析"中显示，7 天内转载量达 56 万，点赞数达 5954，全网通转达 45 万次。还被新华网、人民网、今日头条、魅力上海、潮上海、乐活上海等多家新媒体、自媒体转载。

这条微信利用新媒体时代的传播特性，对传统媒体的资源进行二次加工整合，是互联网环境下传播民生讯息的一种流行趋势。通过这样的融合，激发了广大网友"我在上海、我爱上海"的动力，提升了社交网络上关于上海正能量消息的比例，增强了上海市民的城市荣誉感，塑造了积极、正面、温暖、贴心的上海城市形象。

## 上海人工资单开始扣年金了！退休后能拿多少？ ▶▶ 案例

　　机关事业单位养老改革一直是热点，但实质性推进过程人们往往并不了解。劳动报微信挖掘其中的新闻点，于9月15日发布《上海人工资单开始扣年金了！退休后能拿多少？》一文，从多家事业单位员工的工资单开始多了职业年金一项作为切入口，及时进行选题策划，做一篇干货文，让上海市民清晰知道养老金并轨的进程。

　　这条微信以简练的语言介绍了年金的概念后，重点放在了"算账"上。

　　以一名月薪5000元的机关事业单位员工为例，在理想情况下，根据每年的缴费数、计发月份数做了一个测算：个人每月参加职业年金的缴费数为 $5000 \times 4\% = 200$ 元，而单位虽然是以工资总额的8%缴交，但具体到个人，实际上也为这名基层公务员缴交了 $5000 \times 8\% = 400$ 元的职业年金。

　　假设这名员工25周岁进入机关工作，今后35年内工资不发生变动，那么当他年满60周岁退休时的职业年金个人账户总额为252000元（不考虑年金投资运营收益以及国家规定的其他收入部分）。当其退休时对应的计发月份数为139月，其职业年金滚存总额为252000元，那么252000/139，他每个月可以领取补充养老金1812.95元。

　　这笔在理想状态下算的账，为人们解答了最关切的退休后补充养老金返还问题，较之以往传统媒体单一的政策罗列更具说服力，且以更加通俗易懂的形式让网友能够感受到养老金并轨带来的正面效应。

这条微信发布后，阅读量达到 100000+，微信后台"图文分析"中显示，7 天内转载量达 16 万。不仅网友纷纷转到朋友圈，其中的独家测算内容更被上海电视台引用，以视频新闻的方式展现出来。新华网、人民网、新浪网、腾讯网、东方网等主流媒体、门户网站纷纷转载了这条微信内容。

这条微信体现了劳动报作为工会媒体，及时利用新媒体特性回应职工关切，以自身纸媒在劳动关系方面的强势资源，在新媒体平台打通服务职工的"最后一公里"。通过新媒体渠道宣传了"有困惑、有困难，找'娘家人'媒体准没错"的服务精神，而工会的影响力也由此延至更多范围。

## 劳动报社新媒体获奖情况

2015 年 11 月，《（微博）图解：不能拿掉的职工正常福利有哪些？》，获第二十四届上海新闻奖（网络新媒体新闻）三等奖。

2015 年 12 月，微信公众号"劳动报"获中华全国总工会宣传教育部颁发"全国最有影响力工会新媒体"、"全国十佳最有影响力工会新媒体"和"全国十佳服务农民工工会新媒体"称号

2015 年 12 月，劳动报来博网获"上海市 A 级安全网站"称号

**劳动报社新媒体主要数据一览表**

网站：劳动报网

| | 页面点击量（PV） | 单独访客数（UV） | 独立访问量（IP） | 网粘度 | 备注 |
|---|---|---|---|---|---|
| 2015 年度总量 | 7298195 | 1010997 | 966217 | 一般 | |
| 2015 年度月最高 | 776758 | 98611 | 无数据 | 一般 | |
| 2015 年度日最高 | 59275 | 12636 | 13421 | 一般 | |
| 单篇最高（篇目、日期） | 无数据 | 无数据 | 无数据 | | |
| 数据来源 | 百度统计 | 百度统计 | 百度统计 | 人工统计 | |

| 移动客户端（安卓版/iOS版） | 总下载量 | 总发帖数数 | 原创帖文总数 | 评论、跟帖总数 | 总点赞数数 | 总转发、分享数 | 单篇最高阅读数（篇目、日期） | 单篇最高评论、跟帖数（篇目、日期） | 单篇最高点赞数（篇目、日期） | 单篇最高转发、分享数（篇目、日期） | 备注 |
|---|---|---|---|---|---|---|---|---|---|---|---|
| 劳动报 | 13000 | 2113 | 2113 | 无数据 | 无数据 | 无数据 | 6952（申城有望发布72小时AQI预报，2015-6-5） | 无数据 | 无数据 | 无数据 | |
| 数据来源 | | | | | | | 自有后台 | | | | |

| 微信公众号 | 总阅读数 | 原创帖文总数 | 头条总阅读数 | 总篇数 | 总点赞数 | 总分享数 | 单篇最高阅读数（篇目、日期） | 单篇最高点赞数（篇目、日期） | 单篇最高转发、分享数（篇目、日期） | 备注 |
|---|---|---|---|---|---|---|---|---|---|---|
| 劳动报 | 1739万 | 215 | 209万 | 1284 | 13.2万 | 237.3万 | 1774006（6月底前工资涨到位 详细告诉你怎么涨，2015-5-21） | 16958（6月底前工资涨到位 详细告诉你怎么涨，2015-5-21） | 13109（6月底前工资涨到位 详细告诉你怎么涨，2015-5-21） | |
| 影武者说 | 10.4万 | 92 | 10.1万 | 92 | 5311 | 87345 | 7771（上海散打队教练陈养胜点评咏春散打之争，2015-1-31） | 26（上海散打队教练陈养胜点评咏春散打之争，2015-1-31） | 1321（上海散打队教练陈养胜点评咏春散打之争，2015-1-31） | |
| 劳动报财经新闻 | 15万 | 100 | 12万 | 100 | 9000 | 5万 | 2221（月入三万、连大妈、甜妞都加入"催收大军"啦！2015-11-30） | 5（月入三万、连大妈、甜妞都加入"催收大军"啦！2015-11-30） | 233（月入三万、连大妈、甜妞都加入"催收大军"啦！2015-11-30） | |
| 劳动报慧生活 | 5281 | 0 | 2001 | 58 | 328 | 无数据 | 626（永乐明天闭店内购送福利，2015-12-17） | 21（一个上海美女一段台湾美食艳遇，2015-10-30） | 无数据 | |
| 上海工运 | 18441 | 287 | 12457 | 287 | 813 | 621 | 274（闲话劳权丨请丧假必须出具死亡证明吗，2015-11-27） | 186（闲话劳权丨请丧假必须出具死亡证明吗，2015-11-27） | 11（闲话劳权丨请丧假必须出具死亡证明吗，2015-11-27） | |
| 有你安Union | 76841 | 186 | 673331 | 219 | 763 | 3066 | 3341（我们的瞬军伟，2015-10-13） | 27（我们的瞬军伟，2015-10-13） | 127（我们的瞬军伟，2015-10-13） | |
| 数据来源 | | | | 人工统计 | | | | 腾讯云分析 | | |

| 微博名称（属性：官微/部门/个人·平台：新浪/腾讯） | 总发帖数 | 原创帖文总数 | 总跟帖、评论数 | 总点赞数 | 总转发、分享数 | 总被提及/被@数 | 总粉丝数 | 单篇最高跟帖、评论数（篇目、日期） | 单篇最高转发、分享数（篇目、日期） | 单篇最高点赞数（篇目、日期） | 备注 |
|---|---|---|---|---|---|---|---|---|---|---|---|
| 劳动报社 | 2555 | 1095 | 7665 | 10220 | 7656 | 264 | 116万 | 无数据 | 无数据 | 无数据 | |
| 数据来源 | 人工统计 | | | | | | 新浪微博后台 | | | | |

青年报社

截至 2015 年底，青年报社已形成包括"青春上海"、"上海青年电子社区（上青网）"、官方微博和微信公众号等诸多产品的新媒体矩阵，具体包括——

微博、微信：青春上海，与共青团上海市委员会共建

官方网站：上海青年电子社区（上青网）

新闻客户端：青年报、生活周刊

官方微博：青春上海、青年报、生活周刊

官方微信公众号：青春上海、青年报、生活周刊、学生导报。另外，还有各部门开办的 8 个微信公众号和 1 个官方微博账号。

## 概 况

2015 年，青年报社积极贯彻"报网融合"的媒体转型要求，进一步推动传统媒体和新媒体在内容、渠道、平台、经营、管理等方面的深度融合。其中，四个中心的"两微一端"深化改革、细化版块、优化内容、强化队伍，尤其在关注青年、服务青年、引领青年等方面加大投入，提升影响力。此外，各个部门的新媒体端也在垂直领域发挥"小快灵"的优势，活用互联网的思维，不断拓展、完善报社的全媒体矩阵。

2015 年，新媒体中心"青春上海"继续立足打造"触手可及的共青团"形象的综合展示平台，在整体策划宣传共青团重要工作、重大活动、重点项目中坚持有理想、有情怀、"勇立潮头"的主流价值，在创新互动和参与方式上坚持接地气、重创意、可亲可近的用户体验。

首先，"青春上海"生动展示共青团充满活力和坚强有力的形象。2015 年下半年，上海全面启动群团改革试点。"青春上海"切中要领，从【青春关注】落实群团工作会议精神，上海共青团怎么做？"一直到"【改革，我们准备好了！】一场接地气的培训其实是可以这样的"，持续跟踪报道，第一时间向用户传递群团改革的精神，详细阐释共青团的"健身计划"。夏天，"青春上海"又关注高温下坚守岗位的青年职工，原创策划了"烈日下的青春"等系列报道，引起广泛共鸣，累计获得 5 万阅读量。

其次，"青春上海"与粉丝有效互动。品牌栏目"试客招募"仅在上半年就开展了 17 次活动，超过 500 人次参与，带领试客走进青年中心、大剧院、艺术宫、果蔬大棚，独家定制的活动广受参与者好评。"带着国旗去旅行"也成为了"青春上海"的品牌活动。第三季的活动在微信微博两个平台共收到上千张国旗合照，新浪微博的"2015 带着国旗去旅行"话题累计浏览量达到 772 万，参与讨论人数2900 余人。

"青春上海"积极完善组织体系建设，夯实壮大上海共青团新媒体联盟。目前，已经有超过 70 个共青团账号加入了联盟。

青年传媒中心坚持以青年人喜闻乐见的方式，如 H5 游戏、点赞互动等新形式传播正能量。积极联动报社其他部门，对于优质稿源、稿件进行共享。同时，不断加强与上海各高校的联系，采编各高校的新鲜事，针对各高校特色设计微信专题进行推送，并适时与高校相关媒体平台合作。此外，青年报综合新闻部下设的"青年影像联盟"、文体部下设的"娱笃鲜"、周刊活动部下设的"青年公益联盟"等，均立足各自定位，保持稳步发展。

2015 年是文创传媒中心的全媒体矩阵建构之年。生活周刊深化全媒体一体化发展理念，主打"城市生活方式"的品牌定位，围绕用户需求，不断细分，拓展新的时尚的个性化产品，形成覆盖纸媒、微博账号、新闻客户端，以及生活周刊、青意社、有情人、潜水自由行、想读、收藏俱乐部 6 个微信公号的全媒体矩阵。在内容生产方面，持续、创新地提供有价值的、有趣味性的原创内容，策划"桑活菌"、"下午荟"、"较真 er"、"约影"、"周末书房"、"情汤卦面"、"潜水"等原创栏目。截至 2015 年，生活周刊微博粉丝人数达 41 万 +，微信矩阵粉丝人数达 11 万 +。"优质生活汇"、"最生活大奖"、"青意社电商平台"、"有情人交友俱乐部"等项目、活动的开展，促进了粉丝线上线下互动，粘合核心用户，孵化经济增长点，形成多元的盈收模式。同时，生活周刊打破报媒和新媒体内容生产分割分离的状况，以采编平台为牵引，再造流程，探索更加灵活高效的部门设置和考核机制。

教育传媒中心同样在传统媒体的基础上全力建设新媒体，及时有效地弥补了周报时效性上存在的不足。此外，教育传媒中心的线下活动日益增多，结合新媒体的技术和线上宣传，为各大活动的落地实施创造更多的可能。学生导报的传统媒体和新媒体在融合过程中，两者相辅相成，相互推进发展。

# 一、网站

**名称**　上海青年电子社区（上青网）

**域名（链接）**　www.why.com.cn

**创建日期**　1999 年 4 月 8 日

**公司（单位）性质**　国有事业单位

**法人代表**　李学军

**资质**　三类新闻网站资质，增值电信业务经营许可

**团队结构**

性别：男 7 人　女 10 人

年龄：29 岁及以下 3 人　30-39 岁 10 人　40-49 岁 3 人　50 岁及以上 1 人

学历：硕士研究生 2 人　本科 15 人

职称：初级 11 人　中级 5 人　副高级 1 人

岗位：内容 7 人　技术 4 人　经营 3 人　管理 3 人

（注："上青网"与"青春上海"，为统一团队人员承担）

**网站定位**　上海青年电子社区立足于青年报社旗下报刊内容资源，深耕内容衍生服务。全面关注城市和青年状态，挖掘社会资源，对接青年生活，提供快速、详尽、服务性强的各类新闻资讯和增值服务。

**内容板块**　新闻栏目、专题、电子报等。

**传播力**　日均浏览量 2 万左右

**技术特点**　青年报社新媒体内容管理系统基与 B/S 结构开发，通过高效 CMS 系统，实现内容多元化发布。

# 二、移动客户端

## 1. 青年报

**创建日期** 2014 年 5 月

**平台** iOS、Andriod

**版本** 1.2

**内容** 青年报移动客户端定位"智享青春、慧聚青年"，内容为青年报社各子报子刊内容的精选。

**功能** 提供资讯展示、用户互动、信息定制、广告发布等功能。

**下载量** 2612（截至 2015 年度）

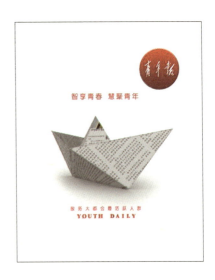

**技术特点**　与上青网 CMS 内容管理共享统一数据源，实现单一内容的多元管理、发布。

## 2．生活周刊

**创建日期**　2010 年

**平台**　iOS

**版本**　2.0.7

**内容**　《生活周刊》电子杂志，生活方式互动媒体平台，提供新鲜有趣的时尚生活资讯

**功能**　时尚生活资讯展示，同时加强用户互动体验，实现用户的跨平台注册登录，用户自主定制、后台推送，行为统计、广告资源整合发布等功能。

**下载量**　52 万（截至 2015 年度）

**技术特点**　2015 年最新版本实现整体升级更新，加强对 IOS7 版本的适配性。

# 三、微博

## 1. 青春上海（新浪微博）

**版本** 6.11.0

**创建日期** 2012 年 1 月 1 日

**定位** 展现共青团上海市委员会工作，关注社会青年热点，引导青少年健康成长的互动平台。

**粉丝量，转发量 + 跟帖量** 截至 2015 年底，粉丝量 39 万；转发量 + 跟帖量：2015 年 17 万。

## 2. 青年报（新浪微博）

**版本**　企业版 5.1.3

**创建日期**　2010 年 11 月 11 日

**定位**　服务大都会最活跃人群

**粉丝量，转发量 + 跟帖量**　截至 2015 年底，粉丝量：38 万；转发量 + 跟帖量：2015 年 5702。

## 3. 生活周刊（新浪微博）

**版本** 5.1.3

**创建日期** 2009 年

**定位** 城市生活方式 有型、有趣、有态度的生活美学。

**粉丝量，转发量 + 跟帖量** 截至 2015 年底，粉丝数 41 万 +；转发量 + 跟帖量：2015 年 31004。

**经营情况** 传媒公司的品牌广告投放，软文直发、广告转发、微博抽奖、微活动、微访谈、微博直播等。

## 4. 青年社交读者俱乐部（新浪微博）

**版本** 5.1.3

**创建日期** 2011 年 12 月 14 日

**定位** 主要通过创作发布、转发点评等形式，传播时事新闻、读者俱乐部活动、杂志更新、休闲娱乐、便民服务信息以及青年关注的热点分享等。

**粉丝量，转发量 + 跟帖量** 截至 2015 年底，粉丝数 2477；转发量 + 跟帖量：2015 年 35。

# 四、微信公众号

## 1. 青春上海（微信号：qingchunshanghai）

**创建日期** 2013 年 8 月 5 日

**定位** 全力进行上海共青团形象传播，让青年进一步感受共青团"勇立潮头"和"可亲可近"的组织形象。

**特色** 秉承"勇立潮头，可亲可近"的宗旨，顺应新媒体发展趋势，一改传统信息发布的严肃与枯燥，做出了青年人爱看、想看的新媒体产品。

**订阅数** 40 万（截至 2015 年底）

## 2. 青年报（微信号：youth-daily）

**创建日期**　2013 年 11 月

**定位**　服务大都会最活跃的人群

**特色**　青年报微信平台始终坚持"服务大都会最活跃的人群"的定位，坚持"报网结合"。一方面利用报社纸媒的传统优势，扎实做好内容；另一方面也结合媒体发展趋势以及受众阅读习惯，不断扩展内容、创新形式，并结合开展线下活动，因此为许多青年人喜爱的订阅账号。

**订阅数**　2.3 万（截至 2015 年底）

## 3. 生活周刊（微信号：lifeweekly-1925）

**创建日期**　2012 年

**定位**　城市生活方式　有型、有趣、有态度的生活美学。

**特色**　聚焦文化、生活方式、设计、创意、时尚、娱乐等领域，设置"桑活菌"、"下午荏"、"较真 er"、"约影"等特色栏目。在这里，你可以找到文艺先锋、潮流达人、新锐设计师、生活大家，找到你想要的 life style。

**订阅数**　108859（截至 2015 年底）

# 4. 学生导报（微信号：xsdb_2014）

**创建日期**　2014 年 8 月 12 日

**定位**　教育服务

**特色**　由青年报社教育传媒中心倾力打造。竭诚为在校学生及家长提供沪上新鲜的教育资讯；提供权威的学科辅导资讯；网罗及时的升学信息；发布最有趣的 DI 青少年创新活动、亲子活动、夏令营等。

**订阅数**　6783（截至 2015 年底）

## 5．娱笃鲜

**创建日期**　2014 年 3 月

**定位**　文体资讯

**特色**　主打影视资讯、娱乐八卦、音乐动态、热门赛事、体坛人物等，和报纸的相关报道互为补充，并不定期投放福利。

**订阅数**　460（截至 2015 年底）

## 6. 青年公益联盟（微信号：youthwelfarealliance）

**创建日期**　2015 年 6 月

**定位**　公益倡导与传播

**特色**　传播公益资讯，打造共享平台。

**订阅数**　800（截至 2015 年底）

## 7. 上海青年影像联盟（微信号：youthphoto）

**创建日期** 2013 年 10 月

**定位** 青年摄影爱好者

**特色** 青年人影像文化活动交流平台。通过专业技术服务，为青年摄影爱好者提供一个学习摄影知识、了解影像产业、展示摄影作品的平台。影像为纽带联系都市青年人群，发布与举办各类影像活动。

**订阅数** 3900（截至 2015 年底）

## 8. 生活周刊有情人（微信号：youqingrensh）

**创建日期**　2014 年

**定位**　"万人相亲会"大型公益交友活动官方发布渠道，推送活动、心灵美文、互动讯息。

**特色**　一个有情感、有温度的青年交友圈。每周五"情问"由专家解惑，每周四冷小姐奉上"情汤卦面"，麻辣笑翻一片，"测试"让你了解真心。飞机相亲、邮轮轰趴、趣味竞赛、浪漫旅行等主题交友活动，为单身的你撑起一片缘分的天空。

**订阅数**　2529（截至 2015 年底）

## 9. 青意社（微信号：qingyicland）

**创建日期**　2014 年

**定位**　青年设计师创意产业平台，坚持有趣、神秘、创意。

**特色**　创意美学生活空间，一个天马行空的创意营，一个原创设计师产品集合地。在这里，你可以找到时尚单品、先锋设计、匠心手作，找到你想要的 lifestyle，更有"慢半拍"、"每月必抢"等粉丝心动福利。在这里，创意酝酿、孵化、分享，真正转化成改变世界的动力。年轻人，一起来做热爱创意的"行动派"。

**订阅数**　12358（截至 2015 年底）

## 10. 想读 bookland（微信号：xd-bookland）

**创建日期**　2015 年

**定位**　生活周刊的文艺会客厅，提供有想法的阅读。

**特色**　设置"自深深处"、"说文解艺"、"周末书房"等栏目。为用户呈上作家、文化人、艺术家的深度访谈，有关文化、艺术热点的评论。每到周末，推荐一两本值得阅读的书。想读，可以是一种有待完成的姿势，也可以是边想边读。读书、读人、读思想。想读，有深度的阅读。

**订阅数**　677（截至 2015 年底）

## 11. 潜水自由行（微信号：yoyodive）

**创建日期** 2015 年

**定位** 分享潜水行程和计划，装备使用心得和潜水技术，定期发布一些海岛尾单等。

**特色** 潜水爱好者的分享、交流平台。内容包括潜水装备信息、潜水技术分享、潜界大咖访谈、生物图鉴知识、各地潜点信息、定期形成抽奖。

**订阅数** 867（截至 2015 年底）

## 12. 生活周刊收藏俱乐部（微信号：lifeweekly collection）

**创建日期** 2015 年

**定位** 悠悠生活，品位收藏。

**特色** 倡导优质生活，致力于为广大收藏爱好者搭建一个鉴赏、交流和服务的平台。定期举行线下收藏分享活动。

**订阅数** 495（截至 2015 年底）

## 青春上海・带国旗 表祝福 微信传递正能量 ▶▶ 案例

每年"十一"，都是开展爱国主义教育的良好契机。在社交网络日益成熟的今天，在二次元文化蓬勃发展的当下，在长假出游已成风尚的现在，如何通过网络和新媒体手段引导青少年表达爱国情感，在全社会营造爱国情怀，一直都是"青春上海"所重点关注的。为此，2015 年国庆期间，"青春上海"微信公众号发起了"带着国旗去旅行"第三季活动。

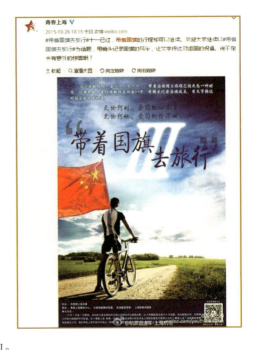

2015 年 9 月 25 日，"青春上海"推送活动征集微信"这个十一，不要辜负和五星红旗的约定！"，青春的照片、简洁的文字辅以生动的编排，一经发出就获得超过 1 万的阅读量，粉丝反响热烈。接下来的几天，这一活动倡议又通过上海共青团的新媒体联盟各成员的微信公众号推送给了更广大的青年人群，而这也是上海团组织新媒体平台之间一次真正的"协同发声"。

2015 年 9 月 28 日，这股"国旗热"从线上延续到了线下："带着国旗去旅行"第三季活动的启动仪式在浦东国际机场出发层大厅上演。活动现场的微信大屏幕滚动播放着青年们与国旗合影的照片，旅客们可以直接向"青春上海"发送内容，向更多人分享自己对祖国的祝福；青年志愿者们齐齐出动，分发国旗成了他们甜蜜的工作，3万面国旗也由此成为浦东机场当天最抢手的登机礼物！

长假期间，"青春上海"在新浪微博上开通了"2015带着国旗去旅行"话题页，青年粉丝可以以"2015带着国旗去旅行"为话题，结合配图文字，在微博上抒发对祖国的节日祝福，并@青春上海 微博。七天长假，"青春上海"的微博每天挑选优秀的照片和祝福进行展示，"青春上海"微信也连续以"第一波大片袭来，找找里面有你的身影吗？"、"一抹红色 映照天南海北 书写赤子之忱"、"国旗，就是最好的美颜工具！"等为题，推送来自不同地方、不同民族、不同行业的青年对祖国的真诚祝福，一幅幅富有创意的画面背后是一个个感人的故事。活动还首度尝试与当时广受年轻人喜欢的"足记"APP合作，设置活动的主题页，更于国庆节期间直接呈现在APP的开屏画面中。

短短七天，"带着国旗去旅行"第三季活动就征集到网友PO出与国旗的合影3000余幅、微博话题阅读量超过772万次，还有近500名用户通过"足迹"APP参与活动，点赞数超过6000次，不仅在网上引发了一股带着国旗去旅行的热潮，获得了较高的关注度和较为广泛的社会影响力，而且弘扬了"无论何时，爱国的心不变；无论何地，爱国的情不减"的活动主题，传递了最青春的正能量。

假期结束后，"青春上海"发起评选投票，再将活动推向高潮，共有超过1万人参与投票，最终评选出"最美国旗合照"。

## 生活周刊·青年优质生活汇——基于 O2O 的时尚生活互动服务平台  案例

"青年优质生活汇 - 基于 O2O 的时尚生活互动服务平台"项目是青年报社于 2015 年度打造、实施的青年文创互动服务平台项目。该项目基于青年报刊集群在媒体方面的影响力及运营经验，依托"互联网 +"，打造以城市优质时尚生活方式为核心的商业生态圈，提供时尚生活一站式解决方案，为广大青年提供基于 O2O 的优质生活服务。

### 1. "Ulife" 服务系统开发

"Ulife"服务系统开发，是对青年报社全媒体平台的升级、改造。通过一个统一的管理平台，打通微博、微信、APP 以及纸媒，实现对时尚资讯的发布、管理、以及对商品、库存、订单等功能进行管理，同时实现所有内容同步发布到不同终端，并提供线上商品购买，在线支付。整个系统分为前端展示和后台管理两部分。

### 2. 时尚产品策划设计支持中心

依托青年报社孵化的青年设计师创意产业平台—青意社，融合纸媒、新媒体、电商平台、创意市集等线上、线下 O2O 运营，为从事文化创意产业的个人与企业提供政策扶持、项目开发、市场营销、人才服务等方面咨询和支持，进行创意时尚产品的展示，并面向公众进行物物交换和销售交易。同时，通过版面展开与商家 O2O 合作，实现轻电商功能。截至 2015 年底，共有近 40 家原创设计师品牌入驻青意社。

### 3."最生活大奖"评选

针对与上海生活密切相关的行业、品牌、场所，经专家评选和微博、微信等网络手段评选，评选出该行品牌和场所中的佼佼者，并颁发奖牌。2015年度，共有110个时尚、设计品牌参与评选。

"青年优质生活汇‑基于O2O的时尚生活互动服务平台"项目，通过"Ulife"服务系统的技术开发及技术实现，创新青年报社媒介介质。通过链接纸媒、微博、微信、APP，使报社旗下用户终端及媒体品牌间实现互融共享，有助于实现青年报社媒介融合，从而实现技术创新、管理创新。项目使传统纸媒由"内容＋广告"的盈利模式转变为基于O2O的线上线下多元、互动盈利模式。通过《生活周刊》媒体集群前端的内容推送粘合读者，通过提供细分服务将读者转化为用户，在过程中实现盈利。通过电商平台、移动微商城的相关应用，充分利用用户碎片化阅读时间、快速实现从推广优质产品到用户支付分享过程，从而实现盈利模式创新。

## 青年报社新媒体获奖情况

2015 年 12 月，"青春上海"被"上海观察"评为 2015 年度上海政务新媒体论坛最佳传播奖

2016 年 1 月，"青春上海"荣获"2015 年上海十大政务微博"称号

2016 年 1 月，"青春上海"荣获"2015 年上海十大政务微信"称号

2016 年 1 月，"青春上海"荣获"腾讯大申网"举办的"2015 上海十大微信公众评选"专家评选榜十佳内容类政务微信号

## 青年报社新媒体主要数据一览表

网站：上海青年电子社区（上青网）

| | 页面点击量（PV） | 单独访客数（UV） | 独立访问量（IP） | 网粘度 | 备注 |
|---|---|---|---|---|---|
| 2015年度总量 | 649万 | 591万 | 582万 | 一般 | |
| 2015年度月最高 | 65万 | 56万 | 47万 | 一般 | |
| 2015年度日最高 | 2.2万 | 1.9万 | 1.6万 | 一般 | |
| 单篇最高（篇目，日期）（80后博士为世界植物起中国名字，2015-9-11） | 1万 | 1万 | 0.9万 | 一般 | |

数据来源 自有平台

| 移动客户端（安卓版） | 总下载量 | 总发帖数 | 原创帖文总数 | 评论、跟帖总数 | 总点赞数 | 总转发、分享数 | 单篇最高阅读数（篇目，日期） | 单篇最高评论、跟帖数（篇目，日期） | 单篇最高点赞数（篇目，日期） | 单篇最高转发、分享数（篇目，日期） | 备注 |
|---|---|---|---|---|---|---|---|---|---|---|---|
| 青年报 | 332 | 2784 | 2784 | 223 | 344 | 189 | 632（寻找"安心之道"，2015-5-5） | 51（〈六六新剧聚焦转型中的传媒行业海清：纸媒的没落让人感慨，2015-4-2） | 45（开学首课 高校党委书记讲校史，2015-9-10） | 34（"为了让更多青年轻人"遇见"共青团"有感"共青团，2015-6-10） | |

数据来源 自有后台

| 移动客户端（iOS版） | 总下载量 | 总发帖数 | 原创帖文总数 | 评论、跟帖总数 | 总点赞数 | 总转发、分享数 | 单篇最高阅读数（篇目、日期） | 单篇最高评论、跟帖数（篇目、日期） | 单篇最高点赞数（篇目、日期） | 单篇最高转发、分享数（篇目、日期） | 备注 |
|---|---|---|---|---|---|---|---|---|---|---|---|
| 青年报 | 223 | 2784 | 2784 | 334 | 223 | 543 | 632（寻找安心之道，2015-5-5） | 51（《六六新剧聚焦转型中的传媒行业：海清没落让人感慨，2015-4-2） | 45（开学首课 高校党委书记讲校史，2015-9-10） | 34（为了让更多年轻人"遇见"共青团"有感"共青团，2015-6-10） | |
| 生活周刊 | 6500 | 1420 | 1420 | 800 | 1000 | 740 | 870（今日嫁得良人，感谢你当年不娶之恩，2015-8-12） | 56（今日嫁得良人，感谢你当年不娶之恩，2015-8-12） | 34（金星发飙舌战楼星群粉，把那谁谁撕成了鱿鱼丝，2015-8-18） | 40（金星发飙舌战楼星群粉，把那谁谁撕成了鱿鱼丝，2015-8-18） | |
| 数据来源 | | | | | | | | | | 自有后台 | |

| 微信公众号 | 总阅读数 | 原创帖文总数 | 头条总阅读数 | 总篇数 | 总点赞数 | 总分享数 | 单篇最高阅读数（篇目、日期） | 单篇最高点赞数（篇目、日期） | 单篇最高转发、分享数（篇目、日期） | 备注 |
|---|---|---|---|---|---|---|---|---|---|---|
| 青春上海 | 780万 | 756 | 532万 | 1618 | 7221 | 49万 | 8万【排行】上海加班最晚的10幢楼！你知道哪幢商务楼排第一？2015-4-21 | 537【青春关注】上海群团改革试点方案获中央通过，2015-11-9 | 2980【排行】上海加班最晚的10幢楼！你知道哪幢商务楼排第一？2015-4-21 | |

| | | | | | | | | | |
|---|---|---|---|---|---|---|---|---|---|
| 青年报 | 38万 | 48 | 16万 | 1872 | 1894 | 9万 | 2万（《上海自然博物馆参观全攻略》，2015-4-14） | 102（《上海自然博物馆参观全攻略》，2015-4-14） | 1062（《上海自然博物馆参观全攻略》，2015-4-14） |
| 生活周刊 | 6722626 | 697 | 4481750 | 1460 | 10950 | 110595 | 118598（一本只有264个字的填色本引爆了全球购买狂潮，2015-6-25） | 388（一本只有264个字的填色本引爆了全球购买狂潮，2015-6-25） | 3776（一本只有264个字的填色本引爆了全球购买狂潮，20150-6-25） |
| 学生导报 | 158400 | 101 | 57300 | 226 | 738 | 8400 | 25500（【活动】孩子们眼中的"传奇丝路 魅力神州"上海决赛入围作品等你来点赞，2015-5-2） | 300（【活动】孩子们眼中的"传奇丝路 魅力神州"上海决赛入围作品等你来点赞，2015-5-2） | 3000（【活动】孩子们眼中的"传奇丝路 魅力神州"上海决赛入围作品等你来点赞，2015-5-2） |
| 娱驾鲜 | 12698 | 50 | 9667 | 64 | 198 | 900 | 2204（4.25！情怀落地，撒一场摇滚，2015-4-23） | 17（福利团｜舞台剧音乐会 - 《当我遇见你》你说故事，我用音乐传递，2015-10-12） | 160（4.25！情怀落地，撒一场摇滚，2015-4-23） |
| 上海青年影像联盟 | 35000 | 30 | 32000 | 45 | 2500 | 6000 | 3111（最佳摄影师 vs 最烂照相机，2015-1-7） | 14（最佳摄影师 vs 最烂照相机，2015-1-7） | 364（最佳摄影师 vs 最烂照相机，2015-1-7） |
| 青年公益联盟 | 19200 | 25 | 16892 | 31 | 210 | 53 | 3870（2015圣诞老人来了！孩子圣诞圆梦感受城市的温暖与力量，2015-12-28） | 17（2015圣诞老人来了！孩子圣诞圆梦感受城市的温暖与力量，2015-12-28） | 25（2015圣诞老人来了！孩子圣诞圆梦感受城市的温暖与力量，2015-12-28） |

| | | | | | | | | | |
|---|---|---|---|---|---|---|---|---|---|
| 生活周刊有情人 | 70324 | 150 | 70324 | 250 | 652 | 6599 | 1226（有场恋爱等你来谈！上海第七届婚博会开幕，2015-10-31） | 22（有场恋爱等你来谈！上海第七届婚博会开幕，2015-10-31） | 171（有场恋爱等你来谈！上海第七届婚博会开幕，2015-10-31） |
| 青意社 | 25862 | 6 | 19200 | 48 | 480 | 923 | 3732（你还在喝咖啡吗？out了，2015-12-17） | 8（福利，吃一块红烧肉足够了，2015-12-17） | 104（福利，吃一块红烧肉足够了，2015-12-17） |
| 想读bookland | 6607 | 20 | 6455 | 22 | 127 | 561 | 647（自深深处，蓝蓝：说着爱人类，却不愿为家人做顿饭，就是撒谎，2015-12-15） | 17（自深深处，蓝蓝：说着爱人类，却不愿为家人做顿饭，就是撒谎，2015-12-15） | 40（自深深处，蓝蓝：说着爱人类，却不愿为家人做顿饭，就是撒谎，2015-12-15） |
| 潜水自由行 | 1W+ | 39 | 1W+ | 39 | 400+ | 1300+ | 694（在巴厘岛潜水，住胡同里的四合院，2015-11-12） | 30（转发抽奖，不知道这些在巴厘岛潜水是会"撑胶"的，2015-12-11） | 130（转发抽奖，不知道这些在巴厘岛潜水是会"撑胶"的，2015-12-11） |
| 生活周刊收藏俱乐部 | 42634 | 38 | 41972 | 42 | 495 | 3174 | 11454（西走东顾画意随心，2015-4-17） | 158（西走东顾画意随心，2015-4-17） | 1000（西走东顾画意随心，2015-4-17） |
| 数据来源 | 由腾讯云分析提供 | 均为人工统计 | | | | | 均由腾讯云分析提供 | | |

| 微博名称（属性：官微/部门/个人；平台：新浪/腾讯） | 总发帖数 | 原创帖文总数 | 总跟帖、评论数 | 总点赞数 | 总转发、分享数 | 总被提及/被@数 | 总粉丝数 | 单篇最高跟帖、评论数（篇目、日期） | 单篇最高转发、分享数（篇目、日期） | 单篇最高点赞数（篇目、日期） | 备注 |
|---|---|---|---|---|---|---|---|---|---|---|---|
| 青年报（官微/新浪） | 6479 | 2319 | 5702 | 8745 | 16374 | 20122 | 38万 | 651（哭笑不得，老大报警驱逐"恶犬"，仅两只巴掌大小、2015-5-26） | 4296（哭笑不得，老大报警驱逐"恶犬"，仅两只巴掌大小、2015-5-26） | 651（哭笑不得，老大报警驱逐"恶犬"，仅两只巴掌大小、2015-5-26） | |
| 青春上海（官微/新浪） | 5630 | 1356 | 3.3万 | 2.1万 | 13.7万 | 9.8万 | 39万 | 3021（五年后的你，你敢想象吗，2015-11-9） | 5897（五年后的你，你敢想象吗，2015-11-9） | 621（五年后的你，你敢想象吗，2015-11-9） | |
| 生活周刊（官微/新浪） | 9125 | 3578 | 7376 | 16690 | 23628 | 27530 | 414351 | 52（你会在意你的恋人有异性闺蜜吗？2015-3-23） | 72（你会在意你的恋人有异性闺蜜吗？2015-3-23） | 67（你会在意你的恋人有异性闺蜜吗？2015-3-23） | |
| 青年社交读者俱乐部（官微/新浪） | 6 | 3 | 7 | 17 | 28 | 33 | 2477 | 4（微信朋友圈礼仪规范出炉！你被截中要害了么？2015-3-4） | 27（微信朋友圈礼仪规范出炉！你被截中要害了么？2015-3-4） | 12（微信朋友圈礼仪规范出炉！你被截中要害了么？2015-3-4） | |
| 数据来源 | 新浪微博后台 | 人工测算 | 新浪微博后台 | | | 人工测算 | 新浪微博后台 | | | | |

# 上海 （2015）下卷
# 媒体融合
# 全记录

主　编　朱咏雷　姜　迅
副主编　赵彦龙　苏蓉娟　杨　俊　董　强

上海市互联网信息办公室
中共上海市委宣传部新媒体阅评督查组　编

上海三联书店

上海广播电视台

上海文化广播影视集团有限公司

上海广播电视台
上海文化广播影视集团有限公司

# 2015 年媒体融合发展情况

2015 年，上海广播电视台、上海文化广播影视集团有限公司（SMG）及直属有关单位，认真学习贯彻习近平总书记系列重要讲话精神，按照市委、市委宣传部关于媒体融合工作的具体要求，继续推进多个互联网媒体产品的培育，并且从生产流程、物理空间、技术改造、团队文化等多个方面加强建设，确保其持续稳定的发展。

东方广播中心推出广播APP——阿基米德，目前已迭代33次，实现全国共7000余档广播节目的直播收听、24小时内回听等功能，用户总数约 560 万，覆盖 94 个国家和区域，日均活跃用户达到 17 万，已经成为上海最活跃的网络社区。电视新闻中心与看看新闻着力打造看看新闻 APP。从 2014 年底开始进行内测，2015 年 2 月开始公测，到 6 月初正式上线。其间，iOS 版共更新了 6 版，安卓版更新了 7 版，成为 SMGNEWS 在新媒体分发的主要平台。

技术运营中心配合新媒体产品的发展需要，集成创新、自主开发了 iStudio、X-news、@Radio 等多套技术系统，均已经交付使用。电视新闻中心全媒体融合转型工作取得了实质性进展，新建成的全媒体融合指挥平台，与集成创新融合技术的新系统 "X-news" 顺利投入使用，并且确立了以 "看看新闻" 为品牌的新媒体产品布局，形成了 "能人 + 专人 + 人人" 的全员转型模式，全媒体融合转型的成果逐步显现，得到了中共中央政治局委员、上海市委书记韩正的充分肯定。

SMG 与阿里巴巴建立战略合作关系，成立第一财经新媒体公司。新的团队在数据产品化的基础上，围绕商业数据进行互联网产品的开发，已实现日生产 1100 条财经资讯。为了打造跨电视和互联网渠道的综合内容产品，成立了全新的互联网节目中心，这个团队一方面将开发电视强档 IP 在互联网渠道上的价值，同时也改造电视节目制作团队，为上市公司的互联网电视媒体提供有力的内容支撑。

同时通过改造渠道，把原有分散的移动互联网入口统一到"BesTV"品牌上。未来 SMG 所有的内容都可以在这个平台上进行呈现，融合新闻、财经、纪实、体育与互动、音频等各类客户端，将成为 SMG 联通传统 TV 端内容和 OTT 端技术实力的重要接口，也会成为 SMG 为移动端用户提供内容和电商购物、在线支付、游戏、应用商店等多项功能服务的最主要产品。

体制机制创新方面，SMG 大力尝试推动创业投资机制，实施长期利益分享、激发团队活力。比如，纪录片团队由几名优秀员工自主创业，与真实传媒公司合资建立了"云集将来"公司，不仅迅速签下数个高端纪录片项目，还吸引了来自央视、凤凰的中国顶尖导演加盟。又比如阿基米德项目，现在孵化基本成熟，在 2015 年 8 月实现了公司化，独立成为阿基米德（上海）传媒公司。而未来的互联网节目生产中心也将按互联网公司形态进行运作，吸引社会优秀人才加盟。

2015 年，SMG 积极推进实施旗下两大上市公司重大资产重组，打造统一的产业平台和资本平台。4 月 3 日，东方明珠、百视通重大资产重组无条件通过中国证监会上市公司并购重组审核委员会 2015 年第 25 次会议审核。6 月 19 日，东方明珠新媒体股份有限公司在上海证券交易所鸣锣上市，中国 A 股市场首家千亿级文化传媒航母扬帆起航。重组完成后，东方明珠新媒体按照其自身战略及与台、集团耦合发展的要求，逐步完善其业务体系，完成了组织架构和事业群的再造。在此基础上，上市公司以互联网电视平台打造、云平台大数据建设等重大项目为抓手，积极打造集内容、渠道、平台、终端、应用服务于一体的互联网生态系统。在充分发挥原有产业优势、努力抓紧流量变现的同时，利用资本优势、通过对外投资、收购兼并等方式拉动战略资源，加快"互联网＋"战略转型。

# 第一章 » SMG 融媒体中心

截至 2015 年底，融媒体中心（原电视新闻中心、看看新闻网、ICS 外语频道）的新媒体产品矩阵包含——

网站：看看新闻网

移动客户端：看看新闻、超级家长会、名医话养生、ICS

微博：看看新闻、于飞、环球交叉点、STV 新闻坊、宣克炅、SMG 法律与道德、上海电视台超级家长会、STV 名医大会诊_话养生、ICS 直播上海、ICS-ShanghaiEye、STV 非常惠生活、梦想改造家

微信：看懂上海、于飞议论、七分之一、环球交叉点、宣克炅、新闻坊、魔都眼、上视互动吧、上海摩天轮、SMG 摄界、STV 超级家长会、名医话养生、ShanghaiEye、ICS 直播上海、财道 MoneyTalks、ICS 中日新视界、非常惠生活、梦想改造家、上海外语频道

## 概　况

为"推动传统媒体和新兴媒体融合发展"，上海广播电视台电视新闻中心（现融媒体中心）主动而为于 2014 年底启动媒体融合战略。经过近半年的全力推进，于 2015 年 5 月建成启用在全国具有领先水平的"X-news"媒体融合系统；与此相

配套，还同时建成启用具备"中央厨房"功能的"媒体融合指挥平台"，确立以"看看新闻"为品牌的新媒体产品布局，形成了系统、平台、产品齐头并进的媒体融合新态势。此举在全国广播电视行业乃至宣传系统内，受到广泛关注。

2015 年 5 月 7 日，上海市委主要领导调研 SMG 新媒体发展情况时，对电视新闻中心"媒体融合指挥平台"将传统电视新闻生产能力导入互联网的创新之举给予积极肯定。2015 年 2 月 3 日，中宣部新闻局领导参观"媒体融合指挥平台"后，对电视新闻中心在转型中不断突围、自我加压、成为改革的先行者和标杆给予表扬。

电视新闻中心的媒体融合情况，主要呈现以下三个特点：

## 1. 打造系统、整合资源

于 2015 年 5 月正式亮相的全媒融合技术系统"X-news"，扮演了新闻信息传输交互的"十字路口"交通枢纽般的关键作用，它在电视新闻中心的传统电视编播的内网系统 Avid 和互联网编辑的外网系统 CMS 之间，架起一座"立交桥"，无论是电视端还是网端采编人员，都统一从"X-news"中调用被数据化过的内容资源。"X-news"系统将新闻素材、摄像机、采访车、卫星车以及记者等多种采访工具，统一以菜单化的方式汇聚到系统，供新闻生产的前端采编团队集中调配使用。

除平台功能外，"X-news"系统还具有工具属性。在采访环节中，"X-news"搭载的手机报片系统，可支持前方记者随时随地发回图文视频，变节点生产为即时生产，极大缩减了时间、空间及相关硬件耗材成本；在编辑环节中，图文视频实现一键式嵌入编辑系统，而无需 U 盘、蓝光盘等外挂工具；在播发环节中，所有新闻资源内容汇聚高效、转化方便，从而在新闻生产的时效竞争中占领先机。

## 2. 搭建平台、再造流程

具备"中央厨房"功能的"媒体融合指挥平台"，位于上海广播电视台上视大厦三楼，与东方卫视演播区、记者工作区、审片区相连通，形成一个既贯通又相对独立的物理空间，由40余个工位组成，分成指挥岛、资源岛、分发岛等多个区域，成为媒体融合的参谋本部、管理枢纽、协调小组和调度中心。由来自中心各个业务部以及看看新闻网的值班负责人在"指挥岛"区域集中办公，"中央厨房"功能尽显。同时，在"资源岛"的屏幕墙集纳了各大通讯社、CPTN（中国公共电视新闻网）、门户网站、社交平台上自动抓取的资讯，以及天气、股市、路况等即时资讯，供记者、编辑们浏览选用。

"媒体融合指挥平台"通过打造前期聚合、过程调度、后期分发的整条生产链，初步实现采、编、播、发内容生产的流程再造。一方面，打破传统电视与新媒体、部门与条线之间的新闻生产壁垒，所有采集内容将统一汇聚在资源岛的素材池之中，确保同时可向新媒体端和传统电视进行供稿，做到内容生产的共享、共议、共决；另一方面，推动"双向推送"机制，实现内容在新媒体端和电视之间的双向联动。新闻产品，既能有效制作成新媒体产品，又能有机排版组合形成电视新闻节目或版面进行播发。

### 3. 打磨产品、精耕移动端

历经一年的深度融合，电视新闻中心与看看新闻网共同确立了以"看看新闻"为核心品牌的移动端战略，实现产品矩阵"两微一端"的全覆盖。

2015年2月，全新推出的"看看新闻"APP3.0版开始公测，经过持续打磨，到2015年12月18日正式上线之时，"看看新闻"APP的iOS版共更新了6版，安卓版更新了7版。在功能上，3.0版重点完善"直播"与"报料"功能。其中，"直播"功能优化了24小时多路直播"上海这一刻"，可实现重大事件与突发新闻的及时直播、多路直播；"报料"功能开启后，则在收到众多市民的新闻报料，为记者增加新闻来源的同时，进一步增强产品的用户粘性。此外，"看看新闻"APP还成为了 SMGNEWS 在新媒体分发的主要平台。

在移动端不断精耕优化的同时,"看看新闻"还将网络直播、微博微信互动、指尖阅读产品(H5)、数据新闻产品、"摇一摇"等多种新媒体产品形式,充分融入传统的电视新闻报道之中,策划推出"上海车展"、"东方大头条"等一批媒体融合产品与节目,取得了良好的媒体融合传播效果。

## 一、网站

**名称** 看看新闻网

**域名(链接)** www.kankanews.com

**创建日期** 2011 年 5 月 25 日

**公司(单位)性质** 国有独资

**法人代表** 宋炯明

**资质** 互联网新闻信息服务许可、互联网视听节目服务、广播电视节目制作经营许可、网络文化经营许可

**团队结构**

性别:男 77 人 女 86 人

年龄:29 岁及以下 106 人 30-39 岁 55 人 40-49 岁 2 人

学历:硕士 20 人 本科 115 人 大专及以下 28 人

职称:中级 3 人 副高级 1 人

岗位:内容 62 人 技术 55 人 渠道 14 人 经营 7 人 管理 3 人

**网站定位** 以"打造优质内容,做最贴近新型传媒生态圈的传播者"为核心

价值观；以"移动端视频新闻"为战略发展方向；以"专业内容产品提供商"为市场定位，以"一网两 APP"的业务平台为核心，从而实现打造"亚洲一流全媒体机构"的最终目标。秉持"新闻短视频＋重大突发直播"的发展方向，注重用户体验，展现平台价值。

**内容板块** 实现新闻节目的多平台分发，分直播、专题、上海、图片、电视回看五大板块，下设国内、社会、国际、财经、娱乐、体育、爱拍、理财、房产 9 个子频道。

**传播力** 2015 年日均页面浏览量 130 万，日均单独访客数 85 万，单日最高页面浏览量 810 万，单篇最高点击量 133 万。

**技术特点** "视频新闻集成分发平台"完全由看看新闻网的技术力量自主研发和打造。在实际运行过程中，这套技术体系充分保障了视频内容，从采集、制作到转码、分发的高效，在互联网业界、尤其是合作伙伴中留下了"开放度高"、"开源灵活"的口碑，一改传统广电技术系统"封闭"、"不开源"的弊端。

**经营情况** 2015 年，看看新闻网着重打造"内容＋渠道"的市场模式，和今日头条、360 新闻、小米手机／电视、乐视等互联网大渠道建立了稳定的、持续的合作关系。看看新闻网在全球最大的视频平台 YouTube 上的尝试已开展至第三年。截至 2015 年底，"SMG 上海电视台官方频道"订阅用户总数超过 50 万人，观看总数达到 15 亿 2 千多万次，覆盖美国、加拿大、新加坡、越南、马来西亚，以及香港、台湾等 248 个国家和地区。

## 二、移动客户端

### 1. 看看新闻

**创建日期**　2012 年 3 月 10 日

**平台**　iOS，Android

**版本**　3.0.1（2015 年 12 月 18 日）

**内容**　指尖阅读、图解新闻、一系列多路信息流的直播产品以及一批为年轻人定制的原创新闻内容产品。

**功能**　分直播、专题、上海、图片、电视回看五大板块，下设国内、社会、国际、财经、娱乐、体育、爱拍、理财、房产 9 个子频道。

**下载量**　15.6 万（截至 2015 年底）

**技术特点**　视频新闻集成分发平台，互动直播、用户报料、用户订阅、掌上电视。

**经营情况**　着重打造"内容＋渠道"的市场模式，和今日头条、360 新闻、小米手机／电视、乐视等互联网渠道，建立了稳定而持续的合作关系。

## 2．超级家长会

**创建日期**　2013 年 5 月 10 日

**平台**　Android

**版本**　2.6

**内容**　基于节目品牌建立起来的"超级家长会俱乐部"，内有独家呈现的"上海教育地图"，为家长们介绍身边的好学校，提供专业的升学指导。

**功能**　"身边的好学校"，上海教育地图搜索、短视频报名。

**下载量**　3 万（截至 2015 年底）

## 3．名医话养生

**创建日期**　2013 年 4 月 28 日

**平台**　iOS

**版本**　2.6

**内容**　关注大众健康、倡导优质生活，为受众提供最权威的名医观点和最实用的健康知识。依托《名医话养生》线上节目，开设养生菜谱、权威专家、养生杂志等子栏目，为受众提供详实的节目服务内容和后续信息。

**功能** 评论、收藏、点赞等。

**下载量** 35208（截至 2015 年底）

## 4. ICS

**创建日期** 2011 年 12 月

**平台** iOS，Android

**版本** 2.0（2014 年 9 月更新）

**内容** 直播、节目表、新闻、财经、文化、娱乐、美食、旅游。

**功能** 直播、点播、节目表。

**下载量** 1.8 万（截至 2015 年底）

# 三、微博

## 1. 看看新闻（新浪微博）

**创建日期** 2010 年 10 月 8 日

**定位** 立足上海、放眼世界的新闻资讯类微博。

**粉丝量、转发量 + 跟帖量** 截至 2015 年底，粉丝量 27 万，转发量 + 跟帖量 97 万。

## 2. STV 新闻坊（新浪微博）

**创建日期** 2011 年 3 月 10 日

**定位** 上海广播电视台新闻综合频道《新闻坊》官方微博，集新闻资讯、爆料求助、观众互动为一体。

**粉丝量、转发量 + 跟帖量**　截至 2015 年底，粉丝量约 6000。

## 3. STV 非常惠生活（新浪微博）

**创建日期**　2011 年 8 月 1 日

**定位**　生活服务类

**粉丝量、转发量 + 跟帖量**　截至 2015 年底，粉丝量 19707。

## 4. 梦想改造家（新浪微博）

**创建日期** 2014 年 7 月 2 日

**定位** 生活服务类

**粉丝量、转发量 + 跟帖量** 截至 2015 年底，粉丝量 19707。

## 5. 于飞（新浪微博）

**创建日期** 2010 年 3 月 14 日

**定位** 发布新闻观点，分享成长经历。

**粉丝量、转发量 + 跟帖量** 截至 2015 年底，粉丝量 25100。

## 6. 环球交叉点（新浪微博）

**创建日期**　2012 年 11 月 22 日

**定位**　东方卫视深度国际时政谈话节目《环球交叉点》的官方微博

**粉丝量、转发量 + 跟帖量**　截至 2015 年底，粉丝量 16932。

## 7. 上海电视台法律与道德（新浪微博）

**创建日期**　2011 年 2 月 10 日

**定位**　上海广播电视台《法律与道德》栏目官方微博。

**粉丝量、转发量 + 跟帖量**　截至 2015 年底，粉丝量 1632。

## 8. 上海电视台超级家长会（新浪微博）

**创建日期** 2011 年 8 月 6 日

**定位** 教育分享

**粉丝量、转发量 + 跟帖量** 截至 2015 年底，粉丝量 5500。

## 9. STV 名医大会诊 _ 话养生（新浪微博）

**创建日期** 2011 年 2 月 21 日

**定位** 关注大众健康、倡导优质生活，为受众提供最权威的名医观点和最实用的健康知识。

**粉丝量、转发量 + 跟帖量** 截至 2015 年底，粉丝量 30970。

## 10. 宣克炅（新浪微博）

**创建日期**　2010 年 6 月 26 日

**定位**　新闻。与受众及时沟通交流、让时效跑过流言、以真诚换取信任。

**粉丝量、转发量 + 跟帖量**　截止 2015 年底，粉丝量 98.4 万。

## 11. ICS 直播上海（新浪微博）

**创建日期**　2010 年 11 月 11 日

**定位**　新闻类

**粉丝量、转发量 + 跟帖量**　截至 2015 年底，粉丝量 8189。

## 12. 上海外语频道（新浪微博）

**创建日期** 2010 年 5 月 20 日

**定位** 面向在上海的外国人、对上海感兴趣的外国人、对英语和外国文化感兴趣的中国人。

**粉丝量、转发量＋跟帖量** 截至 2015 年底，粉丝量 48000。

说明：2015 年处于不运营状态，以发英文天气预报为主。2016 年将更名为 ICS-ShanghaiEye，重新运营。

# 四、微信公众号

## 1. 看懂上海

**创建日期**　2013 年 10 月 1 日

**定位**　传播上海传统文化，宣扬上海城市精神。在这里，看懂上海这座城市。《看懂上海》通过介绍上海有故事的马路、建筑、市井文化以及传统美食等，向受众传播上海的传统文化以及城市精神，打造一个上海人的移动精神家园。

**特色**　用户活跃度高，众多素材来源于用户上传分享。

**订阅数**　6.9 万（截至 2015 年底）

## 2. 宣克炅

**创建日期**　2013 年 12 月 15 日

**定位**　加强与受众沟通联系，深度分析新闻背后的新闻。

**特色**　新闻服务

**订阅数**　27.4 万（截至 2015 年底）

## 3. 新闻坊

**创建日期**　2014 年 7 月 21 日

**定位**　上海广播电视台新闻综合频道《新闻坊》栏目的官方微信号

**特色**　拥有每日新闻推送、爆料求助、线上互动、线下活动、微信直播、节目回看等多个功能。每日推送消息以当日上海乃至全国的热门新闻为主，囊括政策解读、突发事件、社会民生、健康养生等多方面，每天推送次数为一次，推送条数为六条，原创稿件占比 50%。20 万订阅用户大多为居住地在上海的市民。

**订阅数**　20 万（截至 2015 年底）

## 4. 魔都眼

**创建日期** 2014 年 12 月 3 日

**定位** 于魔都，看天下。分享新闻背后的故事。来自电视新闻记者采访一线的所见、所闻、所感。

**特色** 守在魔都新闻战线的最前沿，每天记者们在完成日常工作之余，也会将所思、所想，以及未能完全展现在屏幕上的新闻故事，通过这个公众号与网友分享。

**订阅数** 2.3 万（截至 2015 年底）

# 5. 非常惠生活

**创建日期**　2013 年 10 月

**定位**　生活服务，民生新闻。

**特色**　服务类微公号

**订阅数**　7522（截至 2015 年底）

## 6. 梦想改造家

**创建日期**　2014 年 5 月 10 日

**定位**　梦想改造家，用爱刷新生活！东方卫视《梦想改造家》的官方微信平台，结合 @ 梦想改造家及时推送每周二晚 21:33 准时播出的《梦想改造家》节目动态，以及其他精彩幕后花絮。

**特色**　生活服务类

**订阅数**　113364（截至 2015 年底）

## 7. 于飞议论

**创建日期**    2013 年 4 月

**定位**    新闻评论

**订阅数**    45000（截至 2015 年底）

## 8. 七分之一

**创建日期** 2013 年 7 月 30 日

**定位** 上海广播电视台大型电视新闻周刊《1/7》栏目的官方微信，进行实时节目信息发布、互动交流，分享幕后故事，探讨热点话题。

**特色** 主流媒体声音，生动活泼语态。设有禁烟小调查、热观察、幕后事、记者札记、年终盘点、来勾搭等多个栏口。

**订阅数** 20206（截至 2015 年底）

## 9. 上视互动吧

**创建日期**　2015 年 10 月 1 日

**定位**　作为新闻综合频道早新闻和午新闻中"微信互动"环节的平台，替代以往短信互动形式。

**特色**　让观众即时参与到新闻话题的讨论中，随看随发，与节目保持互动，提高了观众的参与积极性。

**订阅数**　22240（截至 2015 年底）

## 10. 上海摩天轮

**创建日期** 2014 年 6 月

**定位** 上海广播电视台《上海摩天轮》栏目的官方微信。分享关于乐活上海的一切必备资讯。

**特色** 吃喝玩乐，健康医疗，为你奉上最有营养的都市早餐。

**订阅数** 28706（截至 2015 年底）

# 11. SMG 摄界

**创建日期**　2014 年 11 月 3 日

**定位**　是一个以原创纪实类短视频为主打的互联网新媒体平台，发掘上海的人和事，用镜头画面展现其中的美。每周推送 1 至 2 期视频产品，以上海本地为特色、以人文情怀为品牌气质。

**特色**　《摄界》的内容创作团队是清一色的融媒体中心新闻摄像。在新闻采访中、走街串巷间，通过自己的镜头观察记录下身边最平凡、最感人的故事，以个人命运为主线，通过精致唯美的画面，以镜头叙事，挖掘普通人背后的真实而打动人心的故事，弘扬社会正能量，传播人间真善美。

**订阅数**　10500（截至 2015 年底）

## 12. 环球交叉点

**创建日期** 2013 年 2 月

**定位** 《环球交叉点》节目的官方微信平台。内容涵盖各类国际时政热点事件，既是对节目的推广介绍，更成为节目之外的深度报道。

**特色** 关注国际局势、地缘政治与区域热点话题，结合每期电视节目话题，综合各方信源，并结合节目嘉宾的访谈内容，每周推出 5 至 6 篇图文及视频原创文章，原创占比高达 90%。坚持以高质量、多角度、多层次的专业解读见长，在业内享有较高的美誉度，其目标群体，除了高端的电视节目观众，还有大量对国际事件感兴趣的互联网用户，尤其是包括一批国际关系方面的专家学者和学界翘楚。

**订阅数** 16713（截至 2015 年底）

# 13. STV 超级家长会

**创建日期** 2014 年

**定位** 教育分享

**特色** 教育话题讨论

**订阅数** 5600（截至 2015 年底）

## 14. 名医话养生

**创建日期** 2013 年 7 月 1 日

**定位** 上海广播电视台精心打造的一档关注大众健康、倡导优质生活的医疗生活服务类节目《名医话养生》的官方微信，最权威的名医，最亲和的嘉宾，最实用的知识，最稀缺的奖品，尽在《名医话养生》。

**特色** 每天为用户提供一道由上海三甲医院医生推荐的养生菜，并有不定期与《名医大会诊》、《名医话养生》栏目组互动的活动。设有名医厨房、名医导览、话养生书籍、大会诊书籍、老马识毒书籍等多个栏口。每天均推送当日节目的相关知识科普贴，在每日保证各类信息更新的同时，先后推出微社区、《名医厨房》、《名医导览》等实用信息，为粉丝、医生、栏目组构筑实时沟通平台，日均阅读量达 10000 次，获得 2015 上海市十大科普微信公众号称号。

**订阅数** 147106（截至 2015 年底）

## 15. ShanghaiEye

**创建日期** 2015 年 10 月 28 日

**定位** 面向在上海的外国人、对上海感兴趣的外国人、对英语和外国文化感兴趣的中国人。

**特色** 中、英、日、德四种语言。

**订阅数** 1031（截至 2015 年底）

## 16. ICS 直播上海

**创建日期**　2014 年 1 月

**定位**　上海英语新闻

**订阅数**　6474（截至 2015 年底）

## 17. 财道 MoneyTalks

**创建日期** 2013 年 12 月 1 日

**定位** 与《财道》节目观众进行线上互动，推送节目预告、成片。宣传栏目和频道新闻工作。

**特色** 双语文章加节目视频

**订阅数** 1800（截至 2015 年底）

## 18. ICS 中日新视界

**创建日期** 2015 年 3 月

**定位** 资讯服务类

**特色** 较多栏目互动

**订阅数** 5400（截至 2015 年底）

## 19. 上海外语频道

**创建日期** 2013 年 8 月

**定位** 向世界展示当下的上海、真实的上海，让世界理解并喜爱上海。

**特色** 节目回放、栏目预告和英语学习。

**订阅数** 15000（截至 2015 年底）

积极拥抱互联网大平台
《东方大头条》收视创新高

案例

　　《东方大头条》于 2015 年 5 月开播，改版于传统老牌电视新闻节目《东方午新闻》。当时在全媒体融合转型的大背景下，传统电视新闻节目必须做些转变。人们都知道要台网融合，要"＋互联网"，但是具体该怎么去做呢？此时，作为原电视新闻中心新媒体平台的看看新闻网与卫视编播部一起商量，决定用《东方午新闻》进行全媒体融合尝试，主动拥抱互联网，借助外部成熟的大数据资源、多渠道平台来为我们的电视新闻节目扩大影响力。方向定了，接着就是寻找合适的合作伙伴。既要满足大数据渠道、又要有广泛的用户覆盖面及开放的渠道合作态度，几番研究之后，看看新闻网主动出击，寻找到当时月活 4000 万的"今日头条"作为《东方午新闻》的合作伙伴，用数据关联来推动内容生产方式的突破，从独立的劳动升级到聚合性的创造，将《东方大头条》打造成一档基于互联网大数据的新闻资讯类节目。

　　以数据技术驱动为先，以内容建设为王，这是《东方大头条》的核心理念。今日头条从"资讯类别"、"阅读量"、"转发量"、"评论量"与"发布时间"五大维度，为节目组提供了数据后台，编辑每天根据全网当天的新闻热度排行进行节目版面编排。同时，看看新闻网借力"今日头条"的数据优势，结合自身内容生产能力，将热点新闻内容节目化、视频化、产品化，节目播出后再上传到今日头条的"头条号"平台上发酵，让内容得到多渠道的传播。根据"头条号"上"推荐量"、"阅读量"、

"评论数"等数据反馈，再反哺节目策划方向，根据受众喜好调整选题切入角度。

同时，为进一步丰富节目内容与形式，看看新闻网与节目组共同策划，在节目中加入微信摇电视与观众实时互动的民意投票、抢红包，基于数据的热门 UGC 视频板块"江湖大观"等多种新媒体手段。通过这些手段，《东方大头条》改变了电视新闻传统的线性传播的模式，建立起基于互联网的"面向用户、你爱我播、互动参与"的新观念，真正和用户打成一片，做出用户喜闻乐见的新闻节目，在潜移默化中实现舆论引导功能。

改版近半年，《东方大头条》的全国 34 城同时段收视率排名由 2014 年《东方午新闻》的平均 13 名，逐步上升到了 2015 年第 8 名，而在 2015 年国庆长假期间，同时段排名基本可以维持在第 5 名。

在互联网的影响力方面，《东方大头条》在今日头条"头条号"上的订阅用户数自开播至 2015 年底已近 6 万，累计阅读量近 1200 万次。2015 年底发布的"今日头条媒体榜"上，《东方大头条》排在了电视节目类的第 2 位。

通过这次融合尝试，可以发现，电视并没有被互联网吞噬，反而基于大数据的精准编排和实时互动的参与感而大大提升了收视率排名。台网融合势在必行，但这个网绝不仅仅是自己的网，而是真正开放的互联网。传统媒体不要惧怕互联网化，而是要去理解互联网、用好互联网，要放开心态、主动拥抱，只要方法对了，+ 互联网也是媒体融合的一条途径。无论是电视新闻中心还是看看新闻网，团队基因都是做内容的。未来，要继续利用这些强势的内容资源，抱着开放合作的态度，打通新渠道、引入优质的互联网资源，打造新的品牌认知与品牌效应，从而扩大 SMG 新闻的影响力。

# "9·3"大阅兵，一条 YouTube 视频如何做到点击 90 万？
## ——看看新闻网利用海外平台扩大影响的相关经验

 **案例**

对海外传播平台善加利用，更好地讲述中国故事，是近年来中央有关部门对宣传单位提出的新要求，也是传媒集团做强品牌、走向全球化的重要抓手。

作为上海广播电视台原电视新闻中心（现融媒体中心）的新媒体平台，看看新闻网从 2014 年以来率先开展相关尝试，通过重要新闻事件的海外宣传，取得了一些成绩和经验。在 2015 年"9·3 胜利日大阅兵"中，一条经过算法优化后的高清实况视频，在 YouTube 上取得了超过 90 万的播放量，收获了 19000 多条评论，甚至超过了"CCTV 中文"等中央级海外媒体账号。

这是怎么做到的呢？

### （一）制定分发计划 善用一手资源

2014 年，看看新闻网首次在海外新媒体平台尝试直播全国两会等重大国内新闻事件，吸引了不少海外用户，看到了其中的潜力。2015 年 9 月 3 日，中国举行"9·3 胜利日大阅兵"，面对大量的独家新闻资源、一手实况资源，看看新闻网制定了详细的海外平台分发计划。

预热。在阅兵日到来前，看看新闻网便在其负责运行的 YouTube 官方频道上，向 21 万订阅用户推送 SMG 精心制作的抗战胜利 70 周年独家专题，向分布在海外的用户，全景呈现中国人民抗战的历程。

直播。阅兵日当天早上 7 点，阅兵直播页准时上线；9 点起同步直播央视信号。当天，看看新闻网是除了央视中文以外，唯一一家在 YouTube 上高清直播阅兵盛况的媒体，最高吸引 1.9 万海外用户同时在线收看，其中在北美、澳大利亚和新西兰的中国留学生和海外华人占了绝大多数。

联动。本次直播"9·3 胜利日大阅兵"，看看新闻网首次应用 Facebook 等海外社交媒体和 YouTube 平台联动。直播开始后，看看新闻网利用 Facebook 账号，同步向 4 万活跃用户推送信息，向海外用户完整呈现了胜利日阅兵的盛况。用户们纷纷留言评论，表达了对祖国的骄傲和自豪。看看新闻网编辑也适时对评论进行规范和引导。

点播。与此同时，看看新闻网的编辑还在第一时间，将精彩阅兵视频上传 YouTube 官方频道，供海外用户点播回看，用足互联网的"长尾效应"，继续提升海外网友对阅兵的关注度。截至 9 月 4 日，单条视频最高点播数已超 90 万次；而 SMG 制作的"抗战胜利 70 周年"的新闻专题系列，也受阅兵视频热播的带动，获得了良好的传播，单部作品的最高播放量接近 5 万。为了达到更好的效果，编辑还对视频进行实时英文字幕处理和校对，确保非中文用户也能获得良好的观看体验。

## （二）注重粉丝积累 摸索平台规律

看看新闻网在全球最大的视频平台 YouTube 上的尝试已经开展了三年。以"立足国际互联网大平台，传递中国声音、上海形象"为初衷而设立的"SMG 官方频道"，截至 2015 年底已经拥有海外订阅用户总数超过 21 万人，视频总量 4 万多条，观看总数达到 2 亿次以上，最大用户覆盖地区前五名包括北美、东南亚、日本、欧洲、港台等地区。

同时，看看新闻网还根据运行数据和用户反馈，利用 YouTube 的相关规则，在官方频道下开设了 10 个子频道，提高垂直内容的传播力，并逐渐具备了相当的影响力。

为什么能做到这点？这也是看看新闻网不断摸索、熟悉海外平台的"游戏规则"之后的成果。

用足版权。海外平台十分注重版权，一方面对版权投诉处理迅速，另一方面则对能提供版权证明文件的内容予以保护。看看新闻网用足了 SMG 优质版权内容，在海外平台上相比优酷、爱奇艺等视频网站更有优势，打破了内容传播的壁垒。

用好算法。通过分析尝试，看看新闻网编辑团队发现国际互联网平台的 SEO（搜索引擎优化）算法和国内比较接近，因此专门指定经验丰富的互联网编辑负责 YouTube 平台，为快速成长奠定了基础。这条点击超过 90 万的视频，和关键词添加、字体修改等算法优化有十分重要的关系。

用活脑子。看看新闻网在 YouTube 平台上的所有内容，都不是简单的平移，而是通过对内容的二次编辑和产品化加工，提升相关附加值，其传播力远超过内容简单上传和平移。

## （三）拓展分发渠道 期待政策支持

尽管 YouTube、Facebook 等平台是海外主流平台，但海外市场也有很多细分平台，值得重视和拓展。

比如机顶盒。这次"9·3 胜利日大阅兵"，看看新闻网将高清视频第一时间推送到美国四大华人聚居城市（洛杉矶、华盛顿、纽约、西雅图）的 100 多家中餐馆的电视机顶盒内，使更多的海外华人在美国时间

3日上午可以在用餐时回看9·3阅兵的盛况。

实际上，根据最近北美市场的新媒体发展趋势，看看新闻网在"餐馆机顶盒模式"的基础上，还谋求和北美主流运营商和视频平台诸如Netflix等合作，借助这些已有的强大的渠道，将更多的优质视频内容，引入到OTT、智能电视等终端设备，充分覆盖到细分领域的海外用户。

事实证明，尊重互联网规律的海外平台运作，不仅能充分触达人群、起到良好宣传效果，还能通过广告收益维持团队的良性运作。相关团队希望能在政府有关部门的认可和支持下，进一步利用好海外平台、讲好中国故事。

## SMG 融媒体中心新媒体获奖情况

2015 年 3 月，看看新闻网出品的微电影《爸爸的心愿》获"中国梦·申城美——追梦人的故事"微电影大赛优秀影片奖

2015 年 4 月，看看新闻网被中共上海市委宣传部社会治安综合治理委员会评为"2014 年度宣传系统平安单位"

2015 年 11 月，看看新闻网在上海市第四届安全网站评选中获评"上海市 AAA 级安全网站"

2015 年 11 月，看看新闻出品的网络新闻《大型抗战系列策划之8·13 淞沪会战》获评第二十四届上海新闻奖二等奖

2015 年 12 月，看看新闻网获"春天的蒲公英——小法官网上行"活动特别贡献奖

## SMG融媒媒体中心新媒体主要数据一览表

网站：看看新闻网

| | 页面点击量（PV） | 单独访客数（UV） | 独立访问量（IP） | 网粘度 | 备注 |
|---|---|---|---|---|---|
| 2015年度总量 | 47452万 | 31057万 | 23417万 | | |
| 2015年度月最高 | 7431万 | 4801万 | 3078万 | | |
| 2015年度日最高 | 810万 | 571万 | 388万 | | |
| 单篇最高（天津爆炸12小时最全现场视频回顾 2015-8-13） | 133万 | 80万 | 78万 | | |
| 数据来源 | 国双、GA、友盟 | | | | |

| | 总下载量 | 总发帖数 | 原创帖文总数 | 评论、跟帖总数 | 总转发、分享数 | 单篇最高阅读数（篇目、日期） | 单篇最高评论、跟帖数（篇目、日期） | 单篇最高点赞数（篇目、日期） | 单篇最高转发、分享数（篇目、日期） | 备注 |
|---|---|---|---|---|---|---|---|---|---|---|
| 移动客户端（Android版）看看新闻 | 8.1万 | 5.8万 | 4.2万 | | | 73.1万（村支书的杀人名单，2015-3-29） | | | | |
| 超级家长会 | 1万 | 4000 | 1万 | | | 600（民办小学面谈攻略，2015-4-10） | | | | |
| ICS | 1万 | 1万 | | | | | | | | （从2015年开始，因为新媒体转型，app处于不活跃状态） |
| 数据来源 | 友盟 | 帝国后台 | | | | 帝国后台 | | | | |

| 移动客户端(iOS版) | 总下载量 | 总发帖数 | 原创帖文总数 | 评论、跟帖总数 | 总点赞数 | 总转发、分享数 | 单篇最高阅读数(篇目、日期) | 单篇最高评论、跟帖数(篇目、日期) | 单篇最高点赞数(篇目、日期) | 单篇最高转发、分享数(篇目、日期) | 备注 |
|---|---|---|---|---|---|---|---|---|---|---|---|
| 看看新闻 | 7.5万 | 5.8万 | 4.2万 | | | | 73.1万(村支书的"条人名单", 2015-3-29) | | | | |
| 超级家长会 | 2万 | 7200 | 1万 | | | | 5600(民办小学面谈攻略, 2015-4-10) | | | | |
| 名医话养生 | 35208 | 476 | 476 | | | | | | | | |
| ICS | 51000 | | | | | | | | | | |
| 数据来源 | 应用商店 | | 帝国后台 | | | | 帝国后台 | | | | |

| 微信公众号 | 总阅读数 | 原创帖文总数 | 头条总阅读数 | 总篇数 | 总点赞数 | 总分享数 | 单篇最高阅读数(篇目、日期) | 单篇最高点赞数(篇、目、日期) | 单篇最高转发、分享数(篇目、日期) | 备注 |
|---|---|---|---|---|---|---|---|---|---|---|
| 看懂上海 | 920万 | 210条 | 710万 | 210篇 | 5万 | 38万 | 13万(海派横沃桥, 2015-10-27) | 876(海派横沃桥, 2015-10-27) | 8990(海派横沃桥, 2015-10-27) | |
| 环球交叉点 | 14.79万 | 300 | 14.7万 | 309 | | 8151 | 1.96万(竟然错了16年……一个神奇的名字, 2016-8-29) | 44(竟然错了16年……一个神奇的名字, 2016-8-29) | 1390(竟然错了16年……一个神奇的名字, 2016-8-29) | |

| 微信公众号 | 总阅读数 | 原创帖文总数 | 头条总阅读数 | 总篇数 | 总点赞数 | 总分享数 | 单篇最高阅读数（篇目，日期） | 单篇最高点赞数（篇目，日期） | 单篇最高转发、分享数（篇目，日期） | 备注 |
|---|---|---|---|---|---|---|---|---|---|---|
| 新闻坊 | 183万 | 200 | 84万 | 900 | 1.2万 | 3万 | 7.72万（原来嘉定那么大，看完我就震惊了！2015-06-26） | 346（原来嘉定那么大，看完我就震惊了！2015-06-26） | 2951（原来嘉定那么大，看完我就震惊了！2015-06-26） | |
| 魔都眼 | 474.27万 | 912 | 366万 | 912 | | 36.55万 | 35.25万（申毅：做空不应该被限制 恰恰应该放开，2015-7-8） | | 3.69万（申毅：做空不应该被限制 恰恰应该放开，2015-7-8） | |
| ShanghaiEye | 1.66万 | 64 | 1.21万 | 64 | 231 | 1777 | 1.76万（独家｜德国前总理生前最后一部纪录片，居然是中国人拍的！2015-11-11） | 600（你知道日军在上海设立过侨民集中营吗？2015-12-8） | | |
| 上海外语频道 | 27万 | 900 | 18万 | 900 | 5400 | 7200 | 2051（今晚你可以旁听：让日本特务头子紧张到嘴抽筋的东京审判，2015-9-1） | 1226（女王的演讲！感谢那些给我们生命带来爱和幸福的人，2015-12-26） | 216（女王的演讲！感谢那些给我们生命带来爱和幸福的人，2015-12-26） | |
| ICS直播上海 | 20万 | 521 | 2429 | 521 | 1300 | 3400 | 2429（创客商店现身持小微创新，2015-2-13） | 26（"歪挂"的新西兰人用"换国旗"找回了存在感，2015-8-12） | 136（中外阅兵，外媒怎么看，2015-9-3） | |
| 财道Moneytalks | 7万 | 204 | 3000 | 204 | 2040 | 4080 | 3348（特约｜他们的巴黎，2015-11-15） | 14（记者札记｜我的垃圾"情缘"，2015-8-15） | | |

| 微信公众号 | 总阅读数 | 原创帖文总数 | 头条总阅读数 | 总篇数 | 总点赞数 | 总分享数 | 单篇最高阅读数（篇目、日期） | 单篇最高点赞数（篇目、日期） | 单篇最高转发、分享数（篇目、日期） | 备注 |
|---|---|---|---|---|---|---|---|---|---|---|
| ICS中日新视界 | 1.9万 | 58 | 1.3万 | 270 | 3800 | 2200 | 2393（福原爱结婚，2016-9-21） | 29（福原爱结婚，2016-9-21） | 111（福原爱结婚，2016-9-21） | |
| 名医话养生 | 340万 | 416 | | | | | 4.21万【震惊】上海保命丸竟然可以这么吃！2015-11-17） | 154（清肺界的"黄金铁三角"，2015-10-5） | 416【千年古方】一招治失眠！2015-12-12） | |
| STV超级家长会 | 12万 | 250 | 6万 | 250 | 8200 | 2万 | 3500（爸爸妈妈，别为了我的事情再吵架了，2015-1-16） | 560（爸爸妈妈，别为了我的事情再吵架了，2015-1-16） | 4000（爸爸妈妈，别为了我的事情再吵架了，2015-1-16） | |
| 非常惠生活 | 1.75万 | 52 | 1.73万 | 52 | 2080 | 1.6万 | 1982（身边的陷阱，2015-8-18） | 54（身边的陷阱，2015-8-18） | 1764（身边的陷阱，2015-8-18） | |
| 梦想改造家 | 34.87万 | 158 | 31.28万 | 158 | 1.2万 | 11万 | 1.93万（爆改7.6平米学区房，2015-8-11） | 156（爆改7.6平米学区房，2015-8-11） | 1.89万（爆改7.6平米学区房，2015-8-11） | |
| 宣克灵 | 1500万 | 1400 | 700万 | 360 | 11万 | 70万 | 22万（奥迪车车祸，2015-10-27） | | 2.2万（奥迪车车祸，2015-10-27） | |
| 七分之一 | 400万 | 450 | 200万 | 480 | 1万 | 2万 | 5.51万（九问九答：如何来上海市质子重离子医院看病，2015-5-10） | 80（九问九答：如何来上海市质子重离子医院看病，2015-5-10） | 360（九问九答：如何来上海市质子重离子医院看病，2015-5-10） | |

| 微信公众号 | 总阅读数 | 原创帖文总数 | 头条总阅读数 | 总篇数 | 总点赞数 | 总分享数 | 单篇最高阅读数（篇目，日期） | 单篇最高点赞数（篇目，日期） | 单篇最高转发、分享数（篇目，日期） | 备注 |
|---|---|---|---|---|---|---|---|---|---|---|
| 上视互动吧 | 79.35万（观众参与互动人次） | | | | | | 3944（观众参与互动人次，2015-10-26） | | | 工具型公众号无原创 |
| 上海摩天轮 | 150万 | 480 | 100 | 486 | 5000 | 7万 | 12万（这才是老上海人爱吃的生煎，2015-1-6） | 238（这才是老上海人爱吃的生煎，2015-1-6） | 2922（这才是老上海人爱吃的生煎，2015-1-6） | |
| smg摄界 | 30万 | 156 | 30 | 156 | 3000 | 1.5万 | 5.7万（他们有一段共同记忆 长达70年，2015-7-27） | 167（他们有一段共同记忆长达70年，2015-7-27） | 1000（刘益谦：这次我真的有点任性吗? 2015-7-10） | |
| 千飞议论 | 1.3万 | 36 | 2.4万 | 36 | 1.2万 | 8000 | 5071（让【最Duang童年对比照】来得更猛烈些吧！2015-5-30） | 86（让【最Duang童年对比照】来得更猛烈些吧！2015-5-30） | 130（让【最Duang童年对比照】来得更猛烈些吧！2015-5-30） | |
| 数据来源 | 腾讯 | | | | | | | | | |

| 微博名称（属性：官微/部门/个人；平台：新浪/腾讯） | 总发帖数 | 原创帖文总数 | 总跟帖、评论数 | 总点赞数 | 总转发、分享数 | 总被提及/被@数 | 总粉丝数 | 单篇最高跟帖、评论数（篇目、日期） | 单篇最高转发、分享数（篇目、日期） | 单篇最高点赞数（篇目、日期） | 备注 |
|---|---|---|---|---|---|---|---|---|---|---|---|
| 看看新闻KNEWS（官微/新浪） | 0.576万 | 5500 | 45万 | 120万 | 52万 | 80万 | 15万 | 5580（对不起，我来迟了，2015-6-9） | 8850（对不起，我来迟了，2015-6-9） | 4960（对不起，我来迟了，2015-6-9） | |
| 上海电视台法律与道德 | 1119 | | | | | | 1632 | | | | |
| 环球交叉点（官微/新浪） | 2788 | 2000 | 659 | 523 | 5.52万 | | 1.7万 | 362（希拉里健康堪忧、真要退出美国总统竞选？2016-9-12） | 19133（希拉里健康堪忧、真要退出美国总统竞选？2016-9-12） | 580（希拉里健康堪忧、真要退出美国总统竞选？2016-9-12） | |
| 新闻坊（官微/新浪） | 1 | 1 | 8 | 4 | 7 | 1500 | 6000 | 8（号外!号外!2015-12-29） | 7（号外!号外!2015-12-29） | 4（号外!号外!2015-12-29） | |
| 上海外语频道（官微/新浪） | 396 | 380 | 10 | 15 | 10 | 0 | 4.8万 | 5（英语天气预报，2015-1-28） | 推送阅读3.7万，转发7万，【19:30正在播出】《访客·陈蕾：周大为》，2015-1-17 | | |

| | | | | | | | | | | | |
|---|---|---|---|---|---|---|---|---|---|---|---|
| ICS 中日新视界 | 550 | 470 | 560 | 3200 | 750 | 335 | 3300 | 39（柚希礼音时隔14年再访上海，2016-8-31） | 282（柚希礼音时隔14年再访上海，2016-8-31） | 27（柚希礼音时隔14年再访上海，2016-8-31） | 2015年9月起不再更新 |
| STV 名医大会诊－话养生（官微／新浪） | 1000 | 1000 | | | | | 3100 | | | | |
| 上海电视超级豪长会 | 8000 | 3000 | 5000 | 5000 | 6700 | 3600 | 5500 | | | | |
| 非常惠生活（新浪官微） | 1104 | 720 | 5510 | 2.24万 | 2560 | 4868 | 1.98万 | 26（梦想改造家第二季归来，2015-5-12） | 28（梦想改造家第二季归来，2015-5-12） | 31（梦想改造家第二季归来，2015-5-12） | |
| 梦想改造家（新浪官微） | 1200 | 6.8万 | 7万 | 9.7万 | 10万 | 8.4万 | 19.9万 | 514（梦想改造家第三季报名，2015-10-15） | 79（梦想改造家第三季报名，2015-10-15） | 430（梦想改造家第三季报名，2015-10-15） | |
| 宣克炅 | 1500 | 1500 | 50万 | 50万 | 60万 | 80万 | 98.4万 | 430（中学生殒命土方车车轮，2015-1-29） | 313（中学生殒命土方车车轮，2015-1-29） | | |
| 数据来源 | | | | | | | | 新浪 | | | |

## 其他社交平台、账号运营情况

| YouTube | 总阅读数 | 原创帖文总数 | 头条总阅读数 | 总篇数 | 总点赞数 | 总分享数 | 单篇最高阅读数（篇目、日期） | 单篇最高点赞数（篇目、日期) | 单篇最高转发、分享数（篇目、日期） | 何时注册、开通 |
|---|---|---|---|---|---|---|---|---|---|---|
| Smg 官方频道 | 6 亿 | 4 万 | 60 万 | 5000 | | | 120 万<br>（视频 \| 9·3 中国大阅兵，2015-9-3） | 2000<br>（视频 \| 9·3 中国大阅兵，2015-9-3） | | 2012 年 1 月 |
| 数据来源 | | | | | 后台 | | | | | |

# 第二章

## » SMG 东方广播中心

截至 2015 年底，东方广播中心的新媒体产品矩阵包含——

网站：东方广播网

移动客户端：阿基米德 FM、新闻＋、市民政务通

微博：上海新闻广播、东广新闻台、上海交通广播、动感 101、LoveRadio1037FM、第一财经广播、899 驾车调频、五星体育广播、上海故事广播、经典 947、KFM981、市民政务通－直通 990、东方广播

微信公众号：上海新闻广播、东广新闻台、上海交通广播、动感 101、Love Radio、第一财经广播、899 驾车调频、经典 947、上海戏曲广播、上海故事广播、五星体育广播、KFM981、话匣子、阿基米德、直通 990、东方广播

## 概　况

东方广播中心自成立伊始即着力推进广播融媒体转型、全面完善广播全媒体运行机制。2015 年，东方广播中心在已构成的新媒体矩阵的基础上，充分借力内部创新和外部资源，从机制、流程、产品、技术等方面谋求整体转型，逐步实现从传统内容生产部门向互联网声音产品提供商的身份转变。

2015 年，东方广播中心推出的新媒体产品有：

## 1. 上海广播全媒体制作中心正式启用 @Radio 系统发布

具有全国领先地位的上海广播全媒体制作中心于 2015 年落成并启用。上海新闻广播、东广新闻台、上海交通广播、五星体育广播、第一财经广播等 5 套新闻资讯类广播入驻其中，通过全媒体新闻指挥中心这一中枢，打通各新闻类频率的资源壁垒、实现对日常新闻选题和重大突发新闻事件的全媒体指挥策划，提升了应对重大新闻和突发新闻的协调指挥能力，广播融媒体之路开启又一段全新旅程。

广播全媒体制作中心将传统广播功能和新媒体传播功能融合于一体，将新闻指挥中心、新闻资讯类频率制作播出、N 进 N 出的广播云采编平台、全媒体分发平台集结在一个物理空间内，实现 24 小时不间断地收集多信源新闻线索，对各类资讯进行分析判断、对各频率新闻版面进行统筹规划、对新媒体信息发布和新闻节目播出进行统一策划，重新再造新闻生产流程。同时，以 @Radio 为核心的广播云采集平台为节目内容实现了多信源采集、多媒体编辑和多平台分发，记者、编辑、新媒体工作人员都可一站式完成图文编辑、远程采访、音视频剪辑以及新媒体渠道分发的多重功能，共享各类资讯，实现融媒体资源的互动互融，真正打造出一个高标准、高效率、编播一体化的"广播梦工厂"。

## 2. 移动客户端"新闻 +"诞生 人人都是"新闻家"

2015 年 2 月 2 日，由东广新闻台推出的"新闻 +"是一款集聚新闻客户端和网络电台等多重功能的新闻类移动客户端，不仅为全球用户提供最新资讯，还支持用户随手上传新闻爆料并与主持人实时互动，审核通过的"爆料"将有机会成为广播节目内容的一部分。截止 2015 年底，"新闻 +"累计下载已超过 24 万，注册用户近 16 万。

## 3. 动感 101 推出视频产品——动感 101TV

2015 年 7 月 10 日，动感 101TV 利用动感 101 强大的听众基础和艺人资源以及与之一脉相承的年轻、时尚、接地气的核心精神，为受众带来时下最有趣、最新鲜的潮流短视频。同时，开创 VR 空间，用最先进的高科技设备给幸运听众带来酷炫完美的虚拟空间操作和观赏体验。项目启动以来，动感 101TV 紧跟社会热点，视频每条平均点击量 5 万人次，最高点击量超过百万。

## 4. 阿基米德（上海）传媒有限公司正式成立

2015 年 8 月 13 日，阿基米德（上海）传媒有限公司成立，开始了对接全国广播的步伐。阿基米德从成立之初就致力于成为每一位主播的专业伙伴、每一家电台的创收平台、每一位听众的新乐园，希望通过提供平台和商业模式帮助广播实现转型。

截止 2015 年底，阿基米德用户数已超过 1000 万，用户覆盖全中国所有省份、港澳台地区及美国、加拿大、日本、澳大利亚等 94 个国家和地区。阿基米德现已聚集全国 7000 多档广播节目社区，其中上海节目数量近 300 个，上海广播旗下全部节目都已入驻，占整个产品节目比例仅为 5%，成为一款名副其实的面向移动互联网人群的全国性产品。2015 年，阿基米德在广播媒体跨地域融合方面取得实质性突破，湖北、贵州、辽宁、江西等 4 个省级和近 10 个市级电台的近 60 个广播频率相继入驻"阿基米德"，各社区用户发帖超过 600 万，在全国范围内形成一定影响力，成为新的舆论热场。

阿基米德将继续提升市场影响，吸引目标用户关注；凸显产品优势，提供优质收听体验；建立社区运营规则，为用户提供个性化服务；开发商业模式，引发资本市场关注；完善大数据分析应用，为节目产品和第三方提供数据内容支撑；加强全媒体、跨地域融合，提升传统广播电台整体在新媒体环境下的竞争力与影响力；推进海外版平台建设，精选集纳中国声音，打造具有国际影响力的外宣媒体。同时，阿基米德将积极融入互联网生态圈，形成全新的广播内容生产流程，实现传统媒体与新媒体的真正融合。

# 一、网站

**名称**　东方广播网

**域名（链接）**　www.eastradio.com

**创建日期**　2012 年 5 月

**公司（单位）性质**　国有事业单位

**法人代表**　王治平

**团队架构**　网站采编 1 人

性别：男　年龄：31-40 岁　学历：大学本科　岗位：新闻采编

**内容定位**　以东方广播中心各频率节目在线收听、活动信息、公司新闻为重点，同时关注热点新闻事件。

**内容板块**　中心介绍、所属频率、品牌活动、广告业务、演绎业务、下载中心、最新消息、活动专区、视频集合等。

**传播力**　日均浏览量 700 左右

# 二、移动客户端

## 1. 阿基米德 FM

**推出时间** 2014 年 10 月 10 日

**平台** iOS，Android

**内容** 平台上已有超过 7000 档节目，7000 多个节目社区，已有上海、湖北、贵州、辽宁、江西 5 个省级及近 10 家市级电台近 70 个频率的近千个节目组入驻阿基米德与听众互动，各社区里用户发帖超过 600 万，在全国形成了一定的影响力。部分节目保持很高的活跃度，粉丝破万的社区共 30 个，粉丝数最高的社区为上海的《东方风云榜》, 8.4 万人。

今天欢乐送最后一站：南京西路静安公园！

**功能** 拥有包括收听、互动在内的 12 大功能，为用户提供 24 小时不间断的高品质音频收听、互动体验。平台以单个节目为基础，每一个都是独一无二的兴趣部落，用户可以从自己的兴趣和需求出发自主选择获取信息。在每一个节目社区下，内容不再受到介质的局限，文字、图片、音频能够以用户感觉最易接受的形式组合呈现。除接收资讯外，用户还能进行社交活动、享受服务。

**下载量** 500 万 +（截至 2015 年底）

**技术升级、进步概况** 阿基米德产品目前成功实现了对传统广播节目的精细数据分析，所有节目指标数据已经能够围绕六个维度做到日发布，对合作的电台也能做到输出定制化数据反馈。同时阿基米德大数据分析团队对内容的分析解读能力进一步提升，对传统广播内容生产、流程再造开始显现影响作用，并有成功案例。项目团队还在继续探寻大数据的分析与应用模式，优化与创新现有数据新闻呈现形式。

**创新举措** 阿基米德不仅在产品形态上实现了跨地域的节目与用户融合，同时积极推进跨媒介融合，与上海报业集团旗下上海观察合作推出了音频节目"上海观察"，与联通合作推出了"沃·阿基米德数据实验室"。接下来，除了优质节目内容合作生产外，还将在生产流程、资源整合、信息交互等方面与其他媒体实现深入融合。

## 2. 新闻 +

**创建日期** 2015 年

**平台** iOS，Android

**内容** "新闻 +"不仅为全球用户提供实时更新的最新资讯，内容覆盖全球时政、财经、民生、文化、科技、体育、娱乐、时尚等各个领域，还是一款能够真正与用户实现"互动"的 APP 产品。"新闻 +"用户可以随手拍、随手上传、随时爆料、评论或分享。

**下载量** 24 万（截至 2015 年底）

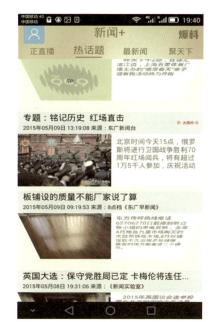

**技术特点**　集聚新闻客户端和网络电台 APP 多重功能的新闻类应用软件

### 3. 市民政务通

**创建日期**　2013 年 9 月

**平台**　iOS，Android

**内容**　政策咨询 APP

**功能**　提供上海市各类政策咨询服务及查询功能

**下载量**　5 万（截至 2015 年底）

## 三、微博

### 1. 上海新闻广播（新浪微博）

**创建日期**　2010 年 1 月

**定位**　中国最具实力的新闻广播频率之一，影响中国十大广播电台旗下的官方微博，以全球视野、表达上海观点。

**粉丝量**　截至 2015 年底，粉丝量 225318。

## 2. 东广新闻台（新浪微博）

**创建日期** 2009 年 12 月

**定位** 东广新闻台打造互联网新闻广播

**粉丝量，转发量 + 跟帖量** 截至 2015 年底，粉丝量 750216，转发 + 跟帖量 237250。

### 3. 上海交通广播（新浪微博）

**创建日期**  2010 年 1 月

**定位**  服务上海交通广播的受众听众，发布热点新闻、交通、生活服务信息等热门资讯。

**粉丝量**  截至 2015 年底，粉丝量 700000。

### 4. 动感 101

**推出时间**  2010 年 5 月 6 日

**定位**  基于动感 101 线上广播的听众，包括上海及全国地区的年轻粉丝。

**粉丝量，转发量 + 跟帖量**  截至 2015 年底，粉丝量 131000，转发量 + 跟帖量 24690。

## 5. LoveRadio1037FM（新浪微博）

**创建日期**　2010 年 11 月

**定位**　LoveRadio 官方微博

**粉丝量，转发量 + 跟帖量**　截至 2015 年底，粉丝量 77900，转发量 365，跟帖量 14623。

## 6. 第一财经广播（新浪微博）

**创建日期** 2010 年 12 月

**定位** 第一财经广播节目内容呈现、互动、最新财经新闻发布的互联网延伸平台。

**粉丝量** 截至 2015 年底，粉丝量 661461 。

## 7.899 驾车调频（新浪微博）

**创建日期** 2011 年 2 月 16 日

**定位** 面向 28-49 岁私家车主的服务型微博

**粉丝量，转发量 + 跟帖量** 截至 2015 年底，粉丝量 26 万。

## 8. 五星体育广播（新浪微博）

**创建日期** 2009 年 12 月

**定位** 体育信息的发布与听众交流的平台

**粉丝量，转发量 + 跟帖量** 截至 2015 年底，粉丝量 170939。

## 9. 上海故事广播（新浪微博）

**创建日期**　2013 年 1 月

**定位**　读书

**粉丝量，转发量 + 跟帖量**　截至 2015 年底，粉丝量 7946。

## 10. 经典 947（新浪微博）

**推出时间**　2014 年 6 月

**定位**　古典音乐宣传普及平台、发布频率最新动态。

**粉丝量，转发量 + 跟帖量**　截至 2015 年底，粉丝量 871。

## 11. KFM981（新浪微博）

**创建日期** 2014 年 9 月 28 日

**定位** 上海欧美音乐电台 KFM98.1 官方微博。服务于 KFM98.1 频率宣传，做有态度的欧美娱乐资讯盘点。

**粉丝量，转发量 + 跟帖量** 截至 2015 年底，粉丝量 27693，转发量 69429，跟帖量 33756。

**特点** 以日常更新资讯为主，电台本身活动宣传为辅，加以新媒体项目的宣传，吸引欧美音乐的年轻受众即垂直受众。

## 12. 市民政务通 - 直通990（新浪微博）

**创建日期**　2011 年 8 月

**定位**　上海民生政策咨询

**粉丝量，转发量 + 跟帖量**　截至 2015 年底，粉丝量 3.5 万，转发量 + 跟帖量 3000。

## 13. 东方广播（新浪微博）

**创建日期**　2011 年 2 月

**定位**　东方广播中心官方微博，以扩大东方广播各下属频率及各大品牌活动的知名度。

**粉丝量，转发量 + 跟帖量**　截至 2015 年底，粉丝量 40864，转发量 23600，跟帖量 8300 。

# 四、微信公众号

## 1. 上海新闻广播

**创建日期** 2013 年 4 月 30 日

**定位** 新闻

**特色** 微信号秉持"新闻工匠，打造最有品质的内容"的理念，立足为上海市民服务，无论是时政大新闻，还是天气小贴士，能从新媒体短平快和轻松愉快的角度予以展现，是上海新闻广播线上广播的有效延伸和补充。微信号同时结合新闻广播诸多线上线下活动，除了帮助线上渠道的传播之外，也加强自身品牌的输出，增强品牌影响力。

**订阅数** 28774（截至 2015 年底）

## 2. 东广新闻台

**创建日期**  2014 年 12 月

**定位**  东广新闻台打造互联网新闻广播

**特色**  东广新闻台成立于 2004 年，是中国大陆第一家类型化新闻电台，也是目前上海唯一一家全资讯频率。节目内容涵盖时政、财经、民生、社会、科技、文娱、教育、体育、生活方式等，是上海收听市场 TOP4 的电台。2015 年初改版后，成为国内第一家全方位向互联网转型的电台，移动收听优势明显，在新闻资讯电台中全国排名第三、省级第一。

**订阅数**  8708（截至 2015 年底）

## 3．上海交通广播

**创建日期**　2014 年 1 月

**定位**　服务上海交通广播的受众听众，发布热点新闻、交通、生活服务信息等热门资讯，打造一个在直播时间段和线性节目之外与主持人交流的平台。

**订阅数**　148000（截至 2015 年底）

## 4. 动感 101

**创建日期**　2012 年

**定位**　动感 101 线上广播的听众，包括上海及全国地区的年轻粉丝。

**特色**　抓住最热的社会新闻，以短视频的形式放在微刊中，从动感 101 的角度出发，以更生动的方式让受众了解社会热点新闻。运用视频配以新媒体语言体系，带领全年龄段的受众在最短时间内了解到事件的最新发展，形成广为传播的效应，"动感 101"微信公众号将不断地为广大受众推送最新最快的热点消息。

**订阅数**　36 万（截至 2015 年底）

## 5. Love Radio

**创建日期**　2013 年 2 月

**定位**　LoveRadio 官方微信

**特色**　符合 Love Radio 频率的特性，
以新媒体的方式推广经典音乐。

**订阅数**　26 万（截至 2015 年底）

## 6. 第一财经广播

**创建日期**　2014 年 10 月

**定位**　服务于股民、喜欢财经的受众。

**特色**　第一财经广播系专业财经广播，听众可通过 FM97.7、微信"在线收听"方式，或下载注册阿基米德 APP 参与第一财经广播各档节目互动。

**订阅数**　4300（截至 2015 年底）

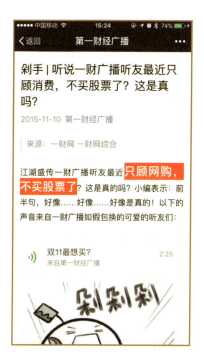

## 7. 899 驾车调频

**创建日期**　2013 年 5 月

**定　位**　定位于 28-48 岁私家车主的上海本土公众号

**特　色**　以 28-48 岁私家车主为主要受众，结合频率节目特色，每天推送用户感兴趣的内容，涵盖用车、旅游、美食、生活等。

**订阅数**　10442（截至 2015 年底）

## 8. 经典947

**推出时间** 2014 年 6 月

**定位** 古典音乐宣传普及平台，发布频率最新动态。

**粉丝数** 12000（截至 2015 年底）

## 9. 上海戏曲广播

**推出时间** 2015 年 7 月

**定位** 传统戏曲曲艺宣传普及平台、发布频率最新动态

粉丝数 1200，总阅读数 16157（截至 2015 年底）

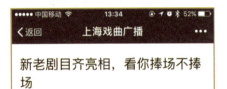

## 10. 上海故事广播

**创建日期**　2012 年 12 月

**定位**　分享和发布信息

**特色**　结合节目内容分享最新书讯

**订阅数**　7792（截至 2015 年底）

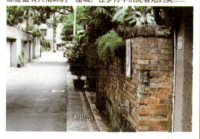

## 11. 五星体育广播

**创建日期**　2014 年 12 月

**定位**　体育

**特色**　体育新闻及频率介绍

**订阅数**　26179（截至 2015 年底）

## 12. KFM981

**创建日期** 2014 年 9 月 18 日

**定位** 最全最新的欧美八卦、娱乐、音乐、影讯收集盘点。

**特色** 打造最有趣、认真、专业的欧美资讯微刊，内容分为八卦资讯、歌单推荐、人物介绍、影讯影评等观点鲜明、文风活泼的版块，既与时代接轨又非常接地气，是为数不多的集欧美影视、时尚、音乐为一体的综合微公号。

**订阅数** 31010（截至 2015 年底）

## 13. 话匣子

**创建日期** 2014 年 12 月 21 日

**定位** 新闻

**特色** 微信号秉持"有态度的原创、有价值的传播"的理念，立足于都市生活服务，以上海市民尤其是 20-40 岁之间的年轻人为目标受众，从硬新闻中发掘和市民生活的契合点，以简单明了接地气的形式予以展现。同时，继续在时尚、旅游、文化等内容上大力开拓。除了本身渠道的传播之外，还与其他平台加强合作，以内容输出的形式增强品牌影响力。

**订阅数** 22913（截至 2015 年底）

## 14. 阿基米德 FM（阿基米德 APP 官方微信公众号）

**创建时间** 2014 年 10 月

**定位** 阿基米德 APP 推广及内容扩展

**订阅数** 16701（截至 2015 年底）

## 15. 直通990

**创建日期**　2013 年 12 月

**定位**　上海民生政策发布及解读

**特色**　提供广播节目《市民政务通 - 直通 990》中的政策解读，并推送生活类信息，丰富市民政策需知，增加新媒体产品内容，及时、精准、快速、权威。

**订阅数**　2.5 万（截至 2015 年底）

## 16. 东方广播（东方广播中心官方公众号：dongfang gaungbo1376）

**创建日期**　2012 年 8 月

**定位**　扩大东方广播各下属频率及各大品牌活动的知名度，搭建广播资讯集结、听众互动、合作咨询的平台。

**特色**　第一时间发布上海广播及旗下各频率、上海广播节等品牌活动的最新资讯，提供东方广播中心旗下频率节目单自助查询，是粉丝与上海广播便捷沟通的平台。

**订阅数**　粉丝数 42461（截至 2015 年底）

## 2015 上海广播节营销推广  案例

　　首届上海广播节在经历紧张有序的半年筹备后，于 2015 年 10 月 15 日开幕。上海广播节通过一系列专业活动展示了上海广播拥抱新媒体、探索新传播样式和新生产流程的新时代广播形象，精心策划的线上线下推广活动打造了一场集广播业内交流、跨界融合探索、听众粉丝互动于一体的广播盛会，探索并发掘了新媒体环境下声音的更多可能性。

　　2015 上海广播节的营销推广充分盘活了媒体渠道、扩大人群覆盖，更能突破固有思维，策划并举办了富有互动性的上海广播艺术展，完成了一次独辟蹊径的"跨界"推广，全方位打造上海广播节影响力，进一步提升上海广播品牌形象。

### 大胆突破，传统广播联姻现代艺术

　　"无限电·上海广播艺术展"于 10 月 1 日开始在 K11 购物艺术中心对市民免费开放，为上海广播节预热。展览精选了 37 台古董收音机，复刻往日时光，再现收音机百年历史；同时，从 SMG 版权资产中心暨上海音像资料馆中精选出独家珍贵声音素材，传统结合科技，打造未来感十足的光影视听空间，探索无线电的无限可能。此次展览赋予了传统广播以全新生命力，为传统文化注入了时代活力。

　　在 17 天的展期内，760 平方米的展厅共接待近 5000 位参观者。展览不仅吸引了众多"资深听众"，也在观展的年轻人中赢得了良好反响。展览期间，《Shanghai Daily》（上海日报）头版关注，《人民日报海外版》于要闻版发布图文消息。《新闻晨报》与《青年报》均以半版篇幅重点报道艺术展，关注"视觉时代"里声音的永恒价值。新闻综合频道、ICS（上海外语频道）与 CCTV News（中国中央电视台英语新闻频道）等电视媒体播发相关报道。

　　此次上海广播艺术展做到了口碑人气双丰收，其大胆的理念，细腻的执行为传统广播电台的多样化经营与跨界衍生做了一次有益尝试。

### 旋风再起，声音魔力走入街头巷尾

　　如果说上海广播艺术展让用眼过度的现代人发掘听觉世界，探寻情感共鸣，从声音、装置和行为艺术的多维度层面重新审视声音的力量和意义。那么上海广播现场秀则将广播带进了上海具有艺术气质的购物中心之一，接触忠实听众的同时，更接触广大的市民群众。

10月17日，设在K11购物艺术中心B1层的互动直播室与外场互动区将上海广播带到人来人往的商场中。这也是上海广播历史上参与频率及主持人最多、时间最长的一次户外直播。来自上海新闻广播、东广新闻台、上海交通广播、899驾车调频（东方都市广播）、动感101、Love Radio、KFM981、经典947、第一财经广播等9套频率近40位主持人轮番坐镇话筒前，加上难以细数的幕后工作人员共同努力，才有了这场史无前例的现场秀，成为2015上海广播节送给所有听众的一份礼物。

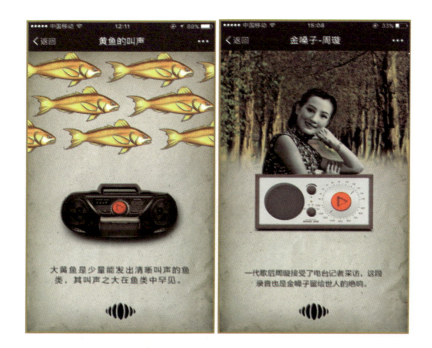

10 月 17 日现场，2015 上海广播节纪念册限量推出，7 位东方广播主持人为到场广播听众一一签赠纪念册。纪念册不仅凝结了东方广播中心成立一年多来的精彩点滴，还收录了 7 段打上"广播烙印"的独家声音素材。这些来自 SMG 版权资产中心暨上海音像资料馆与东方广播中心的声音资料中，不仅有历史人物的珍贵语音、反映老上海风貌的历史原音，也有自然生物鲜为人知的奇妙声响，展现了广播用声音记录历史的独特情怀。

### 大众节日，趣味互动全接触

为了让更多市民在上下班路上就能过一把"主播瘾"，广播节特别打造的三个"3D 酷感直播间"于广播节开幕前亮相上海地铁徐家汇站、新天地站与世纪大道站。效果逼真的立体喷绘墙将人瞬间带入森林、海洋、南极的场景中，加上话筒、耳机、调音台等元素的巧妙融入，让曾经神秘的广播直播间彻底颠覆想象。上海广播 DJ 纷纷抢先合影，每位路人也可以在其中尽情享受"开麦"的乐趣。

此项与上海地铁联合开展的公益文化行动，不仅倡导都市人保护大自然、关爱动物，同时为钢筋水泥丛林里的都市人打造了一个充满想象、减压放松的体验空间，传递人与自然和谐相处的"慢生活"理念。这一创新性的视觉营销将广播文化与生活出行、流行文化紧密结合，也是上海广播在探索全新线下互动营销上的一次全新尝试。

　　首届广播节在社会上，在广播行业内都产生了广泛的影响。截止2015 年 10 月 26 日，本次广播节大众媒体共发表了 155 篇原创稿件，发布了 11 篇视频报道。网易、搜狐、看看新闻等门户网站纷纷转载了关于广播节的各类报道，其它媒体的主动转载量更是大到难以计数。更令人欣喜的是，广播节在互联网上也搅动了舆论场，微信公众号的阅读量达到 13 万以上，微博各类大 V 发布的关于上海广播节的报道以及带有"2015 上海广播节"的话题，阅读量突破 400 万。上海发布全程关注上海广播节，其间共发布五条微博，总阅读量突破百万。事实证明，广播节的受众有 6 成以上是通过各类微信公众账号、新闻客户端、微博等移动新媒体了解并参与到广播节的活动中来的。

## 阿基米德：为凡人善举的温暖传递搭建平台  案例

阿基米德从 2015 年 5 月开始，在平台设置了《为好人点赞》社区，给每个人身边的"感动"、"感激"搭建一个表达平台。社区里不仅汇集了上海广播电视台《市民政务通——直通 990》节目中打进电话来"点赞"的音频，还让很多互联网用户通过图文帖或者投票的形式来记录他们发现的美好。

自从阿基米德的"为好人点赞"社区开通以来，有 300 多位用户在平台上留下了音频或者文字来点赞，这些故事也吸引了大量用户的关注。从拾金不昧到下雨借伞，从见义勇为到自发公益活动，从 20 岁青年到退休老人，从外地打工者到白领妈妈，医生、教师、警察这些职业也成了大家争相点赞的对象。人们在这个平台发现可能每天都会打交道的普通人是如此可爱。

作为广播新媒体，阿基米德将网络上流行的"点赞"转变为用户的实际行动。带着听众的"温暖"和"感动"，成为了展现"凡人小事"的展示平台。每条音频和文字帖旨在微小平凡中发现社会的美好和人性的闪光点，传递社会正能量。

阿基米德注重节目落地活动的推广。《为好人点赞》通过合作企业进入了一万五千家超市，将"点赞"传递到千家万户。

## 动感 101：紧跟热点潮流
## 订阅、转发、分享、点赞屡创新高  案例

### （一）

"动感 101"新浪微博为上海东方广播中心的动感 101 音乐频率官方微博，于 2010 年 5 月 6 日创建。定位基于动感 101 线上广播的听众，包括上海及全国地区的年轻粉丝。粉丝量为 131000 人，总转发、分享数达 24690 次。

2015 年总发帖数 2320 条，原创帖文总数 1595 条。总跟帖、评论数 9680 条，总点赞数 33720 次。运维重点时间段在 1-3 月。

3 月，动感 101 举办全年最大的线下活动——东方风云榜音乐盛典，云集众多明星参与，运维重点是 Hashtag 阅读量的宣传工作。

Hashtag 宣传工作，也就是微博话题宣传组的工作。除了常规的宣传内容发布，粉丝投票为偶像赢得奖项之外，2015 年有两大突破阅读量的亮点。

首先是"拉偶像上外滩之窗"的活动。主办方利用"外滩大屏"给每位艺人发了一条微博，在 5 天内比拼后台阅读量，并且每天做好转发粉丝的攻略、战报并公布结果。

其次，是"天王席位 PK 战"。主办方给出席颁奖典礼的艺人各发一条微博，最终阅读量前三名的艺人的粉丝们，可以有机会得到靠偶像最近的百余张门票，大大刺激了粉丝神经，效果显著。

"拉偶像上外滩之窗"的活动也成为 3 月微博宣传的点睛之笔，在

短短 5 天内，获得了 7000 多万的阅读量，如"拉华晨宇上外滩之窗"的话题就有 5542.3 万阅读量。"天王席位 PK 战"在短短 4 天内也获得了 8700 多万的阅读量。

## （二）

"动感 101"微信公众号为上海东方广播中心动感 101 音乐频率官方微信公众号，于 2012 年创建。其定位基于动感 101 线上广播的听众，包括上海及全国地区的年轻粉丝。订阅数截至 2015 年度为 360000 人，总转发、分享数达 24690 次。

2015 年总阅读数 26152133 次，原创帖文总数 581 条，头条总阅读数 13045000 次，总篇数 370，总点赞数 12054，总分享数 428997，原创帖文总数 1595 条。

2015 年，阅读量最高的一篇报道，来自一个社会热点事件："地铁占座事件"。8 月 19 日，地铁 8 号线车厢中，一个手绑绷带的女乘客，为了争抢座位，直接坐在了另一位姑娘身上。此时坐在旁边胖阿姨看不过去了，开始与绷带女子"斗智斗勇"，不仅出手保护被打女孩，还安慰她"勿要哭"。阿姨一边安慰落泪的小姑娘，一边大声斥责蛮横抢座的绷带女。热心"胖阿姨大战绷带占座女子"的一幕被一旁的乘客用手机记录下来，并上传到网络。之后立刻引起了轰动，网友纷纷为"上海胖阿姨"的行为叫好，称其是"社会正能量"。

8 月 20 日，动感 101TV 第一时间联系到了当事人"胖阿姨"，派出记者对其进行专访，并且在当日电视晚间新闻播出之前在"动感 101"微信公众号发出推送，第一时间在全网铺开，引来了 37 万多次的点击量，形成了社会效应。最终腾讯视频点击量 109.1 万，微刊阅读量 373822 次，转发 3104 次。这也是动感 101 音乐频率旗下视频产品"动感 101TV"新成立后第一次亮相。

抓住最热的社会新闻，运用视频配以新媒体语言体系，让不同年龄段的受众在最短时间内了解到事件的最新发展，形成广为传播的效应。

上海新闻广播：《市民播报》
打造全媒体互动窗口  **案例**

《市民播报》是 2015 年度上海新闻广播线上频率和微信新媒体平台共同呈现的一档小栏目。由"市民记者"主动向新媒体平台提供新闻线索，经过编辑挑选整合，再反哺传统广播媒体。

《市民播报》2015 年在上海新闻广播非常有影响力的两档新闻《八点新闻》和《今晚》中播出，这也在传统播报型的早、晚广播新闻节目中实现了突破，是少有的全媒体互动窗口，得到众多市民的欢迎。"上海新闻广播"微信公众号日均收到市民微信 40 条左右，有市民语音、有新闻图片、有新闻现场实况声。编辑根据新闻价值及《市民播报编播规范》，每天选出 3-4 条予以播出，并配有编辑观点、主播点评。

与此同时，微信、微博、阿基米德平台每天推送市民记者的优秀播报，并每周、每月在新媒体平台上遴选出每周之星、每月之星，并利用新媒体高频率、高质量的推送优秀案例，吸引更多受众参与"市民播报"。

市民观察的原生态呈现，编辑团队专业化的编排，让"市民播报"成为了市民喜闻乐见、分享生活见闻、沟通政情民意的强互动广播新闻栏目。一年多里，累计有超过 1000 位市民参与过播报；栏目所在的 FM93.4《八点新闻》和《今晚》节目，累计获得 SMG 总裁奖超过 10 次，收听率与市场份额屡创新高。

## KFM981："KFM981 带我约霉霉"引发热议 ▶▶ 案例

Taylor Swift（以下简称霉霉）是欧美一线女歌手，在中国人气非常高，拥有数字庞大的粉丝群体，其粉丝群体在微博微信上的活跃度很高，与欧美音乐粉丝群体重合多。霉霉 2015 年 11 月来上海开演唱会共有 3 场，KFM981 手中拥有 32 张赠票，又有梅赛德斯·奔驰文化中心的东方广播中心包厢加持，希望能够借此活动快速涨粉。

KFM981 在线上线下都设置了互动环节：

### 线上直播：

1.家有萌宠——霉霉家里有两只猫，而这两只猫在国外也是网红级别，节目让听众在直播过程中，在微信公众号平台上晒出自家宠物和它的故事。

2.我的极品前任——在晚高峰节目 K-Gogo 中有一个特色单元叫【男生不要听】，两个女主持讨论一些男女生有隔阂的话题，帮助女听众吐槽、男听众理解。而霉霉的歌曲有一些就是写给前任的，节目让听众在微信公众号平台上发来语音，说出自己的故事，并在节目中呈现。

3.我有大长腿——霉霉身高一米八，节目让听众在微信公众号平台上晒出自己的健身照片，鼓励大家热爱运动的同时，参与抢票。而有关照片，最后都放在了微刊中投票，增加了微信与直播节目的粘合度。

**微博：**

给小 K 一个理由送你去看霉霉——鼓励粉丝发布原创微博并带上话题 @ KFM981，说出一个送自己去看演唱会的理由，并根据转发数来选取获奖粉丝，增加了本活动的曝光度。

升舱——同样是转发求赞，但 KFM981 能把粉丝的看台票转换成包厢票，提高了活动的趣味性。

联系大号转发，KFM981 利用了手里的欧美音乐 KOL 资源（houson 猴姆、Musicwars 等）来增加转发。

**线下活动：**

1. 因为霉霉演唱会在 11 月 10-12 日举办，正值万圣节前后，KFM981 推出"不给糖就捣蛋"的活动，号召听众在万圣节当天来到广播大厦抽奖，最后只有一位可以赢走演唱会门票，这一活动同样也增加了曝光度。

2. 霉霉的粉丝会大号的主页君们其实都没有互相见过。KFM981 为此办了一次霉霉粉丝之间的见面会，将一些忠实粉丝带到广播大厦，一起说说和偶像之间的故事、弹唱偶像的歌，增进对彼此的了解。

在演唱会开始之后，KFM981 分三天推出了 KFM981 带我约霉霉主题微信：第一天大致介绍了演唱会盛况，第二天科普了霉霉此次世界巡演的各项准备工作，第三天号召听众在微博上晒在演唱会拍的照片，为霉霉的演唱会做一个完美收官。三篇主题微信的阅读量均在 5000 以上。同时，在演唱会进行时，用视频片段把现场情况反馈给不能到现场的粉丝，也获得近 2000 的转发。

通过在节目上宣传引流到微信微博，同时在微信微博中贴上节目在线收听地址，完成了线上线下的融合，最后这个话题的阅读量约为1200万左右。这是比较成功的一次媒体融合与转型案例。

## ▌SMG 东方广播中心新媒体获奖情况

阿基米德FM：2015广电媒体融合发展创新榜"十大创新项目"

直通990：2015年8月，获评2015全国"年度最具创新力省级广播团队"

直通990：2015年4月，获评2015年上海市劳动模范集体

直通990：2015年11月，获评第24届上海新闻奖名专栏奖

KFM981：2015年12月，官方微博获评微博2015媒体势力榜全国十佳媒体

## SMG 东方广播中心新媒体主要数据一览表

网站：东方广播网

| | 页面点击量（PV） | 单独访客数（UV） | 独立访问量（IP） | 网粘度 | 备注 |
|---|---|---|---|---|---|
| 2015 年度总量 | 14.88 万 | 7.44 万 | 7.56 万 | 3 分 3 秒 | |
| 2015 年度月最高 | 1.2707 万 | 6200 | 5844 | 1 分 46 秒 | |
| 2015 年度日最高 | 1614 | 286 | 277 | 1 分 51 秒 | |
| 单篇最高（篇目，日期） | | | | | |
| 数据来源 | | 友盟 | | | |

# 第三章 ≫ SMG 东方卫视中心

截至 2015 年底，东方卫视中心继续巩固包括东方卫视、新娱乐、中国梦之声等诸多微博和微信公众号等产品的新媒体矩阵，具体包括——

中心官方微博：东方卫视番茄台和中心微信公众号：东方卫视

栏目官方微博：新娱乐、东方卫视妈妈咪呀、东方卫视笑傲江湖

栏目微信公众号：新娱乐、星尚传媒、东方卫视妈妈咪呀、东方卫视笑傲江湖

## 概　况

2015 年继续加强、巩固媒体融合成果，以东方卫视官方微博、微信为中心，新娱乐、星尚传媒及各节目官方微信、微博为辅助，新闻、综艺、影视剧三驾马车并行，实现传统媒体和新媒体的融合贯通。

### 1. 坚持新闻立台

东方卫视微博（@东方卫视番茄台）、微信始终关注重大新闻事件和社会热点话题，做到及时报道、正确引导、有效传播。

2015年6月1日，"东方之星"号客轮在湖北监利大马洲水域突遇龙卷风翻沉，东方卫视持续关注该事件最新进展。东方卫视微博、微信第一时间聚焦该事件进展，准确、及时发布官方搜救情况及最新进展，认真做好官方信息的有效传播。

2015年06月08日

"东方之星"舱内照曝光 时钟定格在9点30分

高考那些事儿 | 假如一觉醒来，你穿越回了高三……

世界海洋日 | 别让塑料污染使海洋母亲"窒息"

## 2. 主推特色版面

在东方卫视重大版面调整、编排中，东方卫视官方微博、微信始终作为频道首发窗口，及时有效做好节目宣传推广工作。

2015年9月3日，"9·3阅兵"期间，东方卫视两微推出"《胜利日看东方》东方卫视特别版面观看指南"，配合东方卫视"反法西斯战争胜利主题播出版面"，及时、全面报道"9·3阅兵"盛况，营造浓厚的抗战胜利纪念氛围。主话题＃胜利日看东方＃阅读量达96.1万。微信阅读数突破9000。

**东方卫视番茄台** V

2015-9-2 16:37 来自 微博 weibo.com

#胜利日 看东方# 东方卫视特别版面观看指南。为纪念中国人民日战争暨世界反法西斯战争胜利70周年，东方卫视精心编排"反法西斯战争胜利主题播出版面"，除了明日将全程转播胜利日盛典，还将推出红色题材抗战剧、专题节目、精品纪录片等一大批内容丰富的抗战主题节目，营造浓厚的抗战胜利纪念氛围。

阅读 2.7万　推广　　　112　　　138　　　31

 **东方卫视番茄台** V

2015-9-3 19:12 来自 微博 weibo.com

#胜利日看东方# 此次阅兵超八成装备首次亮相。99A坦克，实现了火力、机动力、防护力和信息力的有效融合；中远程轰炸机轰6K，具备远距离奔袭、大区域巡逻、防区外打击能力；歼-15舰载战斗机，是中国海军辽宁舰航母舰载机部队首次亮相阅兵式。更有鹰击12超音速反舰导弹、东风-31A弹道导弹等悉数亮相。

阅读 11.8万　推广　　　71　　　58　　　156

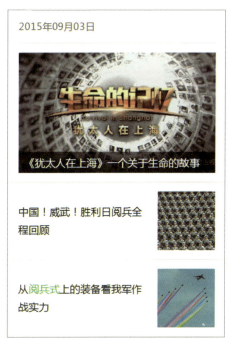

## 3．覆盖年轻人群

截止到 2015 年 12 月 31 日，东方卫视官方微博（@ 东方卫视番茄台）粉丝数超过 400 万，东方卫视官方微信粉丝累积超过 18 万，关注者中 80 后、90 后年轻人群成为主力军。东方卫视两微在此特点上，加强对年轻族群热点事件和热点

活动的关注 · 如在"上海马拉松 20 年"活动中，发挥主观能动性，积极宣传相关活动内容，充分调动网友关注及讨论。主微博阅读数达到 9.9 万，微信阅读数突破 5000。

2015 年，东方卫视中心下属新娱乐、星尚传媒及《笑傲江湖》、《妈妈咪呀》等节目官方微博、微信，发挥各自品牌特色，在扩大各自品牌影响力的同时，继续巩固东方卫视中心品牌影响力和公信力。

2015年11月06日

宋小宝师弟求突破，钢管舞者《笑傲江湖》上演"舌尖上的诱惑"！

急诊室故事 | 科普贴，告诉你什么情况下看急诊→

今日立冬 | 天水清相入，秋冬气始交~

没跑，你就赢了 | 今年上海马拉松又来了哪些"活神

2015年11月06日

娱乐圈半壁江山竟然都来了《笑傲江湖》？相似度：90%

《解放日报》点赞《潮童天下》：小图的话讲出家庭教

今晚80后脱口秀 | 又到"剁手季"，说说"打折"那些

上海国际马拉松赛 | 今年上马路线小有调整，你搞清楚

### 1. 东方卫视番茄台（新浪微博）——隶属东方卫视中心

**创建日期** 2011 年

**定位** 东方卫视品牌建设、信息服务窗口。

**粉丝量，转发量＋跟帖量** 截至 2015 年底，粉丝量 400.7 万，其中，2015 全年新增粉丝数为 50.2 万；2015 全年微博转发量 32.4 万，2015 全年微博跟帖量 23.8 万。

**特色** 东方卫视官方微博以"梦想的力量"为口号，以王牌综艺、热门剧集为主打，以娱乐大事件、粉丝互动等为特色，为东方卫视品牌推广及节目预热起到了良好的宣传及推广作用。

## 2. 新娱乐（新浪微博）——隶属东方卫视中心

**创建日期**　2010 年 12 月

**定位**　新娱乐品牌建设、信息服务窗口。

**粉丝量，转发量 + 跟帖量**　截至 2015 年底，粉丝量 255663，其中，2015 全年新增粉丝数为 3420；2015 全年微博转发量 1412，2015 全年微博跟帖量 3754。

**特色**　就是要开心！真正具有强大内心力量的人，总能找到让自己开心的方法。新娱乐就是那个能让你获得开心能量的电视频道。

### 3. 东方卫视妈妈咪呀（新浪微博）——隶属东方卫视中心

**创建日期** 2010 年 12 月

**定位** 东方卫视妈妈咪呀品牌建设、信息服务窗口。

**粉丝量，转发量＋跟帖量** 截至 2015 年底，粉丝量：29 万，其中，2015 全年新增粉丝数为 4 万；2015 全年微博转发量 4716，2015 全年微博跟帖量 2914。

**特色** 微博 @东方卫视妈妈咪呀 聚焦素人，弘扬核心价值观，积极反映中国女性的坚强、乐观等精神面貌，引导群众正确认识社会问题和生活难题，积极寻求解决办法，增强对未来的信心。东方卫视《妈妈咪呀》播出四季以来，先后获得央视新闻联播、人民日报等国内多家主流媒体的关注和认可。

## 4. 东方卫视笑傲江湖（新浪微博）——隶属东方卫视中心

**创建日期**　2013 年 12 月

**定位**　东方卫视笑傲江湖品牌建设、信息服务窗口。

**粉丝量，转发量 + 跟帖量**　截至 2015 年底，粉丝量 111 万，其中，2015 全年新增粉丝数为 86 万；2015 全年微博转发量 39616，2015 全年微博跟帖量 24831。

**特色**　《笑傲江湖》是东方卫视大型素人喜剧节目。微博 @ 东方卫视笑傲江湖以"生活百般滋味，人生需要笑对"为核心价值观，在充满生活压力的当今社会，做的是一个让人欢笑的节目，给观众多一个笑的机会，传递一种即使身处逆境也笑对人生的正能量。

# 二、微信公众号

## 1. 东方卫视（东方卫视主媒体公众号：sh_dragontv）

**创建日期**　2014 年 1 月

**定位**　东方卫视品牌建设、信息服务窗口。

**特色**　2015 年，东方卫视微信公众号继续以王牌综艺、热门剧集、娱乐大事件、粉丝互动等为重点，进一步完善东方卫视品牌形象。

**订阅数**　18 万 +（截至 2015 年底）

**案例**

2015 年 3 月 9 日，东方卫视官方微信结合即将播出的综艺节目《花样姐姐》及"土耳其免签"热门话题，发布《土耳其"免签"啦 | 和花样姐姐一起来一场说走就走的土耳其之旅吧》一文，获得极高关注度，阅读量达 30404，为东方卫视品牌推广及节目预热起到了良好的宣传作用。2015 年 9 月 2 日，东方卫视微信发布《"9·3"盛典详细流程及阅兵看点全揭秘》再次获得网友热烈响应，东方卫视微信关于"9·3 阅兵"及时、有效的选题，全面的报道，也受到网友点赞，本文阅读量达 24504。

## 2. 新娱乐（节目公众号：OTV-Media）

**创建日期**　2013 年 1 月

**定位**　新娱乐品牌建设、信息服务窗口。

**特色**　东方卫视中心娱乐频道的官方微信，娱乐频道品牌建设、信息服务窗口。同时，因为娱乐频道的口号为"就是要开心"，因此微信号选取的都是积极健康、充满正能量的欢乐内容。

**粉丝数**　33782（截至 2015 年底）

## 3. 星尚传媒（节目公众号：xingshangchuanmei）

**创建日期** 2012 年 12 月

**定位** 星尚品牌建设、信息服务窗口。

**特色** 东方卫视中心星尚频道的官方微信，星尚频道品牌建设、信息服务窗口。主要为电视观众与网友提供实用、时尚、最新的吃、喝、玩、乐的资讯与线上线下交流平台。同时，也会推出上海各地最新活动的通知，为大家出游提供便利。

**粉丝数** 11300（截至 2015 年底）

## 4. 东方卫视笑傲江湖（节目公众号：dfwsxiaoao jianghu）

**创建日期**　2013 年 12 月

**定位**　《笑傲江湖》品牌建设、信息服务窗口。

**特色**　微信号《东方卫视笑傲江湖》鼓励人们将生活中的点滴悲喜注入喜剧节目中去，让人捧腹的同时，体会生活、感悟人生。凝聚正能量，传递中国梦。

**粉丝数**　71013（截至 2015 年底）

## 5. 东方卫视妈妈咪呀（节目公众号：dfwsmamamiya）

**创建日期** 2014 年 1 月

**定位** 《妈妈咪呀》品牌建设、信息服务窗口。

**特色** 东方卫视大型女性励志节目《妈妈咪呀》官方微信，以舞台上的妈妈们为主角，以图文、视频以及小游戏的方式，客观正面地歌颂励志妈妈们的真人真事与舞台上令人惊叹、自成一派的才艺，传递具有人生启示的社会正能量。5 月 1 日劳动节，《人民日报》特别刊文《〈妈妈咪呀〉第三季回归——她们的舞台不凡而精彩！》，称赞《妈妈咪呀》是"最有爱的"，是一个展现妈妈们"真实面"的舞台。

**粉丝数** 9794（截至 2015 年底）

## SMG 东方卫视中心新媒体主要数据一览表

| 微信公众号 | 总阅读数 | 原创帖文总数 | 头条总阅读数 | 总篇数 | 总点赞数 | 总分享数 | 单篇最高阅读数（篇目，日期） | 单篇最高点赞数（篇目，日期） | 单篇最高转发、分享数（篇目，日期） | 备注 |
|---|---|---|---|---|---|---|---|---|---|---|
| 东方卫视 | 403.4万 | 1377 | 165.5万 | 1377 | 3.9万 | 14.6万 | 49274（女神新装｜朱茵重返母校，含泪回首青涩记忆！2015-10-2） | 327（《笑傲江湖》勇夺十一连冠！朱丹丹为选手捐款：她让我想起年轻时的自己，2015-12-7） | 2859（"9·3"盛典详细流程及阅兵看点全揭秘，2015-9-2） | |
| 新娱乐 | 97.1万 | 541 | 43.8万 | 981 | 1.2万 | 2943 | 5680（《芈月传》全剧透，2分钟看完80集大戏，2015-12-16） | 81（今天大雪这三件事做对了，春天不生病！2015-12-7） | 443（《芈月传》全剧透，2分钟看完80集大戏，2015-12-16） | |
| 星尚传媒 | 10.2万 | 148 | 4.8万 | 148 | 315 | 273 | 2177（超模米兰达可儿也爱玩自拍！2015-11-8） | 9（本周日星尚《跳蚤市场》走进"徐汇漕河泾"助力书香漂流！2015-6-12） | 46（《因为爱情》2016全面升级！增加"淘汰公主"环节，今晚8点新版靓相！2015-1-11） | |
| 东方卫视妈妈咪呀 | 12.1万 | 125 | 1.2万 | 181 | 627 | 6481 | 5519（今晚21:33《妈妈咪呀》"终极绽放夜"金星黄舒骏合写"妈妈赞美诗"，2015-7-10） | 80（《妈妈咪呀》全国8强席地，"地摊唱将"苦尽甘来，因为爱情变得富有！2015-7-1） | 543（今晚21:33《妈妈咪呀》"终极绽放夜"金星黄舒骏合写"妈妈赞美诗"，2015-7-10） | |
| 东方卫视笑傲江湖 | 97.3万 | 98 | 2.1万 | 364 | 3342 | 3.1万 | 4604（专家神回复，不看后悔｜2015-12-1） | 99（和我谈谈想?海燕购你可长点心吧，2015-119） | 1305（专家神回复，不看后悔｜2015-12-1） | |

数据来源：腾讯微信

| 微博名称（属性：官微/部门/个人；平台：新浪/腾讯） | 总发帖数 | 原创帖文总数 | 总跟帖、评论数 | 总点赞数 | 总转发、分享数 | 总被提及数/被@数 | 总粉丝数 | 单篇最高跟帖、评论数（篇目，日期） | 单篇最高转发、分享数（篇目，日期） | 单篇最高点赞数（篇目，日期） | 备注 |
|---|---|---|---|---|---|---|---|---|---|---|---|
| 东方卫视番茄台（官微/新浪） | 2837 | 2330 | 23.8万 | 45.6万 | 32.4万 | 46万 | 400万 | 13468（大家觉得首次登上中国电视荧屏的bigbang中文和表演如何啊？！2015-2-19） | 30128（张艺兴东方卫视跨年，2015-12-8） | 15255（张艺兴东方卫视跨年，2015-12-8） | |
| 新娱乐（官微/新浪） | 216 | 788 | 6912 | 6912 | 178 | 1393 | 25万 | 76（隐藏的歌手—张韶涵，2015-11-20） | 167（隐藏的歌手—张韶涵，2015-11-20） | 243（隐藏的歌手—张韶涵，2015-11-20） | |
| 东方卫视妈妈咪呀（官微/新浪） | 244 | 204 | 2914 | 5931 | 4716 | 6412 | 29万 | 213（40岁单亲妈妈庞薄，2015-5-8） | 923（张艺兴极限挑战，2015-5-13） | 626（极限挑战大哥视察张艺兴，2015-5-31） | |
| 东方卫视笑傲江湖（官微/新浪） | 1131 | 710 | 2.5万 | 4.2万 | 3.96万 | 4.2万 | 111万 | 2998（复赛第四场人气王投票，2015-12-18） | 3728（宋丹丹横仿大赛，2015-8-20） | | |

数据来源：新浪微博

# 第四章

## » SMG 版权资产中心

截至 2015 年底，SMG 版权资产中心的新媒体产品
有——

网站：上海音像资料馆网

微信公众号：SMG 版权、媒资网、影像上海、上海
故事、SMG 口述历史工作室

## 概　况

上海广播电视台、上海文化广播影视集团有限公司（SMG）版权资产中心
（暨上海音像资料馆，以下简称版权资产中心）直属于 SMG，是 SMG 负责版权
管理、媒资服务、编研开发职能的专业机构，也是上海市唯一的专业音像档案馆，
全国省级广电行业中最大的专业音像资料馆。

在中国广播电视领域内，版权资产中心率先集中管理广播电视节目、抢救珍
贵广播电视音像资料、建立大规模数字媒体存储中心、开展媒资系统建设、创立
"资料导演"工作模式、开创以馆藏资料自主编研为主体的电视固定栏目、构建
台内媒资共享网络、承建版权服务工作站和开展音视频修复。版权资产中心连续

4 年获得国际电视资料联合会（FIAT）授予的媒资创新应用类奖项，位列"全球三甲"。

## 一、网站

**名称**　上海音像资料馆网

**域名（链接）**　www.sava.sh.cn

**创建日期**　2014 年 6 月 1 日

**公司（单位）性质**　国有事业单位

**法人代表**　王建军

**资质**　沪 ICP 备 10218859 号 -3

**团队架构**

性别：男 1 人　女 5 人

年龄：29 岁及以下 1 人　30-39 岁 5 人

学历：硕士 1 人　本科 5 人

职称：初级 5 人　副高级 1 人

岗位：内容 1 人　技术 1 人　渠道 1 人　经营 1 人　管理 1 人

　**网站定位**　上海音像资料馆官方网站是上海广播电视台、上海文化广播影视集团有限公司（SMG）版权资产中心暨上海音像资料馆推出的全新社会化服务品牌，致力于将 SMG 丰富的影视资源和深厚的馆藏音像推向社会、服务大众，用那些曾经无声无息的影视档案提升群众的生活。

　　**内容板块**　音像主题展示、企事业音像库、专业音像服务、网上音像播映、我的音像资料。

**传播力** 日均浏览量 2656 次

**技术特点** 软件架构方面采用了 Linux + PHP + MYSQL。其成熟的架构、稳定的性能、嵌入式开发方式、简洁的语法，使得系统能迅速开发。

硬件环境方面为了系统安全性考虑，要求由公网进入系统的用户请求必须先经过一道防火墙的分离，只允许 Http 请求穿透该防火墙。为了提高性能，对系统的数据库服务器、应用服务器、Web 服务器、视频服务器、搜索服务器、粗编服务器进行了分离，用户可以随时根据系统中的在线用户数量和系统性能进行扩展。

接口方面开发了与中心媒资的元数据交换接口，上载至官网的文件，只要提供源视频 ID 号即可自动获取中心媒体相关元数据，提高内容运维效率。

最后，SAVA 官网提供了在线粗编功能，将选中视频迁移至粗编服务器进行剪切、调整顺序、拼接、加水印、转码等操作后，快速生产新的媒资产品进行发布。

# 二、微信公众号

## 1. SMG 版权

**创建日期** 2013 年 7 月

**定位** 版权资产中心倾力打造的广电媒体版权信息交流共享的平台

**特色** 平台每周会将传媒版权产业最 in 的行业资讯、最权威的态势分析、最专业的知识问答和最有趣的正能量图画分享给大众，希望能为版权行业的发展和版权知识的推广送去一些启迪和收获。

**订阅数** 497（截至 2015 年底）

## 2. 媒资网

**创建日期**　2014 年 3 月

**定位**　版权资产中心推出的全新社会化服务平台

**特色**　致力于通过微信推介的形式将中心馆藏丰富的影像素材资源进行公益性展示并传递中心播映活动的内容信息，实现线上用户聚合，打造社会公益服务品牌。

**订阅数**　2348（截至 2015 年底）

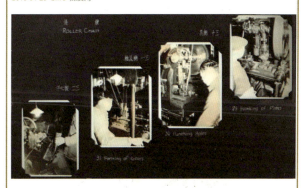

《品牌上海》——革新的代价

2015-04-28 SMG 媒资网

城市孕育了品牌诞生的基因，品牌记录了城市发展的历史。品牌的故事与城市的变迁缩影为一个个具体的生活场景和身边器物，置放于每一个生活在这段时空的人和家庭之中。品牌的故事与城市的变迁缩影为一个个具体的生活场景和身边器物，置放于每一个生活在这段时空的人和家庭之中。

而当记忆随着岁月远去，唯变革才能推陈出新。本集《品牌上海》讲述了以永久自行车、双鹿冰箱以及桑叶牌地毯为主的上海老品牌的在城市变迁过程中的革新历程。

## 3. 影像上海

**创建日期**　2014 年 3 月

**定位**　"上海音像、影像上海"将 SMG 丰富的影视资源和深厚的馆藏音像推向社会、服务大众，用那些曾经无声无息的影视档案提升群众的生活。

**特色**　结合上海音像资料馆的丰富馆藏资料，体现出官微官网的资源优势。不定期结合当下热门话题，推出主题系列专题策划。双休日节假日推出轻松活泼的系列，如文娱资讯、旅游美食、品牌故事或者结合一些当下新闻热点。

**订阅数**　6049（截至 2015 年底）

## 4. 上海故事

**创建日期**　2014 年 10 月

**定位**　"上海故事"微信公众号是上海广播电视台《上海故事》栏目的官方微信公众号

**特色**　以宣传《上海故事》栏目为主要目的，对每周即将播放的节目进行预热，推送每周节目预告内容、节目拍摄的幕后花絮和编导札记。同时，利用这几年已播出的节目内容，根据新媒体和网络传播的特点，对现有资源进行二次包装，重新切片包装成全新的知识点、文化故事、网络视频等形式，推送给用户。

**订阅数**　1779（截至 2015 年底）

## 5. SMG 口述历史工作室

**创建日期**　2015 年 3 月

**定位**　通过 "SMG 口述历史工作室" 这一微信公众号，与大家一起进行口述历史方面的交流，一方面发布工作成果，一方面也发布一些项目寻求与各方合作。

**特色**　2006 年伊始，工作室团队相继完成上海越剧名家、音乐名家、京昆名家、老电视人、老广播人、世博馆长、上海市改革开放 30 年重大工程建设者、辛亥

后裔、话剧名家、老科影人等多个 "口述历史" 项目，采访拍摄了 800 多位德高望重的艺术家、专家和学者。在未来五年的规划中，团队将力争进一步建立起全面、真实、生动的口述档案，用真实讲述描绘上海文化历史发展的各个方面，形成一个具有重大历史意义和文献价值的上海口述历史库。

**订阅数**　438（截至 2015 年底）

## 《上海抗战影像地图》多媒体项目  案例

　　该项目立足版权资产中心丰富的抗战影像资源，选取上海抗战中最具典型代表意义的 30 个地标，辅之以文字、图片，尤其是活动影像，较为全面完整地展示了当时上海抗战的全貌，还原历史记忆，获得上海市委宣传部的好评。"上海发布"、"上海观察"、"澎湃"等上海主流新媒体平台，纷纷主动寻求深度合作。同时，基于该项目，市委宣传部委托中心开发了抗战知识竞答活动，在宣传系统基层党建微信公众号"火红的党旗"上开展知识竞答。以此为蓝本，上海市委机关报《解放日报》与中心合作，推出了抗战手绘地图专版。

　　中心还开展线下系列活动与线上内容联动的模式，通过"上海抗战影像地图"、中心官网、官微等线上平台，将抗战主题巡回展映、抗战知识竞答以及重走抗战路等系列活动信息向广大网友进行传播与分享。

《寻找饶家驹》多媒体项目  案例

　　抗战时期，法国友人饶家驹在上海南市区建立难民区，首创了战时设立非军事区保护难民的"上海模式"，先后保护了30多万中国难民。由德国人拉贝创建的"南京国际安全区"就是借鉴了上海南市难民区的模式。"上海模式"在战后被正式纳入"日内瓦公约"。饶家驹也因此被誉为"难民之父"。

　　中心以独家采集到的饶家驹的活动影像为基础，创意策划了《寻找饶家驹》全媒体项目。通过广播寻人、居委会走访、派出所查户籍等方式，项目团队成员在全市范围内寻找当年的亲历者，并将采访素材结合馆藏历史影像资料剪辑制作成资料纪录片，以此来展示抗战时期，上海各界与国际各方合作，进行战时难民保护的壮举。项目组还制作了音频专题节目在SMG东广新闻台播出。

　　中心召开了"南市难民区珍贵影像发布会"，公开了中心首次采集到的饶家驹和上海南市难民区的历史活动影像。获得社会热烈反响，也引起了学者和媒体的广泛关注。该项目还被市委宣传部列入"上海纪念中国人民抗日战争暨世界反法西斯战争胜利70周年重点项目"。在2015年上海市档案学会年会上，该项目又被评为优秀编研成果一等奖。

## 《上海故事》公众微信号  案例

　　《上海故事》栏目是中心下属上海影像工作室创办于 2011 年的周播节目，"上海故事"微信公众号是该栏目的官方微信公众号，以宣传《上海故事》栏目为主旨，预热宣传每周播放的节目，推送每周节目预告内容、节目拍摄的幕后花絮和编导札记等。同时，利用这几年已播出的节目内容，根据新媒体和网络传播的特点，对现有资源进行二次包装，重新切片制作成全新的知识点、文化故事、网络视频等形式，推送给用户。

　　微信公众号发布的内容围绕着"上海记忆"、"兜兜上海滩"、"阿拉上海人"、和"上海小日子"四个系列展开，分别介绍上海城市发展中具有时代感的事物、上海的历史建筑和文化地标、有代表性的上海人物或者某一个群体、以及上海人的衣食住行。

　　"上海故事"公众号同时在后台和观众进行有效互动，以增加用户的互动体验，提供对《上海故事》栏目本身的关注度，同时可以从用户投稿中为栏目的选题提供更多的开创性思路和灵感，达到双向的积极推动效果。这一平台也吸引了更多新媒体用户和更年轻的用户，让栏目的收视观众结构更多元化，逐步积累忠实的观众群体，为今后新媒体产品的开发提供用户基础和经验积累。

　　"上海故事"微信公众号于 2014 年 10 月 21 日推送了第一条微信，截至目前共推送微信 197 条，粉丝数近 2000 人。

## 版权资产中心新媒体主要数据一览表

网站：上海音像资料馆官网

| | 页面点击量（PV） | 单独访客数（UV） | 独立访问量（IP） | 网粘度 | 备注 |
|---|---|---|---|---|---|
| 2015 年度总量 | 618321 | 19272 | 18183 | 12'29" | |
| 2015 年度月最高 | 95103 | 2510 | 2477 | 16'27" | |
| 2015 年度日最高 | 5578 | 225 | 228 | 45'50" | |
| 单篇最高（篇目，日期） | | | | | |
| 数据来源 | 网站后台 | | | | |

| 微信公众号 | 总阅读数 | 原创帖文总数 | 头条总阅读数 | 总篇数 | 总点赞数 | 总分享数 | 单篇最高阅读数（篇目，日期） | 单篇最高点赞数（篇目，日期） | 单篇最高转发、分享数（篇目，日期） | 备注 |
|---|---|---|---|---|---|---|---|---|---|---|
| SMGMZ2014媒资网 | 21960 | 732 | 18790 | 735 | 985 | 3958 | 1713（《品牌上海》——革新的代价，2015-4-28） | 12（《品牌上海》——革新的代价，2015-4-28） | 39（《品牌上海》——革新的代价，2015-4-28） | |
| SMG-SAVA影像上海 | 17528 | 816 | 560896 | 816 | 800 | 32640 | 10万+（弄堂里的叫卖声系列，2015-4-8） | 10万+（弄堂里的叫卖声系列，2015-4-8） | 10万+（弄堂里的叫卖声系列，2015-4-8） | |
| STV_SHSTORY上海故事 | 162715 | 196 | 162683 | 197 | 2352 | 9826 | 4250（上海故事（214）：情洒小三线（上集），2015-4-10） | 28（上海故事（214）：情洒小三线（上集），2015-4-10） | 355（上海故事（214）：情洒小三线（上集），2015-4-10） | |

| 微信公众号 | 总阅读数 | 原创帖文总数 | 头条总阅读数 | 总篇数 | 总点赞数 | 总分享数 | 单篇最高阅读数（篇目，日期） | 单篇最高点赞数（篇目，日期） | 单篇最高转发、分享数（篇目，日期） | 备注 |
|---|---|---|---|---|---|---|---|---|---|---|
| smgbqzx<br>SMG 版权 | 57360 | 51 | 12054 | 426 | 5236 | 1205 | 137<br>（【版讯】爱奇艺发布音频水印版权检测技术，2015-9-29） | 1<br>（【版讯】爱奇艺发布音频水印版权检测技术，2015-9-29） | 29<br>（2015 娱乐法 10 大事件之"版权篇"：半月、夏洛、鬼吹灯陷版权纠纷，2015-12-30） | |
| 数据来源 | | | | | | 微信后台 | | | | |

# 第五章

## 》SMG 影视剧中心

SMG 影视剧中心

截止到 2015 年底，影视剧中心拥有运营的新媒体为——

微博：东方卫视电视剧

微信公众号：东方卫视电视剧、上海电视剧频道

## 概　况

2015 年，影视剧中心深化新媒体融合，在新媒体平台上不断探索，取得了良好的成绩。《何以笙箫默》、《虎妈猫爸》、《大好时光》、《琅琊榜》、《芈月传》等影响力巨大、口碑优异的影视剧作品在东方卫视梦想剧场播出。《他来了，请闭眼》作为东方卫视开启周播剧时代的首部影视剧作品同样给东方卫视剧场带来了新的审美、新的观众、新的亮点。在这些优秀作品的宣传工作上，利用新媒体平台，实现了及时预告、及时跟进、及时互动。

### 1. 及时预告。

通过微博、微信，对重点剧目的播出进行提前预热，比如提前多月甚至半年就对接下来的剧目进行播出预告，对剧组进行探班，曝光相关的海报、片花、花絮等，制造热点，营造神秘感，吸引观众的关注度，培养观众的期待感，为剧目的开播提前累积观众粉丝。

### 2. 及时跟进。

作为重点剧目的推广，在不同的城市举办发布会，结合各个城市的特点，邀请不同的主创参与，通过微博、微信平台，对发布会进行图文直播，把发布会精彩内容当天推送给受众，实现了发布会的动态呈现，也收获了大量的外地收视人群。

### 3. 及时互动。

在微博、微信上提供大量的剧集信息，并且开展线上互动，让观众参与到剧情的预测、剧情的点评，或者直接与主创进行线上的问答互动，同时通过微信摇一摇新技术，把精彩礼品回馈给观众，"看好剧，拿好礼"已经成为了观众对东方卫视耳熟能详的新标语。

# 一、微博

**名称** 东方卫视电视剧（影视剧中心）

**创建日期** 2011 年 1 月

**定位** 电视 - 电视剧 - 文化娱乐类节目

**粉丝量，转发量 + 跟帖量** 截至 2015 年底，粉丝量 128 万，转发量 67.5 万，跟帖量 22.1 万。

# 二、微信公众号

## 1. 东方卫视电视剧（影视剧中心）

**创建日期**　2013 年 1 月

**定位**　提供上海东方卫视的电视剧资讯，分享最新的明星动态，回馈精美的电视剧礼品。

**订阅数**　243826（截至 2015 年底）

2015年09月22日

## 2. 上海电视剧频道（影视剧中心）

**创建日期** 2014 年 9 月

**定位** 上海电视剧频道的官方微信。在提供电视剧资讯的同时，增加了"深度好文"、"生活小贴士"两个板块，为观众提供更多更优质的服务。

**订阅数** 8820（截至 2015 年底）

## 热剧《琅琊榜》的线上线下推广宣传  案例

　　作为 2015 年最重磅的古装 IP 巨制，电视剧《琅琊榜》于 2015 年 9 月 19 日在东方卫视开播。为了让观众一饱眼福，在《琅琊榜》开播之前影视剧中心启动了《琅琊榜》全国点映。首站沈阳点映会首次独家曝光了超长片花，主演程皓枫也到现场助阵。微博上进行了发布会的动态直播，以及之后的武汉站、成都站、上海站也都进行了微博直播和微信推送。

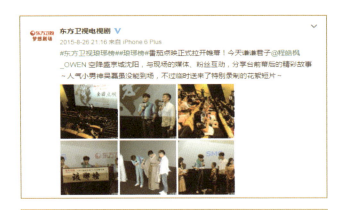

除此之外，现场高鑫还亲手为粉丝戴发簪，高鑫的"手艺"显得十分专业，他也透露自己是有经验的。想知道具体怎么一回事，还请大家多多关注《琅琊榜》哦～

与粉丝对戏、为川妹子戴发簪、为幸运观众送上精美礼品，"太子"高鑫今天绝对是名副其实的"大忙人"，因此现场气氛也是格外火爆。

这些线上线下活动的结合，充分给《琅琊榜》的播出提供了预热，为收视冲顶积蓄了能量。播出前期轮番进行不间断的热点宣传，让大量的网络受众了解到这部剧。多家网络媒体也全面联动宣传，使得在首播当晚，胡歌、琅琊榜等关键词就迅速登上了微博热门搜索前列，并短短两个小时内获得近 40 万的搜索指数，相关微博参与讨论总数高达 144.2 万人次，并在播出期间长期占据各大搜索榜单。

《琅琊榜》由于故事信息量大，主要人物众多，线索比较复杂，让不少无原著底子的观众"水土不服"。因此在宣传上，制作了多个宣传片、人物图，在微信平台、微博、贴吧上进行"官方剧透"，同时热炒"前世今生"、"伪装者穿越"等宣传亮点，仅宣传片就制作了 15 个版本，从剧情、人物上充分帮助观众提前入戏。

此外，通过"东方卫视电视剧"微信平台上发布"琅琊群星中秋联欢晚会"、"会说话的琅琊榜中秋专属月饼"等一系列线上活动及宣传热点，吸引更多观众锁定东方卫视。

## 影视剧中心新媒体主要数据一览表

### 微信公众号后台

| 微信公众号 | 总阅读数 | 原创帖文总数 | 头条总阅读数 | 总篇数 | 总点赞数 | 总分享数 | 单篇最高阅读数（篇目，日期） | 单篇最高点赞数（篇目，日期） | 单篇最高转发、分享数（篇目，日期） | 备注 |
|---|---|---|---|---|---|---|---|---|---|---|
| 东方卫视电视剧 | 33.68万 | 730 | 365 | 730 | 1.5万 | 1.3万 | 14090（《东方卫视《半月传》鬼畜歌曲申烷就是这么火！2015-12-29） | 60（#东方卫视半月传#张图秒懂相爱相杀…半妹直通黑化之路升级打boss后，2015-12-27） | 579（《东方卫视《半月传》鬼畜歌曲申烷就是这么火！2015-12-29） | |
| 上海电视剧频道 | 14.09万 | 255 | 14.09万 | 255 | 1275 | 1.3万 | 3420（《俺娘田小草》今晚登陆电视剧频道，看最励志小草如何笑对坎坷人生 2015-10-11） | 20（《俺娘田小草》上秉子拯救整个银河系，薛宝守候20年，2015-10-20） | 248（《两个女人的战争》登陆电视剧频道 柳岩 毛林林今晚"开撕"，2015-9-22） | |
| 数据来源 | | | | | | | | | | |

### 微博后台

| 微博名称（属性：官微/部门/个人；平台：新浪/腾讯） | 总发帖数 | 原创帖文总数 | 总跟帖、评论数 | 总点赞数 | 总被提及/被@数 | 总粉丝数 | 单篇最高跟帖、评论数（篇目，日期） | 单篇最高转发、分享数（篇目，日期） | 单篇最高点赞数（篇目，日期） | 备注 |
|---|---|---|---|---|---|---|---|---|---|---|
| 东方卫视电视剧（官微/新浪） | 7987 | 1024 | 22.06万 | 45.82万 | 67.53万 | 138万 | 899（《他来了请闭眼》霍建华薄喵喵卡通形象专辑 2015-10-22） | 2942（《他来了请闭眼》霍建华薄喵喵卡通形象专辑 2015-10-22） | 4732（《他来了请闭眼》霍建华薄喵喵卡通形象专辑 2015-10-22） | |
| 数据来源 | | | | | | | | | | |

# 第六章

## 上海东方明珠新媒 >> 体股份有限公司

上海东方明珠新媒体股份有限公司是上海广播电视台、上海文化广播影视集团有限公司（SMG）旗下统一的产业平台和资本平台。

东方明珠属下多个事业群及其新媒体平台正致力于围绕用户数据化经营，提供优质产品体验，拓展线上线下渠道，加快成为国内领先的传媒娱乐创意者和提供商。

## 概　况

东方明珠拥有国内最大的多渠道视频集成与分发平台及知名的文化旅游资源，为用户提供丰富多元、特色鲜明的视频内容服务及一流的视频购物、文化娱乐旅游、影视剧、数字营销及游戏等传媒和娱乐产品。

东方明珠旗下事业群

## 渠道产品运营事业群

东方明珠旗下 BesTV 百视通，目前已经在 IPTV、智能电视机顶盒（OTT）、移动互联网等多个领域开展业务运营。

BesTV 百视通是中国 IPTV 业务模式的开拓者与创立者。目前，公司的 IPTV 业务分布在中国大陆 27 个省市。BesTV 百视通提供服务的 IPTV 用户超过 2600 万户。

BesTV 百视通是首个宣布获百万级 OTT 客户端牌照的广电播出机构与新媒体运营商。2012 年 5 月，BesTV 百视通独立研发的互联网电视机顶盒实现量产。OTT 用户超过 1600 万户。

2015 年，东方明珠、兆驰股份、风行在线、海尔和国美等强强联手，共建互联网电视"超维生态"。风行电视完整对接了东方明珠的海量内容库。

BesTV 移动客户端以 SMG 集团的精品栏目为核心，提供高清视频音频直播点播，包含电影、电视剧、综艺、动漫、纪实、体育、音乐、娱乐等内容，以及购物、财经、新闻、支付、互动等应用的入口。BesTV 移动客户端日活跃用户峰值达到 312 万。

东方明珠旗下 SiTV 是中国目前规模最大的有线数字付费频道集成运营平台、数字电视频道运营商及多媒体内容提供商和服务商。致力于有线渠道运营，提供直播频道、点播回看、增值内容等多种类视频服务。开拓 DVB+OTT 市场，创新产品、服务体系；加强高清频道的产业化发展。打造 BesTV 品牌新呈现。

目前，公司运营的 15 套数字付费频道落地全国 31 个省市自治区、拥有超过 4200 万数字付费电视用户；互动点播产品 VOD(DVB+OTT) 与全国 20 个省、31 个点开展合作，覆盖 900 万用户。

作为 DVB+OTT 的领军者，通过内容、产品、运营等方式与各地有线运营商合作，建立了密切的合作关系。同时，通过资本运作为纽带，全面合作、深度参与，加速有线运营商 DVB+OTT 产业规模化发展的进程。

## 影视制作事业群

东方明珠旗下尚世影业是公司影视制作旗舰平台，以影视项目策划、投资、制作、宣传发行，及衍生品开发为一体，具有丰富的商业资源和强大的分销网络。

影视制作事业群积极推进"精品化、国际化、新媒体化"三大战略，与 BBC、迪士尼、索尼影业、日本富士台等保持良好的战略合作关系。近二年出品的电视剧多次揽获飞天奖、金鹰奖、白玉兰奖，制作出品的电影《夜孔雀》获得蒙特利尔国际电影节最佳中国电影金奖，合拍片《我们诞生在中国》打破大陆地区自然类电影最高票房记录，尚世影业已成为 SMG 和东方明珠新媒体战略中的内容生产引擎。

## 版权运营事业群

东方明珠旗下版权运营事业群的平台公司——五岸传播，从事海内外版权内容的综合代理和版权运营业务，是全球全媒体版权内容的供应商和运营商，拥有线下线上版权交易布局、内容资源、拓展渠道，是国家新闻出版广播电视总局、上海对外文化交流、SMG 智造的重要窗口和组织运作者。

版权运营事业群拥有中国互联网媒体电视端、移动端最大版权库。拥有电影、电视剧、体育、少儿动漫、纪实五大王牌产品，超过 120 万小时精品版权内容。

版权运营为汇聚更多优质版权资源创造条件。合作伙伴覆盖全国 300 多个省市台、国内所有主流新媒体平台，拥有超过 120 个国家和地区的国际渠道。

## 云平台和大数据事业群

云平台是东方明珠构建"娱乐+"平台的引擎，是构筑新媒体运营体系的基石，统一为上市公司提供 IaaS、视频相关的 PaaS、内容分发、大数据平台、运营和安播保障等服务。

云平台和大数据事业群在技术上采用基于公有云和自建私有云的混合云模式，逐步构建安全、稳定、可扩展和承载海量内容的生态云平台，不断提升用户的体验，为实现上市公司各业务发展提供基础承载与技术支撑。同时云平台肩负上市公司的统一数据平台的建设和能力开放，致力于实现以数据指导运营和驱动业务创新。

云平台驱动创新，大数据引领业务。云平台和大数据事业群以用户为中心、内容为入口，致力于打造开放、合作、共赢的"娱乐+"服务平台和生态系统。

### 移动传输事业群

移动传输事业群以上海文广科技（集团）有限公司为管理平台，在东方明珠打造"娱乐+"战略指引下，重点发展数字电影、NGB-W网络建设等业务。

数字电影新模式。基于O2O，打造以互联网+电影为核心的综合文化娱乐体验生态，创新数字电影新模式，为大众提供多元化的娱乐新体验。

NGB-W网络建设。下一代广播电视无线网，基于媒体融合和万物互联，将构建"广电+"新生态格局，推动行业智能转型，助力智慧城市建设。

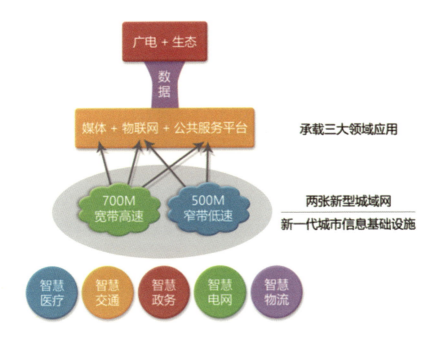

## 数字营销与广告事业群

　　数字营销与广告事业群是东方明珠新媒体重要战略实践与价值变现的平台。事业群形成了以 IPTV、互联网电视、手机客户端、户外新媒体、艾德思奇等平台为主的跨屏矩阵，囊括家庭客厅、户外出行以及手机移动端三大人群，日均受众约 4500 万人次。未来，事业群将继续布局优质全媒体网络，深耕数字营销价值空间，打造"一台知天下、登台天下知"的线上线下融合的生态圈。

## 视频购物及电子商务事业群

视频购物及电子商务事业群隶属于上海东方明珠新媒体股份有限公司，下辖两大平台，分别为：以上海东方希杰商务有限公司为主体的购物平台，以及以上海东方明珠进出口有限公司为主体的贸易平台。

东方购物作为上海百强企业之一，是目前中国销售规模最大、最具特色的电视购物平台，占据了全国电视购物行业半壁江山。自2004年成立以来，东方购物一直致力于打造全媒体购物产业闭环，建立电视、网站、APP、OTT、IPTV、广播、目录等全通路渠道，打造以视频购物为特色的全媒体立体销售平台，形成了行业领先的"平台共享、多屏合一、全渠道覆盖"业务模式。实现了以家庭购物为主导的跨屏联动与优势互补，并提出"文化购物、科普购物、体验购物、品质购物"的电视购物3.0模式，再次引领行业发展潮流。

进出口业务是全球未来的发展趋势。1995年，上海东方明珠进出口有限公司成立，业务覆盖进出口和国际贸易，并与东方购物共同合作，推出"东方全球购"跨境电子商务平台。通过多年积累的外贸专业知识和商务渠道，发掘全球各地优质供应商，引进高品质的进口商品。

## 游戏业务事业群

东方明珠携手 Xbox、PlayStation 两大主机游戏平台，围绕内容发行运营核心环节，构建跨屏游戏聚合运营服务平台，形成"两个主机＋一个平台"的"1+2"战略布局，搭建多渠道游戏运营平台，建立围绕大 IP 的全产业链业务体系，覆盖上游游戏开发和影视动漫联动，打造绿色游戏生态圈。

## 文化娱乐旅游事业群

文化娱乐旅游事业群拥有东方明珠塔、上海国际会议中心、梅赛德斯奔驰文化中心、东方明珠国际交流公司、东方明珠国际旅行社和东方绿舟等上海本地稀缺标志性文化娱乐旅游资源，业务涉及都市旅游观光、酒店餐饮及会务会展、演出娱乐、商旅代理等。

文化娱乐旅游事业群通过与 SMG 优质资源耦合，引进国际文化影视 IP 落地和线上媒体平台与线下精品旅游结合，推动形成旅游目的地推广、时尚旅游线路研发到引领品质旅游的闭合产业链，形成旅游人群、城市人群交汇，塑造年轻、时尚的地标形象。

## 东方明珠 " 娱乐 +" 生态布局新战略

基于统一用户管理平台，围绕用户打造多屏互动、线上线下贯通的"娱乐＋"增值服务体系，构建流量变现商业模式。

　　"娱乐"是以 IP 为核心的泛娱乐业务，"+"是指现有多元业务的融合及新型业务的拓展。

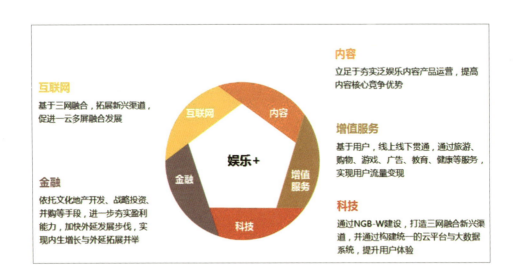

# 第一节 百视通官网、客户端、微博、微信公众号

**名称** 百视通官网

**域名** www.bestv.com.cn

**创建日期** 2005 年 4 月 11 日

**公司性质** 国有企业

**资质** 信息网络传播视听节目许可证，广播电视节目制作经营许可证，中华人民共和国互联网出版许可证，中华人民共和国增值电信业务经营许可证。

**法人代表** 史支焱

**团队架构**

性别：男 3 人 女 4 人

年龄：29 岁及以下 6 人 30-39 岁 1 人

学历：硕士 1 人 本科 6 人

专业岗位：内容 / 渠道 / 经营合计 6 人 管理 1 人

**定位** 网站以品牌展示为主，主要为公司用户提供公司介绍、公司新闻等资讯的展示；影视、综艺、体育等亮点内容的更新以及提供日常运营活动的展示。

**内容版块** 公司新闻、节目资讯、百视亮点。

**传播力** 周均访问量 5.63 万次

名称　BesTV 客户端

创建日期　2015 年 7 月

平台　iOS、Android

版本　2.2.1

内容　电影、电视剧、娱乐资讯、财经资讯、社会民生资讯、综艺节目、体育赛事、少儿节目、自制节目等。

功能　基础播控、移动直播。

下载量　61.71 万（iOS 版截至 2015 年）

技术特点　轻应用、轻架构、全方位综合技术融合操作集成简单、应用灵活。

**名称** 百视通BesTV官方微博

**版本** 新浪微博企业版

**创建日期** 2010年9月

**定位** 发布及推广BesTV百视通旗下各项业务

**粉丝量** 15.79万（截至2015年底）

**名称** 百视通（微信订阅号）、百视通微电视（微信服务号）

**创建日期** 百视通为2013年5月，百视通微电视为2013年9月

**定位** 为用户提供最新、最热门影视综艺娱乐体育少儿直播等相关新闻以及相关视频资源及活动的传播平台。

**特色** 最新、最热门影视、综艺、娱乐、体育、少儿直播及相关新闻，相关视频资源及活动。

**订阅数** 截至2015年底，百视通8.45万、百视通微电视101.37万。

以直播内容为主结合吐槽和游戏
的直播平台——《微酱》 ▶ 案例

《微酱》是以演唱会、真人秀、脱口秀、相亲节目等直播为主打内容，结合吐槽和游戏的一个移动直播平台。通过 BesTV APP 为粉丝提供一个交流的固定平台，提高粉丝互动性。

《微酱》上线以来推出过多场明星演唱会直播、其他音乐类直播、体育赛事类直播、综艺直播以及英语直播课等。这些直播均取得了不错的宣传效果，借此打造了《微酱》品牌。2015 年在一些移动直播上尝试用户收费模式，在打造产品品牌的同时取得了直接收益。

## 做强特色亮点，重视推销策略，带来良好收视效益

**案例**

百视通 IPTV 通过专区的形式，将东方卫视《跟着贝尔去冒险》节目视频内容加以整合。专区中包含惊险瞬间、全场节目，有奖投票，特别策划等。不仅将节目精华进行充分提炼，还综合考虑用户的收视需求，通过专题形式的包装，对观众喜爱的热点话题进行深入挖掘。该专区在百视通 IPTV 各个驻地平台均带来优异的收视成果。

| IPTV 单场直播访次 | 专区总访次 | 专区总时长 |
|---|---|---|
| 5W | 2066W | 249W |

**产品上线时间**　2015 年 10 月 15 日

**推荐策略**

IPTV 导视宣传片，15 分钟一次（96 次／日）；

每周一、周五固定 EPG 首页推荐；

IPTV 娱乐看吧右下方图片推荐，每周三～四次；

IPTV 娱乐看吧热播版面大图固定每日推荐；

HD 娱乐看吧首页大图固定每日推荐。

**特色亮点**

1.科普＋扫盲。作为全国首档荒野求生类真人秀节目，节目开播前与纪实产品组紧密结合，很好的为观众科普了贝尔的详细信息，为节目的推广造势奠定了良好基础，同时，也是两个产品之间第一次大项目合作。

2.宣传＋互动。（参与投票活动人数：5000＋）为了加大宣传力度，博得更多关注，推出了三期投票活动，送出的奖品有节目专属明信片及知名户外运动服饰，

获得了广泛的关注和良好的收视效益。

3. 深耕＋力推。播出四期左右，可用细拆节目增多，在网络上的热议度也渐渐提高，上线专题《生存勇者养成记》，上线两周总访问次数达 7 万。

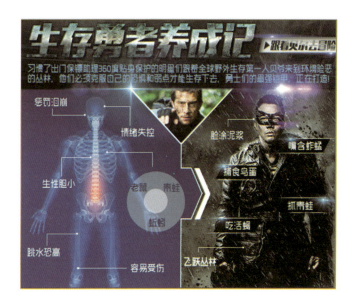

| 全国 | 日期 | 总访次 | 总时长（分钟） | 总访客 | 平均访次 | 平均时长 |
|---|---|---|---|---|---|---|
| 生存勇者养成记专题 | 1122 周 | 33759 | 108480 | 8675 | 3.89 | 12.50 |
| | 1129 周 | 34333 | 114300 | 8541 | 4.02 | 13.38 |
| | 1206 周 | 20364 | 52980 | 4821 | 4.22 | 10.99 |
| | 1213 周 | 13306 | 12540 | 3062 | 4.35 | 4.10 |
| | 1220 周 | 15330 | 17460 | 3539 | 4.33 | 4.93 |
| | 1227 周 | 11104 | 7020 | 2607 | 4.26 | 2.69 |
| | 0103 周 | 10682 | 9600 | 2508 | 4.26 | 3.83 |

## 百视通游戏平台与东方卫视《跟着贝尔去冒险》联合打造强 IP 手游  案例

《跟着贝尔去冒险》是亚洲首档自然探索类纪实真人秀，由野外生存第一人贝尔·格里尔斯携手学者，带领影视明星荒野求生，聚焦极限下的智慧勇气，寻找时代的真偶像。

百视通游戏平台根据该节目 IP 出版发行了同名手机游戏，作为拥有节目正版 IP 的手游，《跟着贝尔去冒险》手游版与节目实现了深度融合。游戏采用时下最先进的 3DUnity 引擎开发，以绚丽的画面与全新的技术对节目情节实现完美还原。画面模拟节目里真实的冒险情境，景致真实清新，让人如临其境。

在百视通游戏平台发布《跟着贝尔去冒险》相关微博讯息与活动中，与"跟着贝尔去冒险"官微互动，从而提高节目的热度，同时增加粉丝量及手游的曝光量。

# 第二节　百视通数字电影院线官网、微信公众号

**名称**　百视通数字电影院线网

**域名**　www.bestmovie.com.cn

**创建日期**　2015 年 3 月 18 日

**公司性质**　国有企业

**资质**　电影发行许可证、信息网络传播视听节目许可证、广播电视节目制作经营许可证、互联网出版许可证

**法人代表**　卢宝丰

**团队架构**

性别：男 3 人　女 6 人

年龄：29 岁及以下 6 人　30-39 岁 3 人

学历：本科 9 人

岗位：技术 1 人　内容／渠道／经营 7 人　管理 1 人

**定位**　网站以品牌展示为主，同时为意向加盟投资者提供了解业务和服务的渠道。此外网站还服务于签约客户，主要为公司客户提供电影资源下载以及提供日常运营活动帮助。

**内容版块**　影片预订、影院业务展示、影吧业务展示、影吧案例介绍。

**传播力**　日均点击量 221 次

### 名称 百视通数字电影院线
### 微信公众号

**创建日期** 2014 年 12 月 29 日

**定位** 最新排片、趣味活动、影院热点实时推送。

**特色** 固定点展示、合作影吧展示、加盟申请、售中售后服务咨询。

**订阅数** 3112（截至 2015 年底）

### 名称 爱影吧微信公众号

**创建日期** 2015 年 6 月 10 日

**定位** 影片推荐和加盟影吧介绍，以及电影相关文章的微信订阅号。

**特色** 定期推出线下活动、与影吧合作的微信卡券功能。

**订阅数** 1235（截至 2015 年底）

## 线上线下交互服务，定制个性化观影方式  案例

百视通数字电影院线开创的影吧模式，集合了海量影视资源，丰富的体验活动，线上线下交互服务，为电影爱好者精心定制个性化的观影方式，打造高端观环境。"爱影吧"业务是百视通数字电影院线根据目前市场上个性化、社交化观影需求所度身定制的业务模式，通过网络化的发布云平台，将百视通海量的影视内容版权节目推送到加盟院线的影吧场所放映系统，由观众自主选择喜爱的影片观影，并基于这些线下放映场所建立全方位的互联网业务入口（APP、微信、网站），方便观众线上预订、支付、选片，同时形成基于个性化观影的社交平台。由此形成线下专业视听效果观影体验，以及线上社交互动的O2O闭环互联网商业模式，为用户创造一种全新的、互联网化观影体验。在传统的电影内容放映外，还将引入体育赛事、演唱会直播等内容。

作为加入百视通数字电影院线，在上海开业的第一家影吧门店"光影星空"，影咖完美展现了"电影新看法"的优势。

## 第三节　东方购物官网、客户端、微博、微信公众号

**名称**　东方购物网

**域名**　www.ocj.com.cn

**创建日期**　2004 年 11 月 22 日

**公司性质**　国有企业

**法人代表**　徐辉

**资质**　信息系统安全等级保护评定备案证明、信息网络传播视听节目许可证、互联网药品信息服务资格证书（沪）- 非经营性、沪 ICP 备、沪公网安备、可信网站身份验证。

**团队架构**

性别：男 114 人　女 117 人

年龄：29 岁及以下 103 人　30-39 岁 121 人　40-49 岁 7 人

学历：硕士 8 人　本科 151 人　大专及以下 72 人

岗位：技术 83 人　内容／渠道／经营 135 人　管理 13 人

**定位**　创新商业模式、引领品质生活。

**内容版块**　TV 购物、团购、全球购、韩国直邮馆、商城、会员俱乐部。

**技术特点**　除常规电子商务网站技术外，还包括 11 频道 12 频道直播流收看，同时可以观看部分商品的播出视频。

名　称　**东方购物客户端**

创建日期　2012 年 12 月 3 日

平　台　iOS、Android

内容定位　东方购物是 SMG 旗下的综合
购物移动客户端，全国优质的购物平台。为用
户带来随时随地畅享安心便利的购物体验。

功　能　浏览、搜索、订购、支付、查物流等。

下载量　207 万（截至 2015 年底）

**名称** 东方购物官方微博

**创建日期** 2010 年 10 月 12 日

**定位** 引领生活时尚、提升生活品质、挖掘城市记忆。

**版本** 6.10.2

**定位** 引领时尚、提升品质，展现全国行业第一的家庭购物理念。

**粉丝量、转发量、跟帖量** 截至 2015 年底，粉丝量 11.93 万，转发量 1324，跟贴量 626。

**名称** 东方购物微信公众号

**创建日期** 2013 年 11 月

**定位** 传递生活和购物讯息，提升生活品质。

**订阅数** 16.7 万（截至 2015 年底）

融合电视大屏与移动小屏，
实现跨屏联动与优势互补  案例

2004 年 4 月 1 日，东方购物节目开播。同年 11 月 22 日，网上商城上线。东方购物在企业建立初期就意识到互联网电子商务的发展契机，企业目前通过网站、移动端、IPTV、广播、目录等渠道构建全媒体立体销售平台。

东方购物网上商城将电视购物与网络购物融合，用户能够在网络上选购错过直播的电视商品，通过查看真实的顾客评荐作为购买参考，亦可浏览自己感兴趣的主持人照片与资料，与其他会员通过论坛进行商品购买的交流。融合电视大屏与移动小屏，实现跨屏联动与优势互补。同时，共享接单与物流基础设施，开展家庭购物业务，为全国广大消费者提供各种在线商品信息，使消费者足不出户就可以获取详细的商品信息，并且可以通过电话、网络等多种方式订购商品，为顾客带来优质的购物体验。

优势宣传。利用现有的电视节目资源，依托 SMG 优质综艺、新闻、影视大 IP，实现流量变现，不但能够以极低的宣传费用即可达到覆盖面积广的效果，更是引导顾客在收看电视的同时，进行移动端互动，通过互联网抢红包、买商品、了解更多拓展内容。

终端拓展。东方购物拥有电视、网站、目录、移动客户端等多个平台，在坚持价格一致的同时，也体现出各平台的差异化运营。这就是 One-source Multi-use，将各类资源灵活应用于电视、网络、目录、新媒体等各通路。网站成为全媒体渠道的信息门户和新品牌引进的窗口，向各媒体输出商品信息，向电视顾客提供长尾商品。IPTV成为多样化的销售提供渠道，利用电视和网络的交互联通性，提供48小时节目回看，并协助电视落地。OTT是锁定客厅观看视频购物的平台，主要面向家庭客户进行电视和新媒体的品牌购物和宣传。移动端是顾客利用碎片时间浏览商品和购物的终端平台，可通过二维码和摇一摇等功能实现电视与新媒体互动。

2015年，东方购物的电子商务保持高速增长的态势，全年销售额同比稳定增长12%，其中，移动端销售额同比增长123%。通过广播媒体与新媒体的耦合，开通了"东方广播购物"项目。借助自贸区的东风，启动跨境电商新业务模式，开通"东方全球购"项目。与集团内各大频道的明星节目合作，打造大小屏互动营销。

东方购物电子商务的模式一直在往规模化经营、全媒体营销的发展方向迈进。在电视、网络、目录三大传统媒体稳扎稳打的同时，顺应信息化社会发展趋势，创建立体传播架构，借助IPTV、互动电视、网络电视、移动商务、IP营销等新媒体渠道打造全方位的电子商务传播体系，秉承健康、快乐、便利的服务宗旨开创出新时期家庭购物的新天地。

## 东方购物获奖情况

东方购物网站在上海市第四届安全网站评选中获得"上海市 AA 级安全网站"

## 第四节　文广互动官网、客户端、微信公众号

**名称**　SiTV 新视觉网

**域名**　www.sitv.com.cn

**创建日期**　2002 年 3 月 20 日

**公司性质**　国有企业

**法人代表**　史之焱

**资质**　增值电信业务经营许可证、网络文化经营许可证、信息网络传播视听节目许可证。

**团队架构**

性别：男 2 人　女 3 人

年龄：29 岁及以下 3 人　30-39 岁 2 人

学历：硕士 4 人　本科 1 人

岗位：技术和管理 1 人　内容 / 渠道 / 经营 4 人

**定位**　为用户提供在线点播各频道自制视频节目、频道资讯、活动信息及官方公告等服务。

**内容版块**　视频点播、活动信息、频道资讯、福利信息、公司介绍。

**传播力**　日均点击量 320 次

**名称** SiTV新视觉客户端

**创建日期** 2015年9月28日

**平台** iOS、Android

**内容** 频道自制节目、频道每周节目预告、第三方服务信息。

**功能** 视频点播、声音识别、节目预告单、会员中心。

**下载量** 6.4万（截至2015年底）

**技术特点** 集成了声音识别技术模块，通过和电视节目进行声音指纹匹配来给用户推送节目中各类服务信息，打造一种所见即所得的电视收看体验。

**名称** SiTV 新视觉微信公众号

**创建日期** 2013 年 2 月 4 日

**定位** 为粉丝提供最新频道节目预告、活动信息以及频道资讯。

**特色** 和频道节目内容深度绑定，用户可以快速获取兑换码观看付费节目，参与活动报名、节目嘉宾招募、频道活动投票评选、节目主题投稿及话题讨论以及获取节目中相关的服务和产品信息。

**订阅数** 1.1 万（截至 2015 年底）

中国法院手机电视 APP 项目  案例

上海广播电视台法治天地频道和最高人民法院新闻局携手，合作创办中国法院手机电视 APP，于 2015 年 2 月 27 日正式上线运营，成为国内首个司法题材手机电视应用平台。

该平台第一时间把人民法院重大新闻和重要庭审等司法信息，通过视频节目的形式向社会传递，使用户动动手指就能了解到司法的公平正义。截至 2015 年 12 月 31 日，中国法院手机电视 APP 累计用户数 65 万余户，上线视频数 2862 个，总点击量 355 万余次，项目入选国家新闻出版广电总局发展研究中心组织发布的"2015 广电媒体融合发展创新榜"。

## 第五节　东方明珠移动电视官网、微博、微信公众号

**名称**　东方明珠移动电视网

**域名**　www.mmtv.com.cn

**创建日期**　2007 年 8 月 1 日

**公司性质**　中外合资企业

**法人代表**　徐辉

**团队架构**

性别：男 3 人

年龄：30-39 岁 2 人　40-49 岁 1 人

学历：本科 3 人

职称：中级 2 人

岗位：技术 1 人　内容 / 渠道 / 经营 1 人　管理 1 人

**定位**　网站以移动电视品牌展示为主，对公交、楼宇和地铁等主要播出平台节目内容、广告经营提供介绍。同时提供公益时政类短片展示，以及便民帮助。

**内容版块**　媒体中心、视频专区、政府合作、广告合作、便民信息等。

**传播力**　日均点击量 86 次

**名称** **东方明珠移动电视官方微博**

**创建时间** 2013 年 4 月

**定位** 与微信订阅号同步发布各类便民、娱乐等信息。

**特色** 发布各类便民信息，方便用户关注。

**粉丝数** 2.3 万（截至 2015 年底）

**名称** 东方明珠移动电视微信公众号

**创建时间** 2015 年 12 月 8 日

**定位** 作为移动电视屏幕的补充，使面向广告主可以有更多的整合方案（传统、互联网）。

**特色** 提供各类便民信息、各类福利，吸引用户关注。

**订阅数** 13.9 万（截至 2015 年底）

公益类民生服务节目覆盖
上海城市出行移动人群 ▶  案例

　　东方明珠移动电视与市民云（上海政府类服务门户网站）合作的公益类民生服务节目，由移动电视自制，每期节目时长 5 分钟。节目通过腾讯视频 V+ 原创频道、市民云官网、东方明珠公交电视、地铁电视、楼宇电视播出。节目覆盖上海城市出行移动人群每日近 2000 万人次，及市民云 500 万注册的实名制用户。

　　整个《市民云》民生系列大栏目里分为 10 多个小版块，有"市民热点"、"权威解读"、"专家在线"、"市民问答"、"市民调查"、"市民热线"等。栏目反映上海市民热点、诉求、疑问，实现"互联网＋"跨媒

体运营和全新 OTO 的整合模式，将移动电视和互联网平台深度结合，实现微信、微博全媒体联动，体现移动电视平台的公益价值、市场价值、社会价值。

# 第六节　新兴媒体官网、微信公众号

**名称**　上海新兴媒体信息传播有限公司网

**域名**　www.shnewmedia.com

**创建日期**　2011 年 6 月 30 日

**公司性质**　国有企业

**资质**　广播电视节目制作经营许可证

**法人代表**　严克勤

**团队架构**

性别：男 2 人　女 1 人

年龄：29 岁及以下 1 人　30-39 岁 2 人

学历：本科 3 人

职称：初级 1 人　中级 1 人

岗位：技术 1 人　内容／渠道／经营 1 人　管理 1 人

**定位**　网站以公司情况介绍为主，同时向访问者提供公司主营媒体业务及信息化服务介绍。

**内容版块**　信息化服务

**传播力**　日均点击量 20 次

**名称** CBDTV 拍卡生活微信公众号

**创建时间** 2015 年 12 月 20 日

**定位** 作为站台广告的互动补充，致力于为客户提供数字户外移动媒体全方位解决方案。

**特色** 为用户提供生活小常识，提供绑定公交卡领取优惠的功能。

**订阅用户** 5.89 万（截至 2015 年底）

## 第七节　SMG 尚世影业官网、微博、微信公众号

**名称**　上海尚世影业有限公司网

**域名**　www.smgpictures.cn

**创建日期**　2012 年 5 月

**公司性质**　国有企业

**法人代表**　陈思劼

**团队架构**　性别：女 1 人　学历：硕士　岗位：高级经理

**定位**　以尚世出品的品牌活动、剧集宣传为主要发布内容。

**内容板块**　尚世影业公司介绍、公司结构、项目情况、演员动态等。

## 名称　SMG 尚世影业官方微博

**推出时间**　2011 年 8 月 5 日

**定位**　宣传期，更平易近人的与粉丝互动的平台。

**粉丝量**　1.18 万（截至 2015 年底）

**名称** 尚世影业微信公众号

**推出时间** 2014 年 3 月 13 日

**定位** 尚世影业"自媒体"宣传平台

**订阅数** 2300（截至 2015 年底）

### 飞天，飞天，你我缘分还真不浅！

2015-12-29 尚小编 尚世影业

由SMG尚世影业出品的《平凡的世界》、《北平无战事》在昨日第三十届电视剧"飞天奖"的评选中，喜获金奖！飞天，飞天，你我缘分还真不浅，我们要天长地久，永远❤️（爱）下去呦！

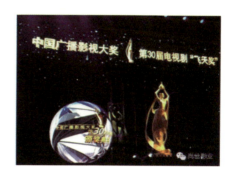

## 第八节　五岸传播官网、微博、微信公众号

**名　称**　秒鸽交易网

**域　名**　www.mgmall.com

**创建日期**　2014 年 02 月 20 日

**法人代表**　何小兰

**资　质**　广播电视节目制作经营许可证、网络视听许可证（备案批复文件）、ICP 许可证批复、计算机软件著作权登记证书、出版物经营许可证、五翼版权交易管理软件登记证书、五翼内容仓库软件 V1.0.1 变更补充说明、五翼数字版权保护与跟踪软件登记证书、五翼掌上版权软件登记证书。

**内容定位**　影视版权

**内容板块**　成片库、素材库、旗舰店。

**经营情况**　发行、收费产品。

**名称** SMG 五岸传播官方微博

**创建日期** 2011 年 2 月

**定位** 面向全国传媒从业者推送最新的行业热讯、塑造 SMG 原创内容品牌、搭建内容提供商与全媒体传播平台的互动桥梁。

**技术升级** 已完成 +V 认证

**粉丝量** 3177（截至 2015 年底）

 **SMG五岸传播** V

2015-10-14 15:33 来自 360安全浏览器

【行业展讯】2015美中影视产业博览会 SMG荣获"杰出贡献媒体-最高荣誉奖"详情戳 目 【行业展讯】2015美中影视产业博览会 SMG荣获...

**【行业展讯】2015美中影视产业博览会 SMG...**

2015年第二届"美国中国电影电视产业博览会"于美国当地时间9月28日至29日在美国洛杉矶会展中心举行。开幕式上，展会向SMG颁发了"杰出贡献媒

发布者：SMG五岸传播

☆ 收藏　　　☐ 1　　　💬 评论　　　👍 赞

**名称** **五岸传播微信公众号**

**创建日期** 2014 年 6 月

**定位** 面向全国传媒从业者推送最新的行业热讯、塑造 SMG 原创内容品牌、搭建内容提供商与全媒体传播平台的互动桥梁。

**特色** 时刻关注行业新鲜事、好玩事，最新版权资讯。

**订阅数** 873（截至 2015 年底）

## 光荣荣华丽丽|五岸传播荣获"中非影视合作工程"奖项；）

2015-12-29 五岸传播

近期，"中非影视合作工程"座谈会在北京顺利召开啦，会上，五岸传播荣获国家新闻出版广电总局颁发的"1052工程中作出突出贡献的机构"，为中国文化做出去做出了积极的贡献。沉甸甸的奖杯，也寓意着今年五岸传播在中非合作方面硕果颇丰，满满的收获呐~

# 第九节　广电影视制作官网、微博、微信公众号

**名称**　上海广电影视制作有限公司网

**域名**　www.frtp-sh.com

**创建日期**　2011 年 10 月 11 日

**公司性质**　国有企业

**法人代表**　卢宝丰

**资质**　广播电视节目制作经营许可证、营业性演出许可证。

**团队架构**　大专 1 人　29 岁　管理人员

**网站定位**　公司对外宣传渠道，展示公司经典项目案例。

**内容版块**　公司新闻、案例介绍、丁力平工作室。

**名称**　**上海广电影视制作有限公司官方微博**

**创建日期**　2011 年 9 月 30 日

**定位**　公司经典案例分享、信息发布平台。

**粉丝量**　1524（2015 年基本无运营）

**名称** 上海广电影视制作有限公司微信公众号

**创建日期** 2015 年 1 月 1 日

**定位** 公司经典案例分享、对外推广。

**特色** 公司根据阶段性经典项目动态分享，向关注者展示公司品牌文化与特色，树立优质的品牌形象。

**订阅数** 905（截至 2015 年底）

## 第十节 东方明珠广播电视塔微信公众号

**名称** 东方明珠官方微信公众号

**创建日期** 2014 年 3 月 15 日

**定位** 东方明珠塔资讯发布、在线服务。

**特色** 集观光、游船、餐饮、活动推广、咨询互动于一体。

**订阅数** 26.65 万（截至 2015 年底）

详细资料

**东方明珠**

**功能介绍** 东方明珠广播电视塔，魔都时尚文化地标。集观光旅游、餐饮娱乐、文化休闲为一体，融合开放也婉约的生活方式，都市健康且快乐文化的倡导者。

**帐号主体** 上海东方明珠广播电视塔有限公司

**客服电话** 021-58791888

**经营范围** 景点门票

**交易维权**

## 推广微信公众号 提升品牌影响力  案例

东方明珠塔官方微信公众号（东方明珠，dfmz1118）是一个文化娱乐旅游综合微信号，主要功能有：定向推送图文消息、自定义服务菜单、在线订餐、互动答疑、游戏赢奖……

东方明珠公众号注重创新和品牌，紧抓社会热点，定期推送一系列高品质原创图文。如"明珠厨房"、"明珠推荐"等栏目，已经成为公众号的固定品牌，受到粉丝的好评与认可。

东方明珠公众号为用户提供线上服务。在微信这个平台，可以实现在线咨询、在线订餐等服务，扩展服务范围，提高服务水平与效率，减少线下运营成本，打造更具影响力的品牌形象。

东方明珠公众号采用多渠道的推广营销。除了在东方明珠塔内设置二维码，采用O2O的营销模式，线上与线下联动推广。除此之外，还与其他公众号进行合作推广、资源置换，扩大宣传面和影响力，提升品牌知名度。

东方明珠塔每年接待500万人次的游客，针对旅游旺季产生的排队现象，东方明珠公众号设置了"扫码免费连Wifi"功能，同时还设计了3款简单有趣的微信小游戏——明珠小工匠、明珠爬爬乐、明珠冰桶游戏，让游客打发排队等候时间。

登顶东方明珠，俯瞰全景魔都！
要求：分数达到88分（含）以上

# 第十一节 梅赛德斯·奔驰文化中心微博

**名称** 梅赛德斯·奔驰文化中心官方微博

**创建日期** 2012 年 7 月 2 日

**定位** 音乐演出，时尚娱乐，趣味抽奖。

**特色** 高清演出图，演出直播，演出票赠送抽奖。

**订阅数** 23.3 万（截至 2015 年底）

梅赛德斯-奔驰文化中心 V
2015-1-24 23:30 来自 微博 weibo.com

#精彩回顾# #东方神起上海演唱会# 可爱，性感，搞笑，帅气。今晚的浩珉哪种形态最让你心动？❤️

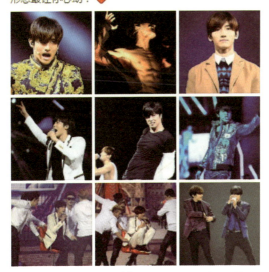

阅读 44.7万　推广　　　　↗ 2210　　　　💬 124　　　　👍 467

## 以微博联系观众  案例

梅赛德斯-奔驰文化中心官方微博 2012 年开始正式运营，当下微博粉丝数已经超过 23 万，发博数达 4000 多条，成为国内大型演艺场地中，粉丝数量最多微博活跃度最高的场馆之一。文化中心官方微博主要以演出相关内容为主，借助演出的多样性，可以从中延伸出各种有趣的内容及有热度的话题。

热门演出是文化中心微博提升热度的重要途径。每年都会有众多当下最红的明星到访文化中心，抓住明星的热度，做好前期宣传工作，可以让粉丝及观众提前将注意力主要集中在文化中心的微博上。

演出期间，文化中心官方微博会通过微博秒拍，在不触犯版权的范围内拍摄短视频，进行现场直播。目前"飞碟微直播"话题下已经达到了 4243.8 万阅读量，8.8 万讨论度。网友可在微博上直观地看到演出实况，切身感受现场氛围，满足那些无法到达现场，却迫切想了解演出情况的观众。

微博以各类抽奖活动来加强文化中心与网民间的互动，并结合热点话题宣传文化中心的品牌。此外，文化中心官方微博与赞助商有着紧密的合作，实现了线上线下的 O2O 推广模式。

## 百视通新媒体主要数据一览表

| 移动客户端（安卓版） | 总下载量 | 总发帖数 | 原创帖文总数 | 评论、跟帖总数 | 总点赞数 | 总转发、分享数 | 单篇最高阅读数（篇目、日期） | 单篇最高评论、跟帖数（篇目、日期） | 单篇最高点赞数（篇目、日期） | 单篇最高转发、分享数（篇目、日期） | 备注 |
|---|---|---|---|---|---|---|---|---|---|---|---|
| BesTV | 1152.8万 | | | | | | 42.6万（夜孔雀，2015-9-27） | | | | |
| 数据来源 | 易观方舟 | | | | | | 云平台CDN | | | | |

| 移动客户端（iOS版） | 总下载量 | 总发帖数 | 原创帖文总数 | 评论、跟帖总数 | 总点赞数 | 总转发、分享数 | 单篇最高阅读数（篇目、日期） | 单篇最高评论、跟帖数（篇目、日期） | 单篇最高点赞数（篇目、日期） | 单篇最高转发、分享数（篇目、日期） | 备注 |
|---|---|---|---|---|---|---|---|---|---|---|---|
| BesTV | 61.7万 | | | | | | 4.85万（青岛之家，2015-9-27） | | | | |
| 数据来源 | 易观千帆 | | | | | | 云平台CDN | | | | |

| 微信公众号 | 总阅读数 | 原创帖文总数 | 头条总阅读数 | 总篇数 | 总点赞数 | 总分享数 | 单篇最高阅读数（篇目、日期） | 单篇最高点赞数（篇目、日期） | 单篇最高转发、分享数（篇目、日期） | 备注 |
|---|---|---|---|---|---|---|---|---|---|---|
| 百视通 | 241.96万 | 796 | 120.94万 | 801 | 5133 | 8万 | 2.98万（烈火雄心、君昨夜安知？世界上最帅的逆行，2015-8-13） | 183（烈火雄心、君昨夜安知？世界上最帅的逆行，2015-8-13） | 1183（千万不要更新ios8.2系统！否则……，2015-3-13） | |

| 微信公众号 | 总阅读数 | 原创帖文总数 | 头条总阅读数 | 总篇数 | 总点赞数 | 总转发、分享数 | 单篇最高阅读数（篇目，日期） | 单篇最高点赞数（篇目，日期） | 单篇最高转发、分享数（篇目，日期） | 备注 |
|---|---|---|---|---|---|---|---|---|---|---|
| 百视通电视微信 | 421.8万 | 73 | 91.1万 | 73 | 2525 | 2.1万 | 9.94万（金像奖最值得看的8部获奖影片，2015-4-20） | 242（8.1周六19:30直播邓紫棋北京演唱会，2015-7-30） | 796（福利NBA中国赛门票！免费送！免费送！！！2015-10-9） | |
| 百视通游戏平台 | 2.4万 | 13 | | 13 | 899 | 267 | 684（东方明珠进军手游业 百视通游戏平台浮出水面，2015-12-24） | 98（东方明珠进军手游业 百视通游戏平台浮出水面，2015-12-24） | 33（东方明珠进军手游业 百视通游戏平台浮出水面，2015-12-24） | |
| 数据来源 | | | | | | | | | | |

微信公众号后台

| 微博名称（属性：官微/部门/个人；平台：新浪/腾讯） | 总发帖数总数 | 原创帖文总数 | 总跟帖、评论数 | 总点赞数 | 总转发、分享数 | 总被提及/被@数 | 总粉丝数 | 单篇最高跟帖、评论数（篇目，日期） | 单篇最高转发、分享数（篇目，日期） | 单篇最高点赞数（篇目，日期） | 备注 |
|---|---|---|---|---|---|---|---|---|---|---|---|
| 百视通BesTV（官微/新浪） | 1025 | 856 | | | | | 15.8万 | 567（东方明珠新媒体正式揭牌，2015-6-19） | 1058（百视通英超，2015-8-6） | 238（电视剧《不能没有家》，2015-3-17） | |
| 百视通游戏平台（官微/新浪） | 104 | 66 | | | | | 1.09万 | 376（万圣节活动，2015-10-30） | 593（万圣节活动，2015-10-30） | 585（让快递哥崩溃的收件人，2015-11-25） | |
| 数据来源 | | | | | | | | | | | |

微博后台

## 百视通数字电影线新媒体主要数据一览表

网站：百视通数字电影院线

| | 页面点击量（PV） | 单独访客数（UV） | 独立访问量（IP） | 网粘度 | 备注 |
|---|---|---|---|---|---|
| 2015 年度总量 | 80830 万 | 11547 万 | 3849 万 | | |
| 2015 年度月最高 | 27604 万 | 3943 万 | 1314 万 | | |
| 2015 年度日最高 | 1248 万 | 178 万 | 59 万 | | |
| 单篇最高（网咖＋影吧，2015-9-5） | 565 | 169 | 56 | | |
| 数据来源 | 系统后台统计 | | | | |

| 微信公众号 | 总阅读数 | 原创帖文总数 | 头条总阅读数 | 总篇数 | 总点赞数 | 总分享数 | 单篇最高阅读数（篇目，日期） | 单篇最高点赞数（篇目，日期） | 单篇最高转发、分享数（篇目，日期） | 备注 |
|---|---|---|---|---|---|---|---|---|---|---|
| 爱影吧 | 6.87 万 | 237 | 6.84 万 | 260 | 176 | 3588 | 1816（杂谈一个电影类微信运营小编的血泪史，2015-12-7） | 17（杂谈一个电影类微信运营小编的血泪史，2015-12-7） | 21（推荐｜电影史上最经典的三部曲，2015-9-20） | |
| 百视通数字电影院线 | 29.81 万 | 326 | 24.25 万 | 493 | 346 | 2.3 万 | 656（原来电影还能这样看，2015-10-23） | 11（原来电影还能这样看，2015-10-23） | 18（王思聪都爱追这部剧，你不看吗？2015-11-10） | |
| 数据来源 | 微信后台 | | | | | | | | | |

## 东方购物新媒体主要数据一览表

网站：东方购物网站

| | 页面点击量（PV） | 单独访客数（UV） | 独立访问量（IP） | 网粘度 | 备注 |
|---|---|---|---|---|---|
| 2015 年度总量 | 63379 万 | 368 万 | 390 万 | | |
| 2015 年度月最高 | 7750 万 | 94 万 | 100 万 | | |
| 2015 年度日最高 | 295 万 | 30 万 | 32 万 | | |
| 单篇最高（篇目，日期） | | | | 如意 | |
| 数据来源 | | | | | |

| 移动客户端 | 总下载量 | 原创帖文总数 | 评论、跟帖总数 | 总点赞数 | 总转发、分享数 | 单篇最高阅读数（篇目，日期） | 单篇最高评论、跟帖数（篇目，日期） | 单篇最高点赞数（篇目，日期） | 单篇最高转发、分享数（篇，日期） | 备注 |
|---|---|---|---|---|---|---|---|---|---|---|
| 东方购物 | 207 万 | | | | | | | | | |
| 数据来源 | 友萌 | | | | | | | | | |

| 微信公众号 | 总阅读数 | 原创帖文总数 | 头条阅读数 | 总篇数 | 总点赞数 | 总分享数 | 单篇最高阅读数（篇目，日期） | 单篇最高评论、跟帖数（篇目，日期） | 单篇最高点赞数（篇目，日期） | 单篇最高转发、分享数（篇目，日期） | 备注 |
|---|---|---|---|---|---|---|---|---|---|---|---|
| 东方购物服务号 | 84.38 万 | 220 | 44.98 万 | 225 | 2800 | 1.5 万 | 2.92 万（200 元生日红包｜双人自助餐券东方购物请客又送礼，2015-11-20） | | 70（不出国门嗨购全球，2015-9-3） | 971（东方购物微信小店携手周大福豪礼送，2015-10-1） | |
| 东方购物订阅号 | 20.8 万 | 492 | 11.6 万 | 492 | 1000 | 1.8 万 | 2600（东方购物二套搬家，红包明日 9:00 开抢！2015-4-17） | | 13（东方购物二套搬家，红包明日 9:00 开抢！2015-4-17） | 47【首发】日本本州 6 日经典品质，2015-4-29 | |
| 数据来源 | | | | | | | 微信公众号后台 | | | | |

## 上海文广互动新媒体主要数据一览表

| 微博名称（属性：官微/部门/个人，平台：新浪/腾讯） | 总发帖数 | 原创帖文总数 | 总跟帖、评论数 | 总点赞数 | 总转发、分享数 | 总被提及数/被@数 | 总粉丝数 | 单篇最高跟帖、评论数（篇目，日期） | 单篇最高转发、分享数（篇目，日期） | 单篇最高点赞数（篇目，日期） | 备注 |
|---|---|---|---|---|---|---|---|---|---|---|---|
| 东方购物（官微/新浪） | 475 | 427 | 626 | 820 | 48 | 1300 | 11.9万 | 98（垃圾处理器转发活动，2015-9-22） | 937（垃圾处理器转发活动，2015-9-22） | 10（垃圾处理器转发活动，2015-9-22） | |
| 数据来源 | | | | | | | | 新浪微博 | | | |

网站：新视觉

| | 页面点击量（PV） | 单独访客数（UV） | 独立访问量（IP） | 网粘度 | 备注 |
|---|---|---|---|---|---|
| 2015年度总量 | 6.7万 | 2.6万 | 2.5万 | 跳出率68.37% | |
| 2015年度月最高 | 1.9万 | 8000 | 8000 | 跳出率70.3% | |
| 2015年度日最高（篇目，日期） | 2000 | 1000 | 1000 | 跳出率82.21% | |
| 数据来源 | | | 百度统计 | | |

网站：游戏风云

| | 页面点击量（PV） | 单独访客数（UV） | 独立访问量（IP） | 网粘度 | 备注 |
|---|---|---|---|---|---|
| 2015年度总量 | 4245万 | 2167万 | 1679万 | | |
| 2015年度月最高 | 264万 | 120万 | 93万 | | |

| | 页面点击量（PV） | 单独访客数（UV） | 独立访问量（IP） | 网粘度 | 备注 |
|---|---|---|---|---|---|
| 2015 年度日最高 | 37 万 | 11 万 | 8 万 | | |
| 单篇最高（篇目，日期） | | | | | |
| 数据来源 | CNZZ | | | | |

| 移动客户端名称 | 总下载量 | 总发帖数 | 原创帖文总数 | 评论、跟帖总数 | 总点赞数 | 总转发、分享数 | 单篇最高阅读数（篇目，日期） | 单篇最高评论、跟帖数（篇目，日期） | 单篇最高点赞数（篇目，日期） | 单篇最高转发、分享数（篇目，日期） | 备注 |
|---|---|---|---|---|---|---|---|---|---|---|---|
| 新视觉（安卓版） | 2.6 万 | 1050 | 1050 | | | | | | | | 视频节目 |
| 数据来源 | 百度移动 | | 网站后台 | | | | | | | | |

| 移动客户端（iOS 版） | 总下载量 | 总发帖数 | 原创帖文文总数 | 评论、跟帖总数 | 总点赞数 | 总转发、分享数 | 单篇最高阅读数（篇目，日期） | 单篇最高评论、跟帖数（篇目，日期） | 单篇最高点赞数（篇目，日期） | 单篇最高转发、分享数（篇目，日期） | 备注 |
|---|---|---|---|---|---|---|---|---|---|---|---|
| 新视觉 | 3.8 万 | 1050 | 1050 | | | | | | | | |
| 数据来源 | iOS 应用商店统计 | | 网站后台 | | | | | | | | |

| 移动客户端（iOS 版） | 总下载量 | 总发帖数 | 原创帖文文总数 | 评论、跟帖总数 | 总点赞数 | 总转发、分享数 | 单篇最高阅读数（篇目，日期） | 单篇最高评论、跟帖数（篇目，日期） | 单篇最高点赞数（篇目，日期） | 单篇最高转发、分享数（篇目，日期） | 备注 |
|---|---|---|---|---|---|---|---|---|---|---|---|
| 游戏风云 | 2.16 万 | | | | | | | | | | 无发帖和评论功能 |
| 数据来源 | iOS 应用商店统计 | | | | | | | | | | |

| 微信公众号 | 总阅读数 | 原创帖文总数 | 头条总阅读数 | 总篇数 | 总点赞数 | 总分享数 | 单篇最高阅读数（篇目，日期） | 单篇最高点赞数（篇目，日期） | 单篇最高转发、分享数（篇目，日期） | 备注 |
|---|---|---|---|---|---|---|---|---|---|---|
| SiTV-新视觉 | 8.6万 | 72 |  | 1472 |  | 4482 | 1049（当你心里扛不住的时候就读一遍（绝对有用），2015-12-16） |  |  |  |
| 全纪实旅游 | 30万 | 1426 | 14万 | 1426 | 2.5万 | 2万 | 5320（闲着｜【深夜食堂】魔都实体店用美食交流心灵，2015-12-22） | 14（闲着｜【深夜食堂】魔都实体店用美食交流心灵，2015-12-22） | 219（发现新上海｜私人森林公园的私人马场，约吗，2015-11-22） |  |
| 游戏风云 | 29.68万 | 132 |  | 645 | 2580 | 1952 |  |  |  |  |
| 极车 | 791.25万 | 42 | 162.7万 | 1459 | 213 | 20.78万 | 4.45万（拿出你的工资表，看看你可以开什么车，2015-6-28） | 80（谁更称得上中国的良心企业？国产自主SUV成本利润大揭秘，2015-8-5） | 659（2015年6月28日，看出你的工资表，看看你可以开什么车，2015-6-28） |  |
| sitvjiankang | 41.17万 | 1178 | 5.63万 | 1191 | 912 | 922 | 2279（金色频道4月28日播出《第1诊室》"春"涌而来的胃肠病，敬请期待，2015-4-27） | 2279（金色频道4月28日播出《第1诊室》"春"涌而来的胃肠病，敬请期待，2015-4-27） | 123（金色频道《第1诊室》播出4月28日"春"涌而来的胃肠病，敬请期待，2015-4-27） |  |
| 超级动漫秀 | 8114 | 31 |  |  | 36 | 322 | 283（这份WCS的安利你会吃吗，2015-5-15） | 32（超级动漫秀周六开播，超强嘉宾内容抢先看，2015-5-8） | 8（超级动漫秀周六开播，超强嘉宾内容抢先看，2015-5-8） |  |

数据来源：微信后台

| 微博名称（属性：官微/个人：门户/个人：平台：新浪/腾讯） | 总发帖数 | 原创帖文总数 | 总跟帖、评论数 | 总点赞数 | 总转发、分享数 | 总被提及/被@数 | 总粉丝数 | 单篇最高跟帖、评论数（篇目、日期） | 单篇最高转发、分享数（篇目、日期） | 单篇最高点赞数（篇目、日期） | 备注 |
|---|---|---|---|---|---|---|---|---|---|---|---|
| 游戏风云GameFY（官微/新浪） | 484 | 0 | 976 | 2160 | 1058 | | 6.01万 | | | | |
| 金色健康（官微/新浪） | 30 | 24 | 1 | 3 | 7 | 7 | 2162 | （呼吸科副主任医师姚亮利您聊聊夏治哮喘, 2015-8-4）1 | （"乐家"大型亲子公益活动即将举行, 2015-6-6）1 | （"乐家"大型亲子公益活动即将举行, 2015-6-6）1 | |
| Sitv超级动漫秀（官微/新浪） | 430 | 365 | 1026 | 2375 | 1568 | 1962 | 2990 | （大家好！这里是魔都动漫资讯节目《超级动漫秀》的官方微博哦, 2015-2-15）60 | （大家好！这里是魔都动漫资讯节目《超级动漫秀》的官方微博哦, 2015-2-15）153 | （大家好！这里是魔都动漫资讯节目《超级动漫秀》的官方微博哦, 2015-2-15）72 | |

数据来源：微博

尚世影业新媒体主要数据一览表

网站：尚世影业官网

| | 页面点击量（PV） | 单独访客数（UV） | 独立访问量（IP） | 网粘度 | 备注 |
|---|---|---|---|---|---|
| 2015年度总量 | 12.61万 | 2.9万 | 2.9万 | | |
| 2015年度月最高 | 1.22万 | 3290 | 3346 | | |

| 2015 年度日最高 | 页面点击量（PV） | 单独访客数（UV） | 独立访问量（IP） | 网粘度 | 备注 |
|---|---|---|---|---|---|
| 单篇最高（篇目、日期）（天津卫视开启热血模式《刑警队长》明晚回归刷屏，2015-7-3） | 1308 | 107 | 104 | | （尚世聚星补充进官网，2015 年 9 月 28 日） |
| | 308 | 101 | 101 | | |
| 数据来源 | | | CNZZ | | |

| 微信公众号 | 总阅读数 | 原创帖文总数 | 头条总阅读数 | 总篇数 | 总点赞数 | 总分享数 | 单篇最高阅读数（篇目、日期） | 单篇最高点赞数（日期） | 单篇最高转发、分享数（篇目、日期） | 备注 |
|---|---|---|---|---|---|---|---|---|---|---|
| 尚世影业 | 16.85 万 | 200 | 14.32 万 | 218 | 800 | 6028 | 4529（天津卫视开启热血模式《刑警队长》明晚回归刷屏，2015-7-3） | 17（三部新剧齐发片花受瞩目 SMG 尚世影业半年看过来，2015-3-11）首秀惊艳 | 296 【招聘】SMG 尚世影业招兵买马，各路才俊看过来，2015-5-21 | |
| 数据来源 | | | | | | | 微信后台 | | | |

| 微博名称（属性：官微／部门／个人平台 新浪／腾讯） | 总发帖数 | 原创帖文总数 | 总跟帖评论数 | 总点赞数 | 总转发、分享数 | 总被提及／被@数 | 总粉丝数 | 单篇最高跟帖、评论数（篇目、日期） | 单篇最高转发、分享数（篇目、日期） | 单篇最高点赞数（篇目、日期） | 备注 |
|---|---|---|---|---|---|---|---|---|---|---|---|
| SMG 尚世影业 | 270 | 149 | 1875 | 2480 | 1524 | | 1.14 万 | 3407（#我的剧名你做主！#就是这么任性！@娄艺潇@杨劢@邀你一起来 YY，熟读剧情提炼剧名，取名有奖大征集，2015-1-9） | 4074（#我的剧名你做主！#就是这么任性！@娄艺潇@杨劢@邀你一起来 YY，熟读剧情提炼剧名，取名有奖大征集，2015-1-9） | 1984（#我的剧名你做主！#就是这么任性！@娄艺潇@杨劢@邀你一起来 YY，熟读剧情提炼剧名，取名有奖大征集，2015-1-9） | |
| 数据来源 | | | | | | | | 新浪微博后台 | | | |

## 五岸传播新媒体主要数据一览

网站：秒鸽传媒交易网

| | 页面点击量（PV） | 单独访客数（UV） | 独立访问量（IP） | 网粘度 | 备注 |
|---|---|---|---|---|---|
| 2015 年度总量 | 516.53 万 | 139.14 万 | 112.78 万 | 41.34% | |
| 2015 年度月最高 | 69.52 万 | 13.57 万 | 10.60 万 | 23.2% | |
| 2015 年度日最高 | 7.15 万 | 4.23 万 | 4.13 万 | 55.93% | |
| 单篇最高（成片率，2015-10-23） | 1900 | 1000 | 800 | | |
| 数据来源 | 百度统计 | | | | |

| 微信公众号 | 总阅读数 | 原创帖文总数 | 头条阅读总数 | 总篇数 | 总点赞数 | 总分享数 | 单篇最高阅读数（篇目、日期） | 单篇最高点赞数（篇目、日期） | 单篇最高转发、分享数（篇目、日期） | 备注 |
|---|---|---|---|---|---|---|---|---|---|---|
| 五岸传播 | 5.53 万 | 5 | | 254 | 3205 | | 2918（贝尔在上视大厦跳楼群众围观，2015-9-27） | 8（贝尔在上视大厦跳楼群众围观，2015-9-27） | 最高转发 161 次，分享数 2118 次（倒计时 4 天《跟着贝尔去冒险》10 月 16 日全宇宙首播，队员毕业答辩会圆满完成，2015-10-13） | |
| 数据来源 | 微信平台 | | | | | | | | | |

| 微博名称（属性：官微/部门/个人平台新浪/腾讯） | 总发帖数 | 原创帖文总数 | 总跟帖、评论数 | 总点赞数 | 总转发、分享数 | 总被提及数/被@数 | 总粉丝数 | 单篇最高跟帖、评论数（篇目、日期） | 单篇最高转发、分享数（篇目、日期） | 单篇最高点赞数（篇目、日期） | 备注 |
|---|---|---|---|---|---|---|---|---|---|---|---|
| 五岸传播（官微/新浪） | 183 | 147 | 3 | 144 | 10 | 30 | 1772 | | | | |
| 数据来源 | 微博分析 | | | | | | | | | | |

## 广电制作新媒体主要数据一览表

单位：万

| 微博名称（属性：官微/部门/个人，平台：新浪/腾讯） | 总发帖数 | 原创帖文总数 | 总跟帖、评论数 | 总点赞数 | 总转发、分享数 | 总被提及/被@数 | 总粉丝数 | 单篇最高跟帖、评论数（篇目、日期） | 单篇最高转发、分享数（篇目、日期） | 单篇最高点赞数（篇目、日期） | 备注 |
|---|---|---|---|---|---|---|---|---|---|---|---|
| 上海广电影视制作有限公司（官微/新浪） | 1 | 1 | 0 | 5 | 0 | 0 | 1524 | | | | |
| 数据来源 | | | | | | | | | | | |

## 东方明珠塔新媒体主要数据一览表

| 微信公众号 | 总阅读数 | 原创帖文总数 | 头条总阅读数 | 总篇数 | 总点赞数 | 总分享数 | 单篇最高阅读数（篇目、日期） | 单篇最高点赞数（篇目、日期） | 单篇最高转发、分享数（篇目、日期） | 备注 |
|---|---|---|---|---|---|---|---|---|---|---|
| 东方明珠（dfmz1118） | 116.3万 | 184 | 26.7万 | 184 | 2346 | 4.2万 | 3.15万（明珠入场券，2015-8-26） | 143（月亮船，2015-6-10） | 2364（欢乐送，2015-5-18） | |
| 数据来源 | | | | | | | | | | |

## 梅赛德斯·奔驰文化中心新媒体主要数据一览表

| 微博名称（属性：官微/部门微/个人；平台：新浪/腾讯） | 总发帖数 | 原创帖文总数 | 总跟帖、评论数 | 总点赞数 | 总转发、分享数 | 总被提及/被@数 | 总粉丝数 | 单篇最高跟帖、评论数（篇目，日期） | 单篇最高转发、分享数（篇目，日期） | 单篇最高点赞数（篇目，日期） | 备注 |
|---|---|---|---|---|---|---|---|---|---|---|---|
| 东方明珠（官微/新浪） | 534 | 326 | 9497 | 2.4万 | 2.5万 | | 8.3万 | 2522（鹿晗网红照片，2015-4-14） | 1万（鹿晗网红照片，2015-4-14） | 9907（鹿晗网红照片，2015-4-14） | |
| 数据来源 | | | | | | | | | | | |

网站：梅赛德斯·奔驰文化中心官网

| | 页面点击量（PV） | 单独访客数（UV） | 独立访问量（IP） | 网粘度 | 备注 |
|---|---|---|---|---|---|
| 2015年度总量 | 61.5万 | 15.06万 | 15.06万 | 30% | |
| 2015年度月最高 | 6.74万 | 1.65万 | 1.65万 | 35% | |
| 2015年度日最高 | 4970 | 1216 | 1216 | 40% | |
| 单篇最高（篇目，日期） | N/A | N/A | N/A | N/A | |
| 数据来源 | 谷歌统计工具 | | | | |

| 微信公众号 | 总阅读数 | 原创帖文总数 | 头条总阅读数 | 总篇数 | 总点赞数 | 总分享数 | 单篇最高阅读数（篇目，日期） | 单篇最高点赞数（篇目，日期） | 单篇最高转发、分享数（篇目，日期） | 备注 |
|---|---|---|---|---|---|---|---|---|---|---|
| 梅赛德斯-奔驰文化中心 | 36万 | 48 | 21.6万 | 240 | 3600 | | 7852（霉霉模仿秀，2015-10-22） | 89（霉霉模仿秀，2015-10-22） | 50（霉霉模仿秀，2015-10-22） | |
| 数据来源 | 微信后台 | | | | | | | | | |

| 微博名称（属性：官微/部门/个人；平台：新浪/腾讯） | 总发帖数 | 原创帖文总数 | 总跟帖、评论数 | 总点赞数 | 总转发、分享数 | 总被提及/被@数 | 总粉丝数 | 单篇最高跟帖、评论数（篇目、日期） | 单篇最高转发、分享数（篇目、日期） | 单篇最高点赞数（篇目、日期） | 备注 |
|---|---|---|---|---|---|---|---|---|---|---|---|
| 梅赛德斯-奔驰文化中心（官微/新浪） | 727 | 598 | 3.57万 | 6.24万 | 10.39万 | 10.39万 | 23.29万 | 6438（EXO演唱会，2015-5-30） | 1028（EXO演唱会，2015-5-30） | 7907（EXO演唱会，2015-5-30） | |
| 数据来源 | | | | | | 微博后台 | | | | | |

# 第七章

## 上海第一财经传媒有限公司

截至 2015 年底，第一财经的新媒体产品矩阵有——

网站：一财网、第一财经周刊网

移动客户端：第一财经、第一财经周刊

微博：第一财经、第一财经日报、第一财经周刊

微信公众号：第一财经资讯、第一财经谈股论金、今日股市、第一财经网订阅号、第一财经周刊订阅号、第一财经服务号

## 概　况

2015 年是第一财经媒体融合纵深发展的一年。一年中，一方面加强技术人才配备，另一方面通过新媒体矩阵项目建设打造承载第一财经全媒体融合转型的"航空母舰"，同时深入研制数字内容发布系统以聚合原有各平台的产能，并抓住大数据这一互联时代的关键要素筹建 DT 财经，为财经媒体的新媒体转型做出了努力并取得阶段性成果。

2015 年，第一财经强调"牢固树立深度融合、整体转型的理念，把发展重心

全面迁移到互联网"，本着"用户到哪里我们就到哪里，资源配置就跟到哪里"的思想，制定了"资讯+"、"视频+"和"数据+"的"3+"战略转型方案，明确把"成为中国最具公信力和全球影响力的新型数字化财经媒体和信息服务集团"作为公司的战略目标。

经过对 2014 年融合转型的实践总结，将补好短板，构建起适应互联网要求的组织架构、生产流程、体制机制成为 2015 年第一财经媒体融合的重点工作。一方面，延伸媒体产业链，另一方面，进行业务流程再建造，借助更多的新技术、新介质、新渠道，向多层次互联网+内容产业转变，从单元独立作战向全媒体整合运营转变，真正改善传统媒体的生产方式、经营方式以及赢利模式，从而提升全媒体背景下的新闻传播力、舆论引导力和市场竞争力。

第一财经在 2015 年继续采取目标规划引领、组织机制保障、人才技术支撑、创新激励驱动、全员培训助力等"五管齐下"的举措，全力加快推进数字化转型发展的步伐。

## 1. 探索队伍建设新模式为融合提供人力保障

对内培养方面，首先由一财网发起并作为运营主体，连续制作发布了 11 期《Transfomers 转型》内刊，刊登员工在转型工作中的心得体会引发争鸣，刊登国内外其它媒体的先进做法加以借鉴，介绍领先 IT 信息技术促进思考，促进全员自发进行学习；其次，针对全体员工开展为期半年的"充电行动——报社报网融合、数字化转型培训"，聘请国内知名互联网公司的培训专家，就内容发布、网页美化、标题制作、图片处理等方面传授经验。

对外引进方面，第一财经在原有技术团队的基础上，又先后引进了多名 IOS 开发工程师、安卓开发工程师、WebApp 开发工程师、交互工程师、前端工程师，构造出了一支具备较强 PC 端和移动端开发能力的技术研发团队。

## 2. 以新媒体矩阵为抓手打造全媒体融合航空母舰

第一财经在 2015 年以新媒体矩阵为抓手，打造承载第一财经媒体融合的"航空母舰"，不断提升财经新闻报道、深度财经信息服务、金融投资资讯供应新媒体化报道的质量和水准。

该新媒体产品矩阵，涵盖网站、手机网站、移动终端、门户新闻客户端订阅产品、微博账号和微信账号。这个格局，在第一财经内部被称为：全方位、多元化、立体化、数字化。

矩阵作为第一财经整体转型战略中的重要一步，首先是对原有业务流程的重构起到重大作用，打通了各个业务平台的操作流程。新业务流程是：由"编委会＋总编室"组成全媒体指挥平台，并成立内容聚合中心，由日报记者、电视记者、外拍摄像等构成原创内容生产主体，生产的内容可为日报、电视、周刊、网站、移动端等各个端口所用，特别是在为互联网生产方面形成快速有效的机制。这个新闻生产"中央厨房"，即全媒体内容聚合平台已完成基础建设，可以实现信息一次采集、多次生成和多平台发布。

矩阵项目的建设重点——第一财经网智能化再造，有力地改进了网站内容生产到发布的各项环节，提升了一财网内容产品的竞争力。通过完善 CMS 系统，改进和优化流程，补齐了速度短板；引进机器算法，组建"互联网新闻生产专业团队"，在保证"质"的基础上"量"也得到同步提升，和同类网站相比竞争优势凸显，产品的传播力和影响力更上台阶。

第一财经客户端则以第一财经全媒体平台的优质多媒体内容为主，专注于宏观经济、资本市场、行业、科技等领域，提供及时信息和深度分析，并引入直播功能，打造第一财经在移动互联网上的内容高地。

第一财经客户端对视觉、内容等多方面进行了多次革新，在保持原有专业性和深度的同时，使之更加符合互联网读者的阅读需求，强化了第一财经作为全媒体平台的优势，通过第一财经客户端用户可随时随地看第一财经提供的最新新闻分析。

2015年7月，《第一财经日报》从艺海大厦搬迁至广电大厦，第一财经在物理空间上实现了真正融合。一天之后，第一财经就推出"A股保卫战"特别报道，日报、电视、网站、移动端多平台合作，覆盖各个端口，完胜财经媒体圈。之后屡次推出报纸、电视、网站联动的特别报道，充分体现了第一财经作为一个跨媒体平台在融合后的优势地位。

## 3. 完善数字内容发布系统深度整合产能

2014年上线的"数字内容发布系统"，在2015年得到进一步的完善和发展。该系统的一期、二期把第一财经报纸、网站、新闻社、研究院的产能进行进一步汇聚和整合，着重在重构传统新闻产业链、推进财经新闻智能化传播、增强传统媒体在互联网领域的影响力方面发力。同时使打造具备可持续发展商业模式的、蕴含高附加值的数字化核心产品成为可能。项目组开发的移动终端应用"一财点睛"，在推出市场后获得客户认可，累计销量已经超过32400套。

项目推出的数字内容聚类数据库服务，除了自用以外，另有超过20家机构、券商和多家信息服务提供商使用，覆盖研究人员达到1000多名。2015年项目产品登陆彭博（Bloomberg）金融终端，将财经资讯的"中国声音"覆盖范围扩大至全球。中国证监会也长期使用该系统出版的数字内容"第一财讯·证监会特供"，了解最新财经资讯和舆情。大型国企如申能集团，也在使用此项目提供的数字内容财经信息服务。

该项目在科技创新上也取得了成果。项目入选上海市科学技术委员会科研课题（课题编号13511506500），研究成果获得科委高度评价。项目还获得了三项软件著作权，在传统媒体"转型增效"的探索方面具有积极意义。

## 4. 抓住大数据风口为融合打造云基础

第一财经在 2015 年 6 月组建新媒体子公司 DT 财经。DT 财经是第一财经旗下的数据媒体化品牌，结合了第一财经的媒体优势和阿里巴巴的大数据优势，定位于以数据解读商业世界，以数据揭示财经新知。DT 一财 APP 在 2015 年下半年开始研发内测，大大小小迭代超过 20 次。

第一财经商业数据中心（CBNData）在 2015 年 12 月 8 日正式成立，是一个数据商业化和数据自动化战略级平台，集数据可视化新闻、商业分析报告、数据自动化终端于一体的战略数据平台，也是第一财经"数据 +"战略的最重要抓手。第一财经商业数据中心（CBNData）的关键业务是商业数据开发，意在探索大数据在商业和生活中的场景化应用，输出产业经济全景分析和行业企业深刻洞察的数据产品；同时针对有特殊需求的个人或企业用户，提供定制的个性化商业数据报告，打造中国独一无二的高品质商业大数据服务平台，全面满足商业世界的数据刚需。其是第一财经的融合转型的左膀右臂。

# 一、网站

## 1. 一财网

**域名（链接）** www.yicai.com

**创建日期** 2012 年 12 月 12 日

**公司（单位）性质** 国有企业

**法人代表** 李蓉

**资　质**　第二类增值电信业务中的信息服务业务

**团队架构**　一财网（含网站微信号、官方微博）采编共16人

性别：男6人　女10人

年龄：30岁以下11人　31-40岁3人　41岁以上2人

学历：硕士以上3人　大学本科11人　大学专科2人

岗位：新闻采编13人　社交编辑3人

**网站定位**　做中国最好的财经新闻

**内容板块**　宏观、时政、全球、金融、股市、商业、消费、科技、思想、人文、图集、专题、视频、社区（同乐坊）等。

**传播力**　日均浏览量220万

**技术特点**　网站管理后台进行全面升级，实现了报网融合统一平台稿件系统。CMSS系统增加稿件审核环节，增强了系统权限管理并新增了后台搜索功能，确保了后台系统安全稳定性。

## 2. 第一财经周刊网

**域名（链接）** www.cbnweek.com

**创建日期** 2012 年 6 月

**公司（单位）性质** 国有企业

**法人代表** 李蓉

**团队架构** 第一财经周刊采编共 60 人

性别：男 15 人 女 45 人

年龄：30 岁以下 30 人 31-40 岁 29 人 40 岁以上 1 人

学历：硕士研究生 19 人 大学本科 33 人

岗位：新闻采编 60 人 新媒体运营及推广 4 人

**网站定位** 以生动方式洞悉商业世界，致力于成为华人世界中最专注于公司人群，发行量最大，轻松、好看、有用、时尚的新一代商业读本。

**内容板块** 封面故事、特别报道、专题、大公司特写、大公司新闻、技术、环境、炫公司、营销、设计、快公司、创业、公司人、新产品、职场、话题、新一线报告等。

**传播力** 月均浏览量 350 万次

# 二、移动客户端

## 1．第一财经

**推出时间**　2010 年 5 月正式运行（iOS 版）

**平台**　iOS；Android

**版本**　iOS：9.1.0；Android：3.1.0

**内容**　以第一财经全媒体平台的优质多媒体内容为主，专注于投资、股票、理财、宏观经济等新闻报道领域，提供最理性、最客观、最及时的分析，让投资者信息平等。

**功能**　自选股、转发、评论、收藏、点赞、分享等。

**下载量**　500 万＋（截至 2015 年底）

**技术特点**　第一财经客户端在视觉、内容等多方面进行了全面革新，为了更加符合互联网读者的阅读需求，在保持原有专业性强和有深度的同时，打造更强的视觉冲击力，全新采用大图加瀑布流方式，更好看，更耐看；电视、文字和广播直播，强化了第一财经作为全媒体平台的优势，用户可随时随地看第一财经提供的最新新闻分析；更迅速地直击现场，充分利用第一财经新的管理后台，及时将各路记者报道进行推送；更人性化操作体验，全面引入社交平台分享，在标题处即可分享到微信、微博、朋友圈，支持微博、qq 联合登录。

## 2. 第一财经周刊

**推出时间**　2012 年 6 月

**平台**　iOS；Android

**内容**　以生动方式洞悉商业世界，致力于成为华人世界中最专注于公司人群、发行量最大，轻松、好看、有用、时尚的新一代商业读本。

**功能**　转发、评论、收藏、分享等。

**下载量**　250 万 +（截至 2015 年底）

**股疯**

《股疯》—看着眼前飙升的海外有格林斯潘"相当确定"美国经济已经见底正在反转，撑死胆大的饿死胆小的，亢奋的多头会就此停下？A 股，我再一次止不住地想起这部 16 年前的老电影，就像 2007 年下半年那样。

# 三、微博

## 1. 第一财经（新浪微博）

**创建日期**　2010 年 3 月

**定位**　第一财经原创财经资讯发布、公司品牌形象维护、公司重大活动及动态发布。

**粉丝量，转发量 + 跟帖量**　截至 2015 年底，粉丝量 514026，转发量 46605，跟帖量 24322。

## 2. 第一财经日报（新浪微博）

**创建日期**  2011 年 4 月

**定位**  第一财经日报与读者互动、交流的窗口，第一时间向微博用户群推送重大新闻。

**粉丝量，转发量＋跟帖量**  截至 2015 年底，粉丝量 690 万，其中 2015 全年新增粉丝数为 300 万；2015 全年微博转发量 27.1 万，2015 全年微博跟帖量 25.2 万。

### 3. 第一财经周刊（新浪微博）

**创建日期** 2009 年 10 月 14 日

**定位** 发表第一财经周刊内容，让更多用户读到周刊的深度报告，扩大第一财经周刊的影响力。

**粉丝量，转发量 + 跟帖量** 截至 2015 年底，粉丝数 334 万，转发量 4 万。

# 四、微信公众号

## 1. 第一财经资讯

**创建日期** 2012 年 12 月

**定位** 为受众提供有价值的财经资讯和有价值观的评论，打造财经信息传播及互动社区。

**订阅数** 512231（截至 2015 年底）

## 2. 第一财经谈股论金

**创建日期** 2013 年 7 月 23 日

**定位** 第一财经《谈股论金》节目衍生互动交流平台

**特色** 官方微信已成为拥有指令回复、菜单点击以及每日推送等多种功能的投资者互动交流平台。节目直播时，观众可以通过微信平台留言给节目组，节目组有选择地挑选留言进行播出，回馈观众，与观众互动交流。

**订阅数** 763476（截至 2015 年底）

## 3. 今日股市

**创建日期**　2013 年 8 月

**定位**　服务投资者，与主持人、嘉宾互动，形成一个沟通平台。

**订阅数**　387045（截至 2015 年底）

## 4. 第一财经网订阅号

**创建日期** 2013 年 1 月

**定位** 专业团队，全球视野，做中国最好的财经新闻。

**订阅数** 74787（截至 2015 年底）

## 5. 第一财经周刊订阅号

**创建日期** 2013 年 3 月

**定位** 发表第一财经周刊内容，让更多用户读到周刊的深度报告。扩大第一财经周刊的影响力，增加用户黏性，建立粉丝俱乐部。

**订阅数** 2877168（截至 2015 年底）

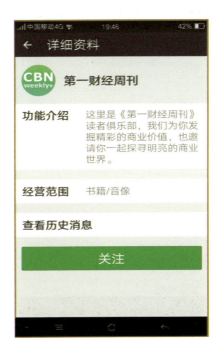

## 6. 第一财经服务号（CBNnetwork）

**创建日期** 2013 年 11 月

**定位** 为中国广大投资者和商界、经济界人士，以及全球华人经济圈提供实时、严谨、专业的财经新闻和信息服务。

**订阅数** 92530（截至 2015 年底）

## 2015 年股市年终盘点 ▶

2015 年的中国股市宛如过山车，A 股指数从年初的 2487 点一路狂飙，到 6 月 12 日达到 5178 点，短短半年上涨 200% 以上，创下 7 年来的新高。随后又在短短 2 个月内，出现断崖式暴跌。从千股涨停，到千股跌停，再到千股停牌，2015 年的 A 股市场，将注定被铭记和反复提起。

作为一家权威的专业的财经媒体，在 2015 年即将结束之际，第一财经及时全面地对 A 股市场一年来的走势进行了盘点，推出大型专题纪录片《股市 2015·牛熊之变》，重温股市重要的时间节点和事件，探究涨跌背后的真相。第一财经充分发挥全媒体多平台的优势合力出击，电视、日报、网站、客户端、微信公众号联动，起到了良好的传播效果，在受众乃至财经业内受到了广泛的关注与好评。

## 第一财经"2015 年 A 股保卫战"报道  案例

2015 年 6 月中旬以来，中国 A 股从 5166 点的本轮最高点下跌逾 30%，引发市场强烈关注。在此关键时刻，7 月 4 日，从证监会召开券商大会开始，政府救市的积极政策频出。第一财经以高度的政治责任感和高标准的专业水平组织、策划"A 股保卫战"报道，充分发挥日报、网站、电视、移动端多平台的优势，成为全国唯一一家亲临"管理层救市现场"并展开直播的媒体，在反应速度、报道力度、报道规模以及传播效果上领先一步。报道在管理层、投资者和市场参与者中产生了较大影响。

## 深度解读亚投行报道  案例

第一财经立足中国立场，运用世界眼光，对即将成立的亚投行和中国通过创建亚投行而展开的"金融外交"进行深入解读。

亚投行构想早在 2013 年底就已提出。在英国、德国、法国、意大利等欧洲发达国家纷纷表示加入后，第一财经敏锐意识到其影响已远远超出区域性投资银行的范畴，于 2015 年 3 月 23 日在国内媒体中较早刊发《亚投行引领中国金融外交新常态》一文。该文从亚投行谈到"金融外交"，明确提出中国通过亚投行在国际经济中发挥主导权的重大象征意义，对亚投行在中国金融外交、推动国际金融新秩序方面的意义进行深入挖掘。

在引领话题同时，第一财经不失时机地专访国际多边组织掌门人、决策参与者和国际著名经济学家，从全球化视野谈亚投行的建立。4 月 2 日，IMF 总裁拉加德接受第一财经专访时说，"亚投行对世界是一大利好"，并且"为一些国家敲响了警钟"。第一财经对伦敦金融城主席的专访《英国在亚投行的最佳角色是"专家"》，揭开了英国抢先加入亚投行背后的深层原因，指出该行"会为英国和亚洲创造共同投资和增长的举世无双的机遇"。

## 业界如何评价"亚投行"

**【IMF】总裁拉加德：亚投行给一些国家敲响了警钟**

拉加德强调，全球基建需求巨大，而IMF在当前和未来的主要任务都不会是基建融资，因此亚投行的成立对世界是一大利好。

**【世界银行】期盼与亚投行、金砖银行结成减贫联盟**

美国财长以奥巴马总统特别代表的身份表示，美方期待在促进基础设施发展方面同亚投行合作。

**【亚开行】行长中尾武彦：亚投行和亚开行可以合作**

亚洲地区需要大量基础设施的投资，亚投行和亚开行是合作、互补关系，而非竞争。

**【新布雷顿森林体系】亚投行不该复制世行与IMF现行模式**

不应该复制世界银行、IMF的现行模式，要有中国特色，且不应该设置一票否决权。

## 上海第一财经公司新媒体主要数据一览表

### 网站：一财网

| | 页面点击量（PV） | 单独访客数（UV） | 独立访问量（IP） | 网粘度 | 备注 |
|---|---|---|---|---|---|
| 2015 年度总量 | 44403 万 | 10030 万 | 8000 万 | 良好 | |
| 2015 年度月最高 | 5424 万 | 1590 万 | 1270 万 | 良好 | 7 月 |
| 2015 年度日最高 | 462 万 | 261 万 | 200 万 | 良好 | 10 月 20 日 |
| 单篇最高（全面二孩放开政策正抓紧推进，2015-7-22） | 227 万 | 157 万 | 115 万 | 良好 | |
| 数据来源 | 谷歌分析 | 谷歌分析 | 谷歌分析 | | |

### 网站：第一财经周刊

| | 页面点击量（PV） | 单独访客数（UV） | 独立访问量（IP） | 网粘度 | 备注 |
|---|---|---|---|---|---|
| 2015 年度总量 | 350 万 | 200 万 | 190 万 | 一般 | |
| 2015 年度月最高 | 34 万 | 21 万 | 21 万 | 一般 | |
| 2015 年度日最高 | 1.7 万 | 1.7 万 | 1.7 万 | 良好 | |
| 单篇最高（消失的大众，2015-10-5） | 23 万 | 16 万 | 5 万 | 一般 | |
| 数据来源 | | 自有后台 | | | |

| 移动客户端（安卓版） | 总下载量 | 总发帖数 | 原创帖文总数 | 评论、跟帖总数 | 总点赞数 | 总转发、分享数 | 单篇最高阅读数（篇目，日期） | 单篇最高评论、跟帖数（篇目，日期） | 单篇最高点赞数（篇目，日期） | 单篇最高转发、分享数（篇目，日期） | 备注 |
|---|---|---|---|---|---|---|---|---|---|---|---|
| 第一财经客户端 | 350万+ | 4.6万 | 3.3万 | 29.7万 | | 866万 | 149万（中国第四次婴儿潮没有如期而至，将引发什么后果，2015-10-14） | 128（沪指惊现逆转背后：证金公司救市战略浮出水面？2015-7-7） | | 132万（中国第四次婴儿潮没有如期而至，将引发什么后果，2015-10-14） | |
| 第一财经周刊 | 70万+ | 2108 | 2108 | | | | | | | | |

数据来源：友盟

| 移动客户端（iOS版） | 总下载量 | 总发帖数 | 原创帖文总数 | 评论、跟帖总数 | 总点赞数 | 总转发、分享数 | 单篇最高阅读数（篇目，日期） | 单篇最高评论、跟帖数（篇目，日期） | 单篇最高点赞数（篇目，日期） | 单篇最高转发、分享数（篇目，日期） | 备注 |
|---|---|---|---|---|---|---|---|---|---|---|---|
| 第一财经客户端 | 150万+ | 4.6万 | 3.3万 | 29.7万 | | 866万 | 149万（中国第四次婴儿潮没有如期而至，将引发什么后果，2015-10-14） | 128（沪指惊现逆转背后：证金公司救市战略浮出水面？2015-7-7） | | 132万（中国第四次婴儿潮没有如期而至，将引发什么后果，2015-10-14） | |
| 第一财经周刊 | 180万+ | 2108 | 2108 | | | | | | | | |

数据来源：Appstore

| 微信公众号 | 总阅读数 | 原创帖文总数 | 头条总阅读数 | 总篇数 | 总点赞数 | 总分享数 | 单篇最高阅读数（篇目，日期） | 单篇最高点赞数（篇目，日期） | 单篇最高转发、分享数（篇目，日期） | 备注 |
|---|---|---|---|---|---|---|---|---|---|---|
| 第一财经网订阅号 | 912万 | 672 | 278万 | 1272 | 3.5万 | 139万 | 5.3万（A股历史上那些暂停IPO的时刻，2015-7-5） | 989（招商策略会又一次体验，感觉再也洗不清了，2015-12-8） | 2.9万（A股历史上那些暂停IPO的时刻，2015-7-5） | |
| 第一财经服务号（CBNnetwork） | 479万 | 289 | 375万 | 384 | 17.5万 | 57万 | 12.4万（跟雷军拼了，董明珠首次公开手格力手机！2015-3-22） | 1.9万（2015年最具影响力的10张照片，2015-12-20） | 6.9万（四大怪像揭中国股市游戏规则，2015-5-17） | |
| 第一财经周刊 | 778万 | 1145 | 1095万 | 1145 | 5.7万 | 32万 | 11万（星巴克的红杯子到底装了多少心机？2015-11-10） | 156（讨厌微信工作群的180个理由，2015-12-15） | 3107（星巴克的红杯子到底装了多少心机？2015-11-10） | |
| 第一财经资讯 | 3865万 | 1825 | | | | 155万 | 217196（万科突然停牌 决战已经展开！2015-12-18） | 543（也许不能每天和大家说晚安了｜晨茹日知录，2015-10-30） | 14453（二孩放开80后注定是最悲催的一代…，2015-10-30） | |
| 第一财经谈股论金 | 7498万 | 1800 | | | | 181万 | 752767（已经证实的谣言，千万不要再上当了！2015-7-5） | 40057（已经证实的谣言，千万不要再上当了！2015-7-5） | 40057（已经证实的谣言，千万不要再上当了！2015-7-5） | |
| 今日股市 | 2284万 | 738 | | | | 29万 | 84688（2000家交易1700家跌停，2015-7-7） | 126（2000家交易1700家跌停，2015-7-7） | 2308（2000家交易1700家跌停，2015-7-7） | |
| 数据来源 | | | | | | | | | | 自有后台 |

| 微博名称（属性：官微/部门/个人，平台：新浪/腾讯） | 总发帖数 | 原创帖文总数 | 总跟帖、评论数 | 总点赞数 | 总转发、分享数 | 总被提及/被@数 | 总粉丝数 | 单篇最高跟帖、评论数（篇目，日期） | 单篇最高转发、分享数（篇目，日期） | 单篇最高点赞数（篇目，日期） | 备注 |
|---|---|---|---|---|---|---|---|---|---|---|---|
| 第一财经（新浪） | 3127 | 3127 | 24322 | | 46605 | | 51万 | 39（万豪国际拟122亿美元收购喜达屋全球最大酒店集团或诞生，2015-11-17） | | 89（万豪国际拟122亿美元收购喜达屋全球最大酒店集团或诞生，2015-11-17） | |
| 第一财经日报（官微/新浪） | 8431 | 7665 | 25.2万 | 11.8万 | 13.1万 | 14.6万 | 690万 | 806（重磅传闻：IPO发行被要求暂停，2015-7-4） | 1361（农村人爱生娃？人口数据告诉你真相，2015-10-21） | 2183（《港囧》明日登陆大荧幕哪些徐峥概念股"将获益？2015-9-24） | |
| 第一财经周刊（官微/新浪） | 1452 | 1364 | 2.9万 | 4.3万 | 4万 | 4560 | 330万 | 160（广电总局推出自己的盒子，2015-12-29） | 177（广电总局推出自己的盒子，2015-12-29） | 52（一财君的深夜书房，2015-12-26） | |
| 数据来源 | | | | | | | | 自有后台 | | | |

## 第八章

## 上海炫动传播股份 》有限公司

截至 2015 年底，炫动传播已形成包括官方网站、官方微博、微信公众号以及子业务、栏目网站、媒体融合平台等诸多新媒体渠道的产品矩阵，具体包括——

公司及频道官方网站：炫动传播网、哈哈少儿频道网、炫动卡通卫视网

子业务板块官方网站：中国国际动漫游戏博览会网、小荧星网

栏目专属网站：哈哈小店官方网

微博：哈哈织围脖、炫动卡通卫视频道、小荷的下午茶、上海小荧星、CCG_EXPO 中国国际动漫游戏博览会

微信公众号：哈哈少儿频道、炫动卡通卫视、哈哈俱乐部、小荧星艺校艺术团、小荷的下午茶、CCG

移动客户端：哈炫派

## 概　况

2015 年是炫动传播在继上年度尝试媒体融合后，进一步深化发展和改进的一年。炫动传播以发挥传统媒体特色和结合自身优势业务的建设方针，积极审视和

总结媒体融合尝试中出现的问题和不足，贯彻"在播‐在场‐在线"的原则，对下属网站和微博、微信的渠道进行积极改进。除建设官方网站和和子业务网站外，针对特色栏目建立专项网站和微博、微信号，在形式和内容上与自有频道、业务之间形成协同和配合，互补其短，互展所长，架构起以传统电视频道、动画作品及其他儿童业务为基础，以新媒体渠道为呈现手段和互动方式的融合型新媒体架构。同时，深化对移动 APP 的开发和挖掘，形成自有新媒体平台应用，在媒体融合功能开发及观众互动上掌握更多的主动权。

## 1. 网站建设情况

炫动传播新媒体建设始于 2004 年 11 月 22 日，这一天官方网站"炫动卡通卫视"正式上线。10 年来，网站经过多次改版，旨在将更全面的播放和活动信息传达给观众。在 2014、2015 两年中，网站点击量近 40 万次。

2005 年 3 月 23 日，"哈哈少儿频道官方网站"作为本地少儿频道官网正式上线。2014 年下半年，在"在播‐在场‐在线"的原则指导下，官网进行了大刀阔斧的改版，为希望参与频道节目的观众提供了便捷的使用体验。在 2015 年炫动传播进一步加强对网站的技术投入，采用 CMS 网站内容管理系统及微建模式布局，利用自定义表单、内容模型技术、栏目信息内容独立权限设置、多样化在线互动等功能，力求进一步提高用户体验。网站 2014、2015 年两年点击量已达 45 万次。

2014 年"炫动传播官网"上线，2015 年炫动传播对网站进行进一步内容更新和优化。这企业官网着重于公司理念、新闻公告发布、企业文化、整体公司架构等的介绍，将炫动传播作为一个整体推出，形成树立公司社会形象的"门户"。

除公司和频道官网外，炫动传播基于会展、少儿艺术培训两个优势业务，建立了"中国国际动漫游戏博览会（CCG EXPO）官网"及"小荧星官网"。"中国国际动漫游戏博览会官网"2012 年上线，定位为 CCG 门户网站。2014 年，推出

SaaS 架构的商务配对平台，将线下商务会展变成 24x7 的网上展厅和会务中心。网站依托 CCG 的爆发式流量，单月平均独立访问量可达约 2.4 万；作为上海儿童艺术教育的领先者，上海小荧星自 2005 年起开设了官方网站"小荧星官网"。网站作为对外宣传工具，用于发布旗下小荧星艺校及艺术团的相关咨询，以及提供报名的互动功能。2015 年，小荧星官网最高 1 天接受近千名家长的咨询和报名。

哈哈少儿频道购物资讯类节目"哈哈小店"，是公司业务重要盈利点。炫动传播于 2012 年专门开设了"哈哈小店官方网站"，通过外包运营的模式为节目内容提供了新媒体落地渠道，形成一个观众从观看、互动到购物的闭环。截至 2015 年，网站日均访客 1000，日均点击量 1600 左右。

## 2. 微博、微信建设情况

2011 年 1 月，炫动传播开通"哈哈织围脖"和"炫动卡通卫视频道"两个新浪微博，分别从哈哈少儿、炫动卡通卫视两个角度进行新媒体宣传。在 2015 年全年，微博始终保持高频率的宣传和露出，全年发帖量近千篇，对公司的频道、动画作品进行了全方位的宣传。截止 2015 年底，微博粉丝数达近 4 万人。

除频道微博外，哈哈少儿频道知名节目《小荷的下午茶》、子业务板块小荧星及 CCG 均开设了官方微博，用于用户互动及相关资讯发布。CCG 官方微博于 2015 年 7 月 7 日即时发布了"精品动画电影展映"活动信息后，短短数小时内成功地吸引了 5.5 万阅读量，并成功吸引多达 5 万余名用户跳转至购票页面。"小荷的下午茶"微博结合节目播出热点，向观看节目的爸爸妈妈们推送推送育儿实用干货，以及时下母婴潮流生活方式推荐等精选内容，得到了用户的欢迎，自 2014 年 9 月创建以来已积累了近 7 万粉丝。

"哈哈少儿频道"微信公众号 2013 年 2 月正式上线，用于发布哈哈少儿频道节目、活动资讯以及育儿信息，并提供节目和活动报名通道。同月，"炫动卡通"

微信公众号上线，侧重于发布炫动卡通卫视节目、活动资讯，同时推送音乐、动漫等信息。两个微信公众号针对不同年龄层，发布各自对应的内容信息，至 2015 年底粉丝数已近 3 万人，平均每月发布 30 条以上的原创内容，年度总阅读数已超过 140 万次。其中，"哈哈少儿频道"微信公众号荣获上海市第七届优秀网站评选活动"优秀网站文娱类提名奖"。

在子业务微信号建设方面，炫动传播在 2013 年分别创建了"上海小荧星艺校艺术团"、"CCG"两个子业务板块官方公众号，用于面向各自用户的信息发布及互动。尤其是 CCG 官方微信公众号，于 2015 年 7 月 12 日、13 日发布《"难忘今宵"CCG EXP 2015 圆满落幕，转身不舍忆经年》（上、下篇）图文消息。该微信以大量极具看点的现场照片全方位地展示了展会现场人气，当天即获取了超过 6000 的阅读量。

针对炫动传播自身热点节目，2014 年 3 月和 9 月分别开设了"小荷的下午茶"、"哈哈俱乐部"微信号，服务于节目观众及哈哈俱乐部小粉丝，为家长及孩子推送了多条极具价值的资讯及育儿知识。

### 3. 媒体融合平台建设

作为炫动传播媒体融合的重要平台，哈哈少儿频道和炫动卡通卫视的官方 APP——"哈炫派"于 2015 年春节前正式上线。该 APP 面向电视媒体、小朋友和青少年、家长，其灵活的开发和维护形式为观众互动提供了多种可能，如《小学生出租车》、《回家吃饭》节目，在哈炫派上设置直播答题，让观众获得更多的刺激性和趣味性。《小学生出租车》在线答题挑战，2015 年全年累计点击人次 10 万左右，累计答题条数超过 1300 万。

在 2015 年，炫动传播为"哈炫派"APP 举办了多场推广活动，目前安卓、iOS 双版本的总下载量已超过 11 万。"哈炫派"APP 几乎可以囊括炫动传播新媒体建设预期的所有功能，为炫动传播新媒体建设提供了更加全面和灵活的互动形式。该 APP 获得上海市第七届优秀网站评选活动"诚信创建积极网站奖"及"优秀网站生活服务类提名奖"等荣誉。

# 一、网站

## 1. 哈哈少儿频道

**域名（链接）** www.hahatv.com.cn

**创建日期** 2005 年 3 月 23 日

**公司（单位）** 性质 国有企业

**法人代表** 徐浩

**资质** 广播电视节目制作经营许可

**团队架构**

编辑 1 人（兼），男 30-39 岁 大学本科 初级职称 内容岗位

**网站定位** 哈哈少儿频道官方网站。宣传频道节目及线上线下活动，并设置了节目、活动报名的功能及互动板块，方便观众参与节目和活动。

**内容板块** 新闻栏目、报名专区、节目单、投票、留言、视频、下载等。

**传播力** 日均点击量 451 次

**技术特点** 采用 CMS 网站内容管理系统，提供微建模式布局，可自定义模板实现多元化多样式页面的呈现效果，追求较佳的用户体验感；可定义各种业务表单；独特的内容模型技术，可自定义设置多个栏目信息内容的权限实现团队协同维护同个门户网站；提供多样的在线互动功能（例如，在线报名功能、视频播放

功能等）。

## 2. 炫动卡通卫视

**域名（链接）** www.toonmax.com

**创建日期** 2004 年 11 月 22 日

**公司（单位）性质** 国有企业

**法人代表** 徐浩

**资质** 广播电视节目制作经营许可

**团队架构**

采编 1 人（兼），男 30-39 岁 大学本科 初级职称 内容岗位

**网站定位** 炫动卡通卫视官方网站。以新闻资讯、活动资讯、节目档案介绍为重点，同时有主持人介绍、互动板块等。

**内容板块** 新闻资讯、活动资讯、炫动档案、炫动剧场等。

**传播力** 日均点击量 361 次

## 3．炫动传播

**域名（链接）** www.toonmaxmedia.com

**创建日期** 2014 年 11 月 22 日

**公司（单位）性质** 国有企业

**法人代表** 徐浩

**资质** 广播电视节目制作经营许可

**团队架构**

编辑 1 人（兼），男 30-39 岁 大学本科 初级职称 内容岗位

**网站定位** 炫动传播公司官网。展示上海炫动传播有限公司形象，让业内人

士、广告客户、受众等了解公司企业文化，并及时获悉公司动态。

**内容板块**　新闻动态、企业文化、成员单位、公司出品等。

**传播力**　日均点击量 110 次

## 4. 中国国际动漫游戏博览会

**域名（链接）**　www.ccgexpo.cn

**创建日期**　2012 年 2 月 17 日

**公司（单位）性质**　国内合资

**法人代表**　鱼洁

**资质**　ICP 域名备案

**团队架构**　4 人

性别：男 3 人　女 1 人

年龄：30 岁以下 1 人　31-40 岁 3 人

学历：大学本科 4 人

职称：初级 1 人　中级 1 人

岗位：新闻采编 2 人　技术支持（保障）1 人　运营推广 1 人

**网站定位**　面向普通观众，第一时间报道中国国际动漫游戏博览会（CCG EXPO）展会最新动态，原创或转发海内外其它动漫游戏展会新鲜资讯，旨在成为网罗行业新闻资讯的信息集成平台；面向专业观众，提供在线商务配对、交流等专业服务，力求成为业内人士社区化对接交流的商务平台。

**内容板块**　展会介绍、参展指南、新闻中心、展会活动、吉祥物等。

**传播力**　月平均独立访问量约 2.4 万

**技术特点**　采用自主研发的内容管理系统，分布式存储及缓存机制，针对部署环境进行深度优化，吸收最新技术并升级软件体系，从容应对不断增长的平时访问量及活动推广阶段的爆发性峰值流量。

## 5. 哈哈小店官网

**域名（链接）** www.hahaxiaodian.com

**创建日期** 2012 年 1 月

**公司（单位性质）** 国有企业

**法人代表** 徐浩

**资质** 广播电视节目制作经营许可

**团队架构**

活动营销经理 1 人 女 30-39 岁 本科

**网站定位** 哈哈少儿官方销售网站

**内容板块** 哈哈商城、哈哈活动（哈哈萌宝秀，炫梦童画）、哈哈粉丝团。

**传播力** 日均访客 1000，日均点击量 1600 左右

活动专区

## 6. 小荧星官网

**域名（链接）** www.littlestar.cn

**创建日期** 2005 年 12 月 24 日

**公司（单位）性质** 国有企业

**法人代表** 沈莹

**资质** ICP 域名备案

**团队结构** 媒介专员 2 人

性别：男 1 人　女 1 人

年龄：29 岁以下 2 人

学历：本科 1 人　大专 1 人

职称：初级 2 人

**网站定位** 针对小荧星学员以及有意向到小荧星学习的小朋友，为他们及他们的家长提供小荧星最新活动资讯以及课程信息。

**内容板块** 关于小荧星、小荧星艺校、小荧星艺术团、艺校课程、新闻动态。

**传播力** 日均访客 200，日均点击量 2200 左右

# 二、移动客户端

**名称** 哈炫派

**创建日期** 2015 年 2 月

**平台** iOS、Android

**版本** 1.71

**内容** 哈炫派 APP 是炫动卡通卫视和哈哈少儿频道两个电视媒体的官方 APP，是面向电视媒体、小朋友和青少年、家长三方互动的手机应用。哈炫派 APP 具备以下功能：答题闯关、晒图传视频、节目活动报名、投票调查、抢票抽奖、在线学习、礼品兑换等。

**下载量** 截至 2015 年底 109106

# 三、微博

## 1. 哈哈织围脖（新浪微博）——隶属哈哈少儿频道

**创建日期** 2011 年 1 月

**定位** 扩大哈哈少儿频道电视影响力，为受众服务。

**粉丝量，转发量 + 跟帖量** 截至 2015 年底，粉丝量 28970，其中，2015 全年新增粉丝数 8092。2015 年全年微博转发量 161、跟帖量 203。

## 2. 炫动卡通卫视频道（新浪微博）——隶属炫动卡通卫视频道

**创建日期**　2011 年 6 月

**定位**　扩大炫动卡通卫视电视影响力，为受众服务。

**粉丝量，转发量＋跟帖量**　截至 2015 年底，粉丝量 8186，其中，2015 全年新增粉丝数为 1450。2015 全年微博转发量 2978、跟帖量 1105。

### 3. 小荷的下午茶（新浪微博）

**创建日期** 2014 年 9 月

**定位** 以 0-12 岁孩子及其家长为目标读者，服务于栏目宣传。

**粉丝量，转发量＋跟帖量** 截至 2015 年底，粉丝量 66597。2015 全年转发量 103、跟帖量 70。

## 4. 上海小荧星（新浪微博）

**创建日期** 2011 年 4 月 11 日

**定位** 发布小荧星艺校的最新活动、演出、得奖信息等。

**粉丝量，转发量 + 跟帖量** 截至 2015 年底，粉丝量 20188。2015 年转发量 89、跟帖量 200。

### 5.CCG_EXPO 中国国际动漫游戏博览会（新浪微博）

**创建日期**　2011 年 5 月

**定位**　即时报道中国国际动漫游戏博览会最新动态，原创或转发大量海内外动漫游戏类展会最新资讯，成为了解行业资讯的优质渠道。

**粉丝量，转发量＋跟帖量**　截至 2015 年底，粉丝量 22374。2015 年转发量 12432、跟帖量 17781。

# 四、微信公众号

## 1. 哈哈少儿频道（微信公众号：hahashaoerpindao）

**创建日期** 2013 年 2 月

**定位** 发布哈哈少儿频道节目、活动资讯以及育儿、教育信息，提供节目和活动报名通道。

**特色** 分享最新鲜、最权威的亲子、教育资讯及独家观点。为亲子家庭提供参与哈哈少儿频道节目和活动的官方报名平台。

**粉丝数** 20015（截至 2015 年底）

## 2. 炫动卡通卫视（微信公众号：ToonmaxTV）

**创建日期** 2013 年 2 月

**定位** 发布炫动卡通卫视节目、活动资讯，推送音乐、动漫、游玩等有趣的信息。

**特色** 分享最新鲜、最有趣的青春资讯及独家观点。为粉丝提供参与炫动卡通卫视节目和活动的官方报名平台。

粉丝数 3379（截至 2015 年底）

## 3. 哈哈俱乐部（微信公众号：hahakidsclub）

**创建日期**　2014 年 9 月

**定位**　哈哈俱乐部活动发布平台

**特色**　服务于哈哈俱乐部小粉丝的信息发布平台，以及与家长沟通的互动平台。

**订阅数**　2000（截至 2015 年底）

## 4. 小荷的下午茶

**创建日期**　2014 年 3 月

**定位**　以 0-12 岁孩子及其家长为目标读者，服务于栏目宣传。

**特色**　推送育儿实用干货，"小荷的下午茶"线下活动介绍，及时下母婴潮流生活方式推荐。

**订阅数**　3300（截至 2015 年底）

## 5. 上海小荧星艺校艺术团（公众号：shanghailittle star）

**创建日期** 2013 年 8 月 2 日

**定位** 展示小荧星的最新资讯，与粉丝建立互动关系。

**特色** 发布小荧星艺校的最新活动、演出、得奖信息等。

**订阅数** 33890（截至 2015 年底）

## 6. CCG（中国国际动漫游戏博览会主媒体 订阅号：CCG_EXPO）

**创建日期**  2013 年 9 月

**定位**  即时报道中国国际动漫游戏博览会最新动态，原创或转发大量海内外动漫游戏类展会最新资讯，成为了解行业资讯的优质渠道。

**特色**  以动漫游戏内容为核心，用内容健康、调性活泼的二次元语言传播展会热点资讯。

**订阅数**  6378（截至 2015 年底）

## 移动客户端——"哈炫派"正式上线  案例

哈哈少儿频道和炫动卡通卫视官方 APP——"哈炫派"于 2015 年春节前正式上线。后进行了多次功能升级,全年总共更新了 10 多个版本。哈炫派具有答题闯关、晒图传视频、节目活动报名、投票调查、抢票抽奖、在线学习、礼品兑换、在线支付等丰富的功能体验,让受众随时随地能与节目及频道进行紧密互动,一起玩转电视。

各档节目通过哈炫派寻找萌娃、辣妈、萌宠、帅哥靓妹,征集照片、视频,了解观众喜好等。尤其是《小学生出租车》、《回家吃饭》节目,在哈炫派上设置直播答题,让观众获得更多的刺激性和趣味性。《小学生出租车》在线答题挑战,2015 年全年累计点击人次 10 万左右,累计答题条数超过 1300 万。

在很长的一段时间内,小朋友通过哈炫派在线投票,决定主持人小新哥哥每次出镜的不同造型。每周,小新都会穿着造型服去学校接答题分数高的小朋友,引起不小的轰动。之后,哈炫派又在直播答题的基础上,推出了"抢小新专车预约券",进一步增强了节目的互动性和竞争性。

在小新接小朋友放学的时候,频道工作人员一起来到学校,通过派发印有活动信息的课程表、赠送印有哈炫派二维码的气球等,让小朋友们了解这个活动,关注节目以及哈炫派 APP,参与互动。整个活动,从电视到新媒体,再延伸到学校,用传统媒体和新媒体相结合的方式,使主持人及频道走近观众、贴近观众,与观众面对面交流。

## ▌SMG 上海炫动传播股份有限公司新媒体获奖情况

哈炫派 APP，2015 年获上海市第七届优秀网站评选活动"诚信创建积极网站奖"。

哈炫派 APP，2015 年获上海市第七届优秀网站评选活动"优秀网站生活服务类提名奖"。

哈哈少儿频道微信公众号，2015 年获上海市第七届优秀网站评选活动"优秀网站文娱类提名奖"。

## 上海炫动传播股份有限公司新媒体主要数据一览表

网站：炫动卡通卫视

| | 页面点击量（PV） | 单独访客数（UV） | 独立访问量（IP） | 网粘度 | 备注 |
|---|---|---|---|---|---|
| 2015 年度总量 | 13.18 万 | 4.3 万 | 4.29 万 | 3.06 | |
| 2015 年度月最高 | 1.54 万 | 6233 | 6181 | 2.473 | |
| 2015 年度日最高 | 858 | 674 | 612 | 12.7 | |
| 单篇最高（篇目，日期）<br>（《超级高中生》7 月 22 日首播、快来为你喜欢的选手投票吧！2015-7-21） | 384 | 275 | 201 | 1.4 | |
| 数据来源 | | 百度统计 | | | |

网站：哈哈少儿频道官网

| | 页面点击量（PV） | 单独访客数（UV） | 独立访问量（IP） | 网粘度 | 备注 |
|---|---|---|---|---|---|
| 2015 年度总量 | 16.45 万 | 4.85 万 | 4.74 万 | 3.4 | |
| 2015 年度月最高 | 2.64 万 | 7585 | 7439 | 3.5 | |
| 2015 年度日最高 | 1549 | 374 | 341 | 4.1 | |
| 单篇最高（篇目，日期）<br>(2015 暑假哈哈推出四大夏令营等你来报名，2015-5-5) | 1291 | 1397 | 1397 | 0.9 | |
| 数据来源 | | 百度统计 | | | |

网站：炫动传播官网

| | 页面点击量（PV） | 单独访客数（UV） | 独立访问量（IP） | 网粘度 | 备注 |
|---|---|---|---|---|---|
| 2015 年度总量 | 1.98 万 | 1.07 万 | 6582 | 1.9 | |

| | 页面点击量（PV） | 单独访客数（UV） | 独立访问量（IP） | 网粘度 | 备注 |
|---|---|---|---|---|---|
| 2015 年度月最高 | 3981 | 2800 | 1537 | 1.4 | |
| 2015 年度日最高 | 247 | 182 | 341 | 1.4 | |
| 单篇最高（篇目，日期）（承载上海几代人成长情怀 践行社会主义核心价值观 小荧星 30 周年庆典晚会隆重举行，2015-8-26） | 312 | 286 | 266 | 1.1 | |
| 数据来源 | 百度统计 | | | | |

网站：哈哈小店官网

| | 页面点击量（PV） | 单独访客数（UV） | 独立访问量（IP） | 网粘度 | 备注 |
|---|---|---|---|---|---|
| 2015 年度总量 | 16.89 万 | 4.4 万 | 4.18 万 | 20 | |
| 2015 年度月最高 | 1.73 万 | 5210 | 4850 | 28 | |
| 2015 年度日最高 | 870 | 185 | 166 | 25 | |
| 单篇最高（篇目，日期）（果活榨汁机，2015-6-2） | 385 | 232 | 385 | 3.8 | |
| 数据来源 | 百度统计 | | | | |

网站：小荧星官网

| | 页面点击量（PV） | 单独访客数（UV） | 独立访问量（IP） | 网粘度 | 备注 |
|---|---|---|---|---|---|
| 2015 年度总量 | 3.51 万 | 5475 | 9125 | 6.4 | |
| 2015 年度月最高 | 5125 | 7750 | 1032 | 6.6 | |
| 2015 年度日最高 | 528 | 50 | 63 | 10.3 | |
| 单篇最高（篇目，日期）（演员库，2015-8-16） | 387 | 350 | 420 | 0.011 | |
| 数据来源 | SILA 网站统计 | | | | |

网站：中国国际动漫游戏博览会网

| | 页面点击量（PV）| 单独访客数（UV）| 独立访问量（IP）| 网粘度 | 备注 |
|---|---|---|---|---|---|
| 2015年度总量 | 164.9万 | 39.3万 | 28.7万 | 4.19 | |
| 2015年度月最高 | 111.8万 | 26.7万 | 20.4万 | 5.14 | |
| 2015年度日最高 | 14万 | 2.9万 | 2.6万 | 9 | |
| 单篇最高（篇目，日期）（国色天香总决选，2015-7-4）| 11.8万 | 9.3万 | 8.2万 | 1.27 | |
| 数据来源 | Google Analytics | | | | |

| 微信公众号 | 总阅读数 | 原创帖文总数 | 头条阅读数 | 总篇数 | 总点赞数 | 总分享数 | 单篇最高阅读数（篇目，日期）| 单篇最高点赞数（篇目，日期）| 单篇最高转发、分享数（篇目，日期）| 备注 |
|---|---|---|---|---|---|---|---|---|---|---|
| 炫动卡通卫视 | 5.85万 | 125 | 1.81万 | 242 | 1088 | 1581 | 3071（《超级高中生》7月22日首播，快来为你喜欢的选手投票吧！2015-7-21）| 32（《超级高中生》7月22日首播，快来为你喜欢的选手投票吧！2015-7-21）| 142（《超级高中生》7月22日首播，快来为你喜欢的选手投票吧！2015-7-21）| |
| 哈哈少儿频道 | 141.73万 | 645 | 42.07万 | 1283 | 2176 | 7.79万 | 14408（《虎妈猫爸》火了，北师大教授告诉你，幼升小前你该如何培养孩子？2017-5-11）| 83（哈小编送福利｜双十二不用买买买，时尚滑板车免费送！2015-12-11）| 1265（《虎妈猫爸》火了，北师大教授告诉你，幼升小前你该如何培养孩子？2017-5-11）| |
| 小荷的下午茶 | 7.81万 | 90 | 3.3万 | 169 | 3.5万 | 4138 | 9253（我们的双十二《小荷的下午茶》请你去看古巨基世界巡回演唱会上海站，2015-12-9）| 2664（我们的双十二《小荷的下午茶》请你去看古巨基世界巡回演唱会上海站，2015-12-9）| 753（我们的双十二《小荷的下午茶》请你去看古巨基世界巡回演唱会上海站，2015-12-9）| |

| 微信公众号 | 总阅读数 | 原创帖文总数 | 头条总阅读数 | 总篇数 | 总点赞数 | 总分享数 | 单篇最高阅读数（篇目，日期） | 单篇最高点赞数（篇目，日期） | 单篇最高转发、分享数（篇目，日期） | 备注 |
|---|---|---|---|---|---|---|---|---|---|---|
| 哈哈俱乐部 | 3.29万 | 301 | 2.66万 | 357 | 112 | 1138 | 1042【此娃只应天上有】全能宝宝虹口口龙之梦晋级名单出炉！2015-12-21 | 23（【前方警报】我的朋友圈已经被全能宝贝宝刷屏啦！2015-10-18 | 52（哈哈福利，只要1元？每天不重样，天天有惊喜！2015-11-17） | |
| 上海小荧星艺校艺术团 | 198.83万 | 340 | 305 | 721 | 6390 | 11.54万 | 40616（决赛入围名单｜直击【荧星杯】故事大赛复赛现场，2015-5-11） | 267（决赛入围名单｜直击【荧星杯】故事大赛复赛现场，2015-5-11） | 6390（决赛入围名单｜直击【荧星杯】故事大赛复赛现场，2015-5-11） | |
| CCG | 160.22万 | 1002 | 72.33万 | 3201 | 1.03万 | 1.28万 | 1823（#难忘今宵 #CCG EXP 2015 圆满落幕，转身不舍（上），2015-07-12） | 23（大咖来袭！#板野友美将于7月10日空降CCG，还不行动！2015-06-24） | 127（#难忘今宵 #CCG EXP 2015 圆满落幕，转身不舍（上），2015-07-12） | |

数据来源　微信后台

| 微博名称（属性：官微/部门、个人，平台：新浪/腾讯） | 总发帖数 | 原创帖文总数 | 总跟帖、评论数 | 总点赞数 | 总转发、分享数 | 总被提及/被@数 | 总粉丝数 | 单篇最高跟帖、评论数（篇目，日期） | 单篇最高转发、分享数（篇目，日期） | 单篇最高点赞数（篇目，日期） | 备注 |
|---|---|---|---|---|---|---|---|---|---|---|---|
| 哈哈绉闾脬（官微/新浪） | 880 | 722 | 203 | 669 | 161 | 40 | 28970 | 17（兔侠之青黎传说，2015-1-22） | 17（兔侠之青黎传说，2015-1-22） | 16（与天腾赵小宝亲密接触，2015-7-4） | |

| 微博名称（属性：官微/部门/个人，平台：新浪/腾讯） | 总发帖数 | 原创帖文总数 | 总跟帖、评论数 | 总点赞数 | 总转发、分享数 | 总被提及/被@数 | 总粉丝数 | 单篇最高跟帖、评论数（篇目、日期） | 单篇最高转发、分享数（篇目、日期） | 单篇最高点赞数（篇目、日期） | 备注 |
|---|---|---|---|---|---|---|---|---|---|---|---|
| 炫动卡通卫视频道（官微/新浪） | 240 | 213 | 1105 | 3031 | 2978 | 73 | 8186 | 452（TFBOYS高能来袭，2015-5-22） | 1786（TFBOYS高能来袭，2015-5-22） | 朴：最高点赞数（TFBOYS高能来袭，2015-5-22） | |
| 小荷的下午茶（官微/新浪） | 85 | 80 | 70 | 90 | 103 | 230 | 66597 | 6（王平仲家装儿童房改造，2015-8-26） | 65（王平仲家装儿童房改造，2015-8-26） | 26（王平仲家装儿童房改造，2015-8-26） | |
| 上海小茨星（官微/新浪） | 28 | 28 | 61 | 99 | 35 | 21 | 20188 | 3（两年前的夏天，小茨星影视团的林子杰小朋友通过面试获得了江流儿的角色，2016-7-15） | 13（两年前的夏天，小茨星影视团的林子杰小朋友通过面试获得了江流儿的角色，2016-7-15） | 25（两年前的夏天，小茨星影视团的林子杰小朋友通过面试获得了江流儿的角色，2016-7-15） | |
| CCG_EXPO中国国际动漫游戏博览会（官微/新浪） | 5218 | 1567 | 17781 | 15321 | 12432 | 9548 | 22374 | 23（大咖来袭！！野友美将于7月10日空降CCG，还不行动！2015-6-24） | 75（大咖来袭！！野友美将于7月10日空降CCG，还不行动！2015-6-24） | 11（#难忘今宵#CCG EXP 2015圆满落幕，转身不合忆经年（上），2015-7-12） | |
| 数据来源 | | | | | | | 新浪微博后台 | | | | |

# 第九章

## >> 五星体育传媒有限公司

截至 2015 年底，五星体育传媒有限公司已形成官方网站和官方微博、官方微信等产品的新媒体矩阵，具体包括——

网站：五星体育网

微博：五星体育

微信公众号：五星体育互动，五星体育，弈棋耍大牌

## 概　况

经过了 2014 年世界杯年，2015 年体育虽然是淡季，但中超日趋红火。五星体育在新媒体内容方面主抓互动性，和观众和互动，宣传活动取得进一步突破，成效也在公众号上得到体现。

2014 年，"五星体育互动"微信开通后，通过世界杯期间的推动，粉丝固定在 9 万。2015 年，中超的红火，直播中互动性进一步加强，特别是吸引了上港和申花的两大阵营的铁杆球迷与节目互动、与公众号互动，粉丝人数激增，到年底

达到了 12.5 万多人，是五星体育名副其实的第一大公众号。

另外，五星体育《弈棋耍大牌》节目随着节目的红火，公众号内精彩牌局的回放让粉丝阵营越来越壮大。由于节目本身的群众基础好，让参与节目的选手以及周围观众借助微信公众号快速进入节目。节目和公众号互相搭台，共唱大戏。至 2015 年底，粉丝突破 8 万人。

# 一、网站

**名称** 五星体育官网

**域名（链接）** www.wa5.com

**创建日期** 2006 年 1 月 1 日

**公司（单位）性质** 国有企业

**法人代表** 翁伟民

**资质** 信息网络传播视听节目许可、广播电视节目制作经营许可、增值电信业务经营许可

**团队架构** 共 3 人

性别：男 3 人

年龄：30 岁以下 2 人 31-40 岁 1 人

学历：大学本科 3 人

职称：中级 3 人

专业岗位：新闻采编 1 人 技术支持（保障）1 人 运营推广 1 人

**内容定位** 以体育赛事为重点，同时关注教育、传媒等各领域新闻。

**内容板块** 英超专题、中超专题、五星生活营等。

**传播力** 日均浏览量 6 万左右

**特色** 网站内容有每周电视节目预告时间表，可以让用户对体育频道直播的赛事一目了然；设有各类体育赛事专题页，包括足球，斯诺克，篮球等；目前平台上设有五星生活营频道。五星生活营的主题是倡导体育生活化，为广大青少年提供专业的场馆，专业的课程。目前开设篮球、足球、网球、羽毛球、游泳、围棋等多个项目的培训。

# 二、微博

**名称** 五星体育

**创建日期** 2008 年

**定位** 基于五星体育传媒公司的公司新闻发布、体育新闻内容传播、转播公告。

**粉丝量** 14 万（截至 2015 年底）

# 三、微信公众号

## 1. 五星体育互动

**创建日期** 2014 年 5 月

**定位** 五星体育传媒有限公司各档王牌栏目、赛事直播的观众互动平台

**特色** 五星体育互动微公号目标为上海所有喜欢体育的受众，订阅号主要以两部分组成，一是每天最新最快最深度的体育报道推送，二是菜单整合屏上互动功能，与五星体育的观众进行互动。每天推送的均为原创稿件，在上海体育迷，特别是申花、上港两支中超俱乐部中有很高的人气。而菜单功能，也是五星体育互动的一大特色，观众可以利用它，和五星体育各档节目、赛事进行实时互动。

**订阅数** 12.5 万（截至 2015 年底）

## 2．五星体育

**创建日期**　2014 年 5 月

**定位**　"五星体育"公众号是五星体育传媒的微信官方账号，是一个与热爱体育的市民朋友沟通的互动平台，同时也是一个通过微信实时收看五星体育视频节目的移动平台。

**特色**　通过赛事预告、点评赛况、传递比赛报名信息等方式，向用户提供收看体育赛事节目和参与相关市民体育活动等资讯服务。

**订阅数**　7.5 万 +（截至 2015 年底）

## 3. 弈棋耍大牌

**创建日期** 2014 年 6 月

**定位** 五星体育传媒《弈棋耍大牌》节目的微信官方账号。由于节目在上海市民中的广泛基础，弈棋耍大牌公众号也不仅仅只服务于节目，更是成为了上海市民棋牌游戏的一个交流平台。

**特色** 弈棋耍大牌公众号的推送主要致力于每日精彩节目的回顾，也让错过节目的观众能够有一个重温的好去处。

**订阅数** 8.1 万（截至 2015 年底）

## 上海五星体育传媒有限公司新媒体主要数据一览表

网站：五星体育网

| | 页面点击量（PV） | 单独访客数（UV） | 单独访问量（IP） | 网粘度 | 备注 |
|---|---|---|---|---|---|
| 2015年度总量 | 2418182 | 1196671 | 1177609 | 21.59% | |
| 2015年度月最高 | 202348 | 98134 | 98134 | 20.79% | |
| 2015年度日最高 | 283804 | 129250 | 129250 | 26.53% | |
| 单篇最高（篇目，日期）（五星英超直播，2015-5-20） | 50138 | 25008 | 25008 | 18.05% | |
| 数据来源 | 百度统计 | | | | |

| 微信公众号 | 总阅读数 | 原创帖文总数 | 头条总阅读数 | 总篇数 | 总点赞数 | 总分享数 | 单篇最高阅读数（篇目，日期） | 单篇最高点赞数（篇目，日期） | 单篇最高转发、分享数（篇目，日期） | 备注 |
|---|---|---|---|---|---|---|---|---|---|---|
| 五星体育 | 885463 | 368 | 1891244 | 786 | 35981 | 18459 | 12362（快讯｜北京成为2022年冬奥会主办城市，2015-7-31） | 102（绿地申花与上海上港将上演纯粹的同城德比足球盛宴，2015-8-19） | 154【夜间透题】昨晚的德比，我想起了一个人……，2015-8-20 | |
| 五星体育互动 | 1087866 | 687 | 3648856 | 1092 | 56784 | 50008 | 45169（一场瞬间拉高国内足球档次的"上海滩德比"，2015-8-20） | 297（一场瞬间拉高国内足球档次的"上海滩德比"，2015-8-20） | 1800（一场瞬间拉高国内足球档次的"上海滩德比"，2015-8-20） | |
| 弈棋耍大牌 | 40521 | 589 | 42433 | 628 | 20753 | 10643 | 9234【30000元大奖花落谁家】漫长的12局，终于有了新赢家，2015-12-22 | 85【冠军诞生】"万人"棋牌大赛"落幕，2015-4-26 | 98【66张牌，炸弹？呵呵……】林海印的"赢"输在孙瑜雷的"雷" | |
| 数据来源 | 腾讯云分析 | | | | | | 人工后台统计 | | | |

| 微博名称（属性：官微/部门/个人；平台：新浪/腾讯） | 总发帖数 | 原创帖文总数 | 总跟帖、评论数 | 总点赞数 | 总转发、分享数 | 总被提及/被@数 | 总粉丝数 | 单篇最高跟帖、评论数（篇目，日期） | 单篇最高转发、分享数（篇目，日期） | 单篇最高点赞数（篇目，日期） | 备注 |
|---|---|---|---|---|---|---|---|---|---|---|---|
| 五星体育（官微/新浪） | 2357 | 1008 | 15871 | 603347 | 208652 | 258755 | 139854 | 258（上海滩足协杯杯德比，2015-8-19） | 47（上海滩足协杯杯德比，2015-8-19） | 198（上海滩足协杯德比，2015-8-19） | |
| 数据来源 | | | | | 新浪微博后台 | | | | | | |

# 第十章 | ≫ **真实传媒有限公司**

截至 2015 年底，真实传媒有限公司（SMG 纪实频道）的新媒体产品——

网站：纪实频道 www.docuchina.tv

微博：纪实频道

微信号：纪实频道

## 概　况

纪实频道自 2014 年 6 月上星后，成为全国专业卫星频道，加快了新媒体融合的步伐。

纪实频道官方网站以自身频道节目、重大项目的宣传为主，强调提升频道的品牌影响力、传播力。板块清晰，分为新闻专刊（热点新闻、纪录片新闻以及频道新闻）、重大项目（专题定制）、品牌栏目（各栏目的详细包括内容介绍，精彩节目视频回看）、关于我们（频道宣传片、节目播出版面、真实传媒介绍）、纪录者说（业内纪录片导演、专家经验分享）等，网站主要以纪实频道的重大项目，以及频道栏目内容等为主打，通过频道自身优势内容去充实网站，提升品牌形象。

纪实频道官方微博创办于 2010 年，经过数年的积累，目前粉丝数近五万。微博的定位是让喜欢纪录片、喜欢纪实频道的粉丝第一时间获知纪录片内容的分享、频道大项目的进展、专业纪录片信息的获取，使线上线下得到互动，关注度提高，品牌价值提升。目前微博版块分为每日精彩预告、精彩推荐、快门、昨日书、节目看点、线下活动等。

纪实频道官方微信自创办以来始终追求有品质、有温度，每一条信息都经过反复斟酌，挖掘亮点才进行推送。主要内容为纪实频道的节目相关信息、纪录片产业新闻、国内外优秀纪录片推荐等，在中国纪录片领域颇具权威性。

# 一、网站

**名称** 纪实频道

**域名（链接）** www.docuchina.tv

**创建日期** 2006 年 6 月

**公司性质** 国有企业

**团队架构** 品牌推广部总监 1 人

网站编辑 1 人、女、大学本科、中级职称。

**资质** 互联网视听节目服务

**网站定位** 纪实频道官方网站

**内容板块** 分为新闻专刊、重大项目、品牌栏目、纪录者说、MIDA 白玉兰国际纪录片奖、关于我们等。

**传播力** 2015 年页面点击量（PV）：115 万

# 二、微博

**名称** 纪实频道（新浪微博）

**创建日期** 2010 年

**定位** 以纪实频道节目、重大项目的宣传为主，强调提升频道的品牌影响力、传播力。

**粉丝量** 48151（截至 2015 年底）

**发帖数量** 28736（截至 2015 年底）

# 三、微信

**名称** 纪实频道

**创建日期** 2013 年 6 月

**定位** 关注纪录片最新动态、纪实频道优秀纪录片分享、结合时事以国内外经典纪录片推荐。

**订阅数** 24785（截至 2015 年底）

电影界的全科"霸主" || 斯皮尔伯格

2015年12月18日

2016年奥斯卡15部最佳纪录片公布了！

2015年12月17日

萨尔瓦多·达利 | 脑洞特大号的奇幻世界

2015年12月14日

桃花扇底哀江南：古都南京的荣辱兴衰

2015年12月12日 原创

"云集智慧，开启将来"

2015年12月10日

坦白比裸奔更需要勇气

真实传媒有限公司新媒体主要数据一览表

单位：万

网站：纪实频道 www.docuchina.tv

| | 页面点击量（PV）| 单独访客数（UV）| 独立访问量（IP）| 网粘度 | 备注 |
|---|---|---|---|---|---|
| 2015年度总量 | 115万 | 26.4万 | 101万 | | |
| 2015年度月最高 | 15万 | 2.6万 | 15万 | | |
| 2015年度日最高 | 2.3万 | 2.1万 | 0.7万 | | |
| 单篇最高（篇目、日期）（《跟着贝尔去冒险》10月16日番茄合单挑，2015-10-10）| 1488 | | | | |
| 数据来源 | CNZZ | | | | |

微信

| 微信公众号名称 | 总阅读数 | 原创帖文总数 | 头条总阅读量 | 总篇数 | 总点赞数 | 总转发数 | 总分享数 | 单篇最高阅读数（篇目、日期）| 单篇最高点赞数（篇目、日期）| 单篇最高转发、分享数（篇目、日期）| 备注 |
|---|---|---|---|---|---|---|---|---|---|---|---|
| 纪实频道 | 121.1万 | 181 | 78.4万 | 181 | 3500 | | 5.8万 | 257543（祝天下有情人、认真勾引、认真失身，2015-2-14）| 501（祝天下有情人、认真勾引、认真失身，2015-2-14）| 4214（祝天下有情人、认真勾引、认真失身，2015-2-14）| |
| 数据来源 | | | | | | | | | | | |

新浪微博

| 微博名称 | 总发帖数 | 原创帖文总数 | 总跟帖评论数 | 总点赞数 | 总转发数 | 总被@数 | 总粉丝数 | 单篇最高评论、跟帖数（篇目、日期）| 单篇最高点赞数（篇目、日期）| 单篇最高转发、分享数（篇目、日期）| 备注 |
|---|---|---|---|---|---|---|---|---|---|---|---|
| 纪实频道 | 2.9万 | 2.8万 | 2830 | 2000 | 1800 | 3000 | 4.8万 | 19（越野千里，2015-9-16）| 24（越野千里，2015-9-16）| 33（张爱玲的心头好 - 老大昌冰糕，2015-9-1）| |
| 数据来源 | | | | | | | | | | | |

# 第十一章

## 上海好有文化传媒有限公司 (SMG 互联网节目中心)

截至 2015 年底，互联网节目中心的新媒体产品包括——

移动客户端：哇啦

微博：2016 国民美少女

微信公众号：潮童天下、国民美少女、人气美食、星摩登、星旅途

## 一、移动客户端

**名称**　哇啦

**创建日期**　2013 年 9 月

**平台**　iOS、Android

**定位**　东方卫视双屏互动 APP

**功能**　节目直播、视频回放等。提供观众参与节目互动、各种新颖手段打点

参与换取积分，积分换取奖品回馈以及节目的选手报名、观摩票索取，选秀节目的投票、社区活动等。

**下载量** 截至 2015 年度，1300 万注册用户，实际下载 2100 万。

**技术特点** 具有视频图标识别、声纹识别等。

## 二、微博

**名称** 2016 国民美少女

**创建日期** 2015 年 10 月 27 日

**定位**　节目《国民美少女》的官方微博

**粉丝量，转发量 + 跟帖量**　截至 2015 年底，关注用户 11560，共发布 115 条微博；转发量 7868，跟帖量 6635。

 2016国民美少女 V

2015-12-31 22:33 来自 微博 weibo.com

#开年神曲嘿嘿嘿#前方高能预警！有没有看刚才的东方卫视跨年晚会？！@SNH48 妹纸和小哥费玉清合唱的#国民美少女#主题曲分分钟high到爆有木有！#最帅院长费玉清#的少女风歌舞毫无违和感有木有！让我们一起期待在1月10号的《国民美少女》中看到院长和学员们更亮眼的表现！ 歌曲《3345》费玉清 SNH48 12

阅读219.3万　推广　　　　　3872　　　　　929　　　　　907

# 三、微信公众号

## 1. 潮童天下

**创建日期** 2013年4月2日

**定位** 服务于所有《潮童天下》的观众群体和适龄儿童家长的综合平台

**特色** 《潮童天下》微信号目前作为节目报名及粉丝聚拢平台，为3-7岁宝贝及家长们提供育儿经验知识交流和服务。

**订阅数** 48866（截至2015年底）

## 2. 国民美少女

**创建日期**　2015 年 12 月 7 日

**定位**　国民偶像天团养成真人秀《国民美少女》官方微信

**特色**　《国民美少女》官方微信主要以与节目紧密结合的独家花絮及视频内容吸引用户。另一重要功能是让观众粉丝用户获得更好的参与感。微信公众号于节目开播初期在后台植入图灵机器人与粉丝互动，同时微信后台每天都会对粉丝留言进行及时回复，微信端不仅是节目内容的宣传渠道，也是重要的投票渠道，粉丝可以直接在微信签到完成投票。根据微信粉丝的资料匹配和投票数据分析，可以完成粉丝的画像和用户的投票行为、获取集中投票时间段等重要数据。

**订阅数**　5521（截至 2015 年底）

## 3. 人气美食

**创建日期**　2013 年

**定位**　都市美食指南 吃货必备宝典

**特色**　公众号自创建以来，从本地人的吃货宝典出发，逐渐发展成沪上美食垂直领域公众号 NO.1，全国美食垂直领域 NO.8 的知名微信公众号，拥有 80 万关注粉丝以及 10 万＋的日均阅读量，日均活跃度达到 15%。公众号推送的视频首日播放量突破 10 万，通过人气美食服务号进行购买的用户超过 1 万人。经过 3 年的发展，《人气美食》微信公众号已经成为都市白领首选的都市美食指南。

**订阅数**　50 万（截至 2015 年底）

## 4. 星摩登

**创建日期** 2013 年 8 月 8 日

**定位** 提供最新时尚资讯和时尚美容贴士的微信平台

**特色** 星摩登定位于时尚新媒体全媒体平台，集结电视渠道优势资源，服务全球万千追求时尚摩登生活的华语人士。每日提供最新时尚潮人、明星的时尚资讯，时尚美容贴士等。

**订阅数** 60415（截至 2105 年底）

## 5. 星旅途

**创建日期** 2013 年 8 月 8 日

**定位** 提供时尚旅行讯息和具有小众特色旅行体验的微信资讯端

**特色** 星旅途作为星摩登的姐妹账号定位于时尚旅行的新媒体平台。每日向星粉推送时尚旅行讯息和具有小众特色的旅行体验。与爱好旅行的粉丝们共同发现小众旅行线路、独特的玩乐方式、最美之宿和文艺潮流之地。

**订阅数** 46310（截至 2015 年底）

## 《潮童天下》节目制作全面升级  案例

　　节目在围绕某一话题深度采访小朋友以及游戏比拼的基础上，加入更多关于宠物萌娃的网络爆红短视频，使节目更具有互联网基因，增加了其可看性和趣味性。同时，这些视频也在公众号平台上播出，打通台网渠道，不断增加粉丝互动。

　　在继续做好微信公众号征集和定点招募（小荧星、全区各大幼儿园）的基础上，携手上海市科学育儿基地，由对方推荐优秀学龄前儿童供节目中心面试，大大提升了面试录用率和录制播出率，工作效率跃上新台阶。

　　节目导演组携手全国育儿知识的权威指导平台共同探讨当下年轻父母最为关心的话题，择其重点，编写出有心、有用、有效的内容，在公众号上发布得到用户一致好评，同时面向家长积极展开互动问答，公众号粉丝数量明显提升。

《国民美少女》良性发展　▶▶▶　　案例

　　2015 年 12 月 31 日，《国民美少女》官方微博发起"开年神曲嘿嘿嘿"这个极具网络传播力的子话题，并被多个微博大号主动转发，获得了新浪微博客户端桌面强推资源，成为当时极具传播力的微博话题，节目微博先热，为之后主节目的曝光量提供有力帮助。

　　作为官方公众号，《国民美少女》官方微信主要以与节目紧密结合的独家花絮及视频内容吸引用户，包括每周三的"编编蹲点日记"，通过第三方视角向粉丝讲述节目背后的故事。每周五剪辑出部分彩排视频提前发布吸引粉丝观看直播。个人宣传片拍摄阶段每天发布"美少女探营日记"，以及成员自己所写的"美少女日记"等。观众通过这些幕后花絮，看到屏幕外更真实更生动的成员形象，补充了真人秀的养成感。作为一档以网络为主的综艺节目，微信的另一重要功能就是让观众粉丝用户获得更好的参与感，为此微信公众号在节目开播初期，在后台植入图灵机器人与粉丝互动。节目开播后，微信后台增加微信互动抽奖换现场观摩券、分享对节目的感想抽取手机等活动，丰富了微信端的用户体验。这些丰富的互动形式，增加了粉丝的活跃度，而通过这些活动的分享增加了转发量，又吸引到更多的粉丝参与。

## 上海好有文化传媒有限公司（SMG 互联网节目中心）新媒体主要数据一览表

单位：万

### 微信后台

| 微信公众号 | 总阅读数 | 原创帖文总数 | 头条总阅读数 | 总篇数 | 总点赞数 | 总分享数 | 单篇最高阅读数（篇目，日期） | 单篇最高点赞数（篇目，日期） | 单篇最高转发、分享数（篇目，日期） | 备注 |
|---|---|---|---|---|---|---|---|---|---|---|
| 国民美少女 | 77164 | 40 | 33034 | 40 | 710 | 1940 | 6787（这是一条《国民美少女》特意献给所有粉丝的视频，2015-12-18） | 62【国民美少女成员】（今日的Super Star：黄婷婷！2015-12-15） | 454（国民美少女个人VCR正式公布，2015-12-21） | |
| 潮童天下 | 804938 | 85 | 203 | 258 | 4528 | 19860 | 60415（慢养，给孩子一个好性格！——后悔太晚读到它，2015-5-13） | 99（慢养，给孩子一个好性格！——后悔太晚读到它，2015-5-13） | 1689（慢养，给孩子一个好性格！——后悔太晚读到它，2015-5-13） | |
| 数据来源 | 微信后台 | | | | | | | | | |

### 新浪微博

| 微博名称 | 总发帖数 | 原创帖文总数 | 总跟贴、评论数 | 总点赞数 | 总转发、分享数 | 总被提及、被@数 | 总粉丝数 | 单篇最高跟贴、评论数（篇目，日期） | 单篇最高转发、分享数（篇目，日期） | 单篇最高点赞数（篇目，日期） | 备注 |
|---|---|---|---|---|---|---|---|---|---|---|---|
| 国民美少女（官微/新浪） | 115 | 92 | 6635 | 20711 | 7868 | 9586 | 11560 | 929（#开年神曲嘿嘿嘿#12月31日发布，2015-12-31） | 3872（#开年神曲嘿嘿嘿#12月31日发布，2015-12-31） | 907（#开年神曲嘿嘿嘿#12月31日发布，2015-12-31） | |
| 数据来源 | 新浪微博 | | | | | | | | | | |

**图书在版编目（CIP）数据**

上海媒体融合全记录．2015（上、下卷）／上海市互联网信息办公室，
中共上海市委宣传部新媒体阅评督查组编．—上海：上海三联书店，2018.1
ISBN 978-7-5426-6204-0

Ⅰ．①上…　Ⅱ．①上…　②中…　Ⅲ．①传播媒介－研究－上海
Ⅳ．①G219.275.1

中国版本图书馆CIP数据核字(2018)第012976号

## 上海媒体融合全记录2015（上、下卷）

编　　者／上海市互联网信息办公室／中共上海市委宣传部新媒体阅评督查组

责任编辑／姚望星
装帧设计／徐　徐
监　　制／姚　军
责任校对／张大伟

出版发行／上海三联书店
　　　　　（201199）中国上海市都市路4855号2座10楼
邮购电话／021-22895557
印　　刷／昆山市亭林印刷有限责任公司

版　　次／2018年1月第1版
印　　次／2018年1月第1次印刷
开　　本／787×1092　1/16
字　　数／850千字
印　　张／42.5
书　　号／ISBN 978-7-5426-6204-0/G·1485
定　　价／236.00元

敬启读者，如本书有印装质量问题，请与印刷厂联系0512-57751097